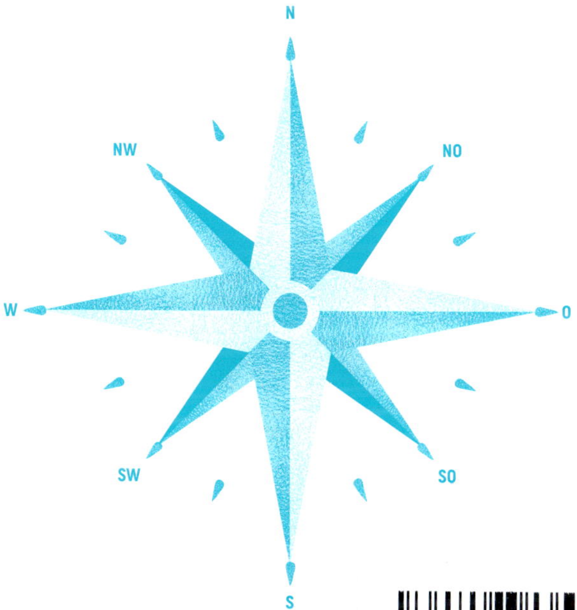

JUNIUS

Frank Wippermann

BERGFÜHRER HAMBURG

80 Touren und
89 Gipfel

JUNIUS

HAMBURGER HÖHENRELIEF UND BERGGRUPPEN

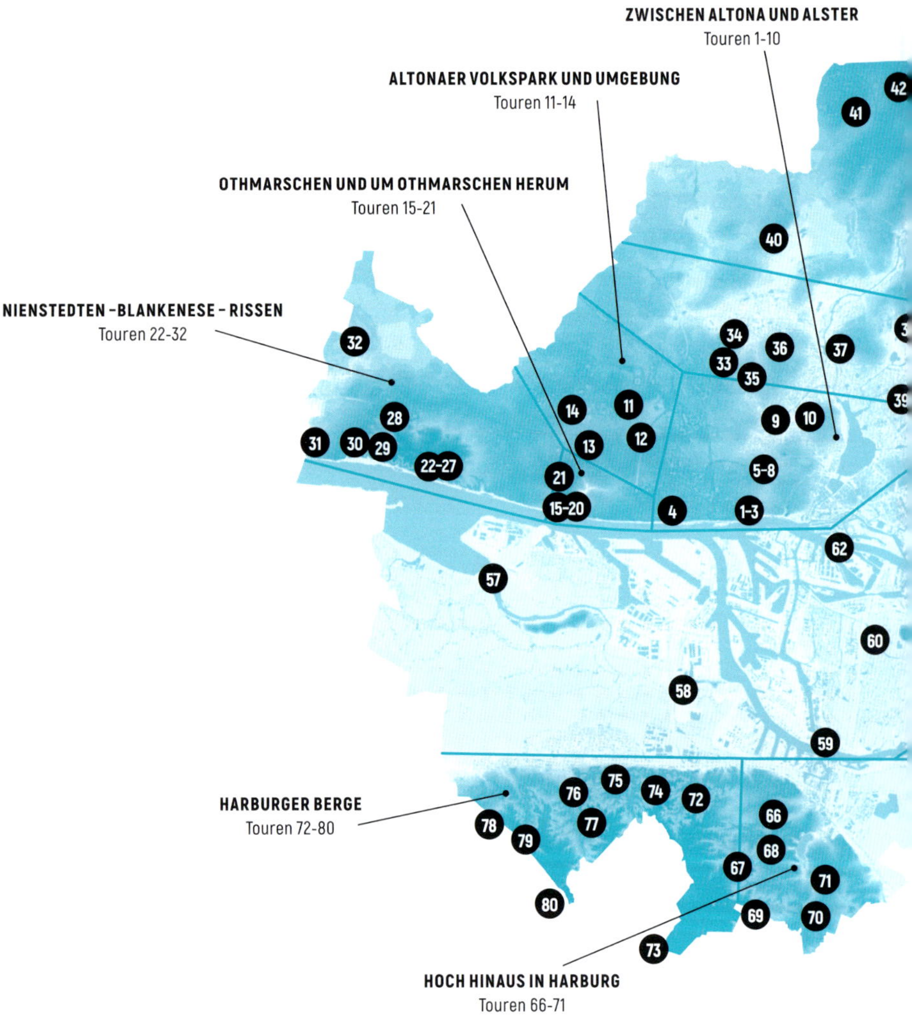

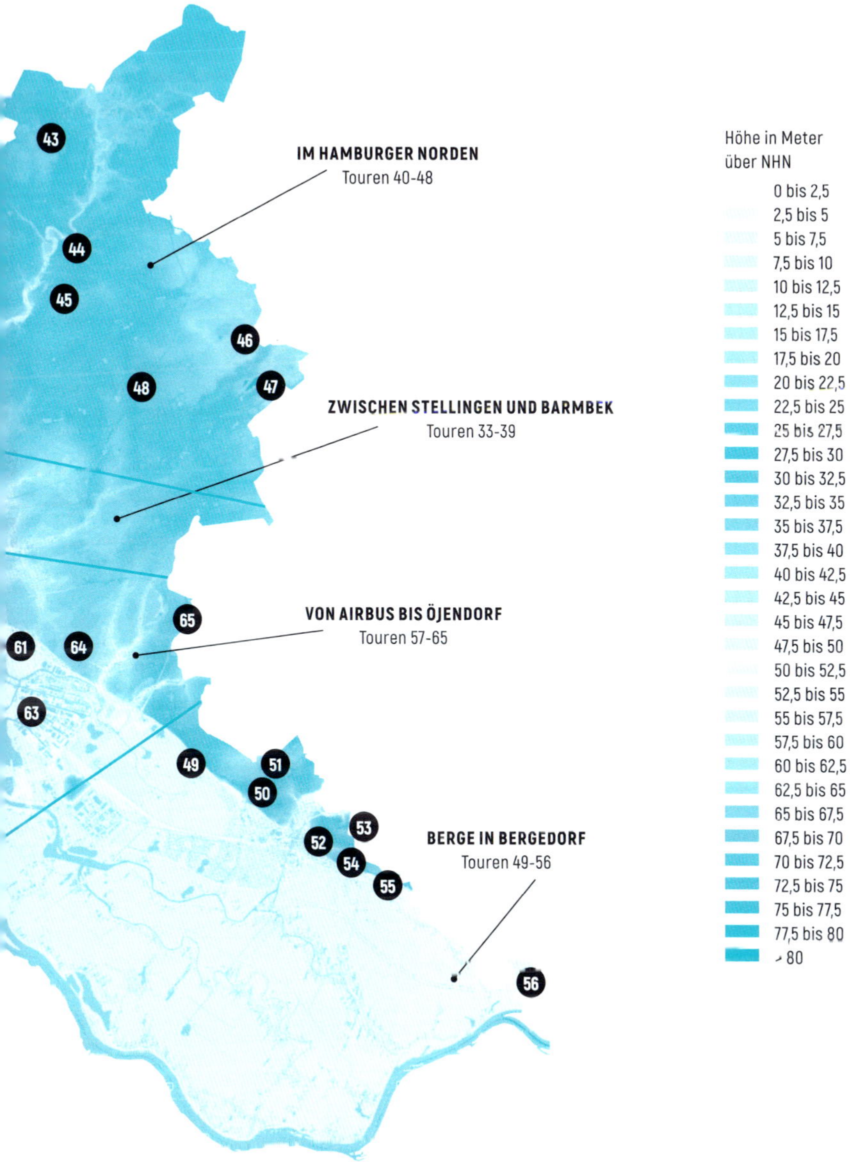
IM HAMBURGER NORDEN
Touren 40-48
ZWISCHEN STELLINGEN UND BARMBEK
Touren 33-39
VON AIRBUS BIS ÖJENDORF
Touren 57-65
BERGE IN BERGEDORF
Touren 49-56
43
44
45
46
47
48
65
61
64
63
49
51
50
53
52
54
55
56
Höhe in Meter über NHN
0 bis 2,5
2,5 bis 5
5 bis 7,5
7,5 bis 10
10 bis 12,5
12,5 bis 15
15 bis 17,5
17,5 bis 20
20 bis 22,5
22,5 bis 25
25 bis 27,5
27,5 bis 30
30 bis 32,5
32,5 bis 35
35 bis 37,5
37,5 bis 40
40 bis 42,5
42,5 bis 45
45 bis 47,5
47,5 bis 50
50 bis 52,5
52,5 bis 55
55 bis 57,5
57,5 bis 60
60 bis 62,5
62,5 bis 65
65 bis 67,5
67,5 bis 70
70 bis 72,5
72,5 bis 75
75 bis 77,5
77,5 bis 80
> 80

INHALT

ES GIBT BERGE IN HAMBURG !

»Wir bringen die Berge nach Hamburg.« So lautet das Motto der Hamburger Sektion des Deutschen Alpenvereins (DAV). Und sie scheint Erfolg zu haben – nicht nur was neue Angebote und steigende Mitgliederzahlen angeht, sondern auch mit der Herbeischaffung von Bergen: Es gibt sie in Hamburg – massenhaft! Die Sektion hat Wort gehalten.

Doch stimmt das wirklich – gibt es in Hamburg Berge? Lissabon ist auf vielen Hügeln gebaut, Barcelona hat den Montjuïc, Oslo den Holmenkollen, Kapstadt seinen Tafelberg, San Francisco die Twin Peaks, Rio den Zuckerhut, Hongkong den Victoria Peak und Neapel den Vesuv. Es gibt Städte, die sind durch Berge geprägt, selbst wenn sie am Meer liegen. Nun kann die Elbhöhe oberhalb der Landungsbrücken (Tour 1) mit diesen prominenten Beispielen nicht annähernd mithalten.

Nächster Versuch: Viele verbinden mit Bergen ein Gipfelkreuz. Wenn das als entscheidendes Kriterium für einen »echten Berg« gilt, dann hat Hamburg keinen einzigen. Bei knapp sechzig Prozent konfessionsfreien Bewohnern in Hamburg sollte Gipfelkreuzlosigkeit indes eher vorausgesetzt denn als Maßstab verwendet werden. Wann also ist ein Berg ein Berg?

Ein Sommertag, spätnachmittags im Lise-Meitner-Park (Tour 13): Ich stehe vor dem Berg (!), mache mir Notizen und fotografiere ... von vielen Seiten. Eine Frau führt ihren Hund Gassi. Ich merke, dass ich kritisch-ungläubig beäugt werde, mache weiter. Am Ende der Gassi-Runde ein neugieriges »Was gibt es denn hier so Besonderes zu fotografieren?«. Ich antworte, dass ich Fotos für einen »Bergführer Hamburg«mache. »Ach so, von Bergen ... in Hamburg ...« Ungläubiges Staunen und irritiertes Suchen nach einem »Berg«. Wenige Momente später: »Stimmt, da geht es ja hoch ... meinen Sie das ernst?« Mein Kopfnicken wird mit einem Grinsen und einem »Super Idee!« beantwortet. Beim Weitergehen erinnere ich mich an eine Szene während einer Tour in Nepal. Abends vor dem Zelt fragte ein Sherpa interessiert nach, wie hoch denn der »highest summit in Germany« sei. Meine Antwort: Knapp 3000 Meter. Daraufhin schaute der Bergführer auf den Boden und sagte nur: »That's not high, it's deep.« Wir befanden uns auf gut 5000 Metern Höhe, da kann man schon mal auf einen Fast-Dreitausender herabschauen.

»BERG« IST NICHT ABSOLUT, SONDERN RELATIV.

Wenn das Bergsein von der absoluten Höhe abhinge, dann würde es außer im Himalaya und und in den Anden kaum Berge geben. In Europa bleiben vielleicht der Kaukasus und die Alpen – und dort wohl nur Russland, Georgien, Frankreich und die Schweiz. Wie sagte ein Schweizer Bergführer einmal zu mir: Berge beginnen ab 4000 Meter. Die Konsequenz, dass dann in Österreich kein Berg steht, nahm er gern in Kauf … Kriterium für einen Berg ist jedoch nicht die absolute, sondern die relative Höhe. Es bezieht sich auf seine Höhe über der ihn umgebenden Landschaft. Ein Gipfel ist ein »Geländepunkt, der ringsum und unweit ausschließlich deutlich niedrigeres Gelände überragt« (Highrisepages).

Bleibt die Frage, ab wann ein Überragen deutlich genug ist, damit das, was da überragt, als eigenständiger Berg gelten kann. Das in den Alpen gängige Maß von dreißig Metern über der Umgebung darf im nicht-alpinen Raum reduziert werden. Hier sind bereits weniger Meter signifikant und dominant genug, um aufzufallen. Für diesen Bergführer habe ich fünf Meter zugrunde gelegt. Einige Male weiche ich davon ab, dann nämlich, wenn es sich um eine geringere Erhebung in einer sehr weitläufigen flachen Umgebung handelt. Die deutliche Sichtbarkeit ist noch immer gewährleistet. Der Berg im Lise-Meitner-Park liegt übrigens deutliche acht Meter über seiner Umgebung.

Die Subjektivität des Ermessens dessen, was nun ein »Berg« ist, bleibt also bestehen, auch hinsichtlich der eigenen Gewohnheit und Maßstäbe. Das spiegelt sich gut in einer Einschätzung von Elizabeth Hawley wieder, der Chronistin der Himalaya-Expeditionen. Sie lebte bereits seit knapp vierzig Jahren in Nepal, als sie 1998 in die Schweiz fuhr, um eine Auszeichnung entgegenzunehmen. Nach einem Ausflug in die Berge bemerkte sie, die Alpen seien »herrlich, aber sahen doch recht klein aus«.

Nun mögen auch die Berge an der Elbe recht klein wirken – verglichen mit Gipfeln anderswo. Relativ zu ihrer Umgebung gibt es sie aber auf jeden Fall – die Berge in Hamburg.

HAMBURG, STEILSTE DEUTSCHE MILLIONENSTADT

… und noch mehr Fakten

Auch wenn eine eindeutige Grenze zwischen »Berg« und »Nicht-Berg« nicht existiert: Zahlen, Daten und Fakten zu Bergen in der Hansestadt gibt es sehr wohl. Und das sind nicht wenige:

- Auf der Wikipedia-Seite »Liste von Erhebungen in Hamburg« sind 34 Berge aufgeführt – vom Hasselbrack (116,2 m NHN) bis zum Moorburger Berg (21,9 m NHN).
- 25 Rodelberge werden für Hamburg genannt. Dass in den meisten vergangenen Wintern kaum gerodelt werden konnte, ändert nichts an der hervorragenden Eignung zum Rodeln dieser Berge.
- Es gibt in Hamburg eine – mittlerweile stillgelegte – »Gebirgsbahn« (Tour 4).
- Jeder dreißigste Hamburger Straßenname ist in irgendeiner Form »bergig«.
- Fünf U-/S-Bahnhaltestellen des HVV auf Hamburger Stadtgebiet beinhalten das Wort »Berg«. Davon müssen allerdings zwei gestrichen werden, da sie sich nicht auf eine Erhebung beziehen: Bergedorf, Friedrichsberg, ~~Meßberg~~, ~~Mönckebergstraße~~, Mümmelmannsberg.

ERHEBUNGEN IN HAMBURG SIND EBEN NICHT NUR HÜGEL

Dass es in Hamburg eine Vielzahl von Erhebungen gibt, ist nicht von der Hand zu weisen. Es gibt sie, doch nicht wenige Menschen nennen sie mit leichter Verachtung »Hügel«. Der Unterschied zwischen Hügel und Berg ist in der Landformenkunde (Geomorphologie) klar definiert: Bei einer Landschaft handelt es sich um Hügelland, wenn über eine Luftlinie von weniger als fünf Kilometern ein Höhenunterschied zwischen 50 und 100 Metern besteht. Bei einem Höhenunterschied zwischen 100 und 500 Metern über dieselbe Distanz wird die Landschaft Bergland genannt (Barsch/Caine). Ein Blick in die Karte von Neugraben-Fischbek zeigt: 4477 Meter liegen zwischen dem Hallenbad Süderelbe an der Kreuzung Neugrabener Markt/Bauernweide (14,0 m NHN) und dem Gipfel des Hasselbrack (116,2 m NHN). Mehr als hundert Meter Höhenunterschied auf weniger als fünf Kilometer Entfernung: Hamburg weist eindeutig Bergland auf.

Im Vergleich zu anderen Städten wird der bergige Charakter Hamburgs noch deutlicher. Nehmen wir einmal die vier deutschen Millionenstädte: Berlin, Hamburg, München, Köln. Nicht nur der mit der Materie nicht vertraute Laie wird von den Metropolen am ehesten München mit »Bergen« verbinden. Auch die an der Isar erscheinende Süddeutsche Zeitung legt das nahe: »Durchschnittlich liegt München 530 Meter über dem Meeresspiegel und damit für eine Großstadt in Deutschland ziemlich weit oben. [...] Sogar der niedrigste Punkt liegt mit 482 Metern immer noch höher als der Durchschnitt der genannten Städte und befindet sich im nördlichen Schwarzhölzl in Feldmoching.«

Zweifelsohne ist München nicht weit vom Gebirge entfernt – bei Föhn scheinen die Alpen kurz hinter Grünwald zu beginnen –, doch liegt München ebenso wenig in den Bergen wie Hamburg an der Nordsee. Auch die Höhenlage Münchens ist kaum zu bestreiten. Doch wie bereits auf den vorangegangenen Seiten deutlich geworden sein sollte, ist das Kriterium für die »Berghaftigkeit« einer Erhebung nicht deren absolute Höhe, sondern das relative Überragen der Umgebung. Und hier liegt Hamburg klar vorn, wie ein Blick auf die Zahlen verrät. Wenn die Entfernung zwischen tiefstem und höchstem Punkt einer Stadt am geringsten ist und der Höhenunterschied zugleich der größte ... na, wo sind dann wohl Berge zu finden?

Fakt ist somit: Hamburg ist die steilste deutsche Millionenstadt. Für München bleibt da nur der Titel: »Hügelig auf hohem Niveau«.

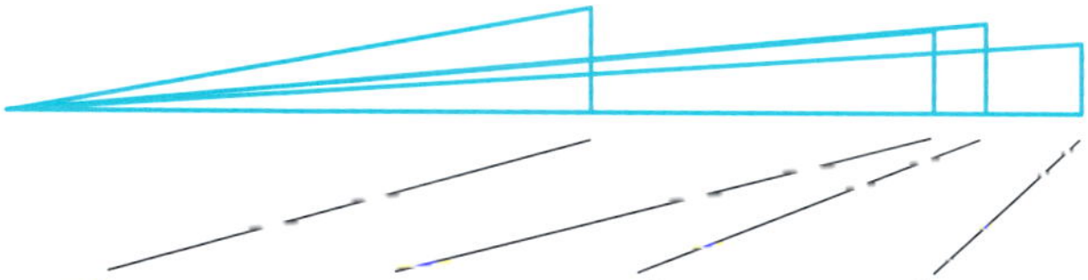

STADT	HAMBURG	BERLIN	MÜNCHEN	KÖLN
Berg	Hasselbrack	Arkenberge	Baldehöhe	Monte Troodelöh
Höhe	116,2	121,9 m	580,5 m	118,0 m
Entfernung ...	12 km	19 km	20 km	22 km
zur tiefsten Stelle	-0,8 m	28,1 m	480,0 m	37,5 m

WIE HAMBURG ZU SEINEN BERGEN KAM

Eine kleine Geologie

Vor 150 000 Jahren – ganz Hamburg ist von einer dicken Eisschicht bedeckt. Ganz Hamburg? Ja ... schließlich geht es hier nicht um Gallier, sondern um Geologie, darum, wie Hamburg zu seinen Bergen kam. In diesem Zeitraum der Saale-Kaltzeit liegt alles nördlich der Linie Düsseldorf – Hannover – Halle unter dickem Eis. Das zieht sich in den folgenden Jahrtausenden dann Richtung Nordosten zurück – nicht kontinuierlich, sondern eher nach dem Motto »zwei zurück, eins vor«. Bei jedem zeitweisen Vorrücken wird Landschaft zu Endmoränen aufgeschoben. Eine dieser Endmoränen ist der Höhenzug von den Harburger Bergen bis nach Blankenese. Wasser aus Südosten umfließt diese »Staumauer«. Kurz vor Beginn der darauf folgenden Eem-Warmzeit (vor ungefähr 115 000 Jahren) schmilzt immer mehr Eis, das (Noch-nicht-Elbe-)Wasser wird gewaltiger und durchbricht die Endmoräne. Die Elbe hat sich ihr Urstromtal geschaffen und fließt direkt in die Nordsee. Dieses Urstromtal ist bis zu 14 Kilometer breit und liegt bis über dreißig Meter tiefer als heute. Die Küste ist damals allerdings auch mehr als 400 Kilometer in Richtung Nordnordwest entfernt, Spuren des Urstromtals lassen sich noch heute auf dem Nordseeboden weit hinter Helgoland nachweisen (Figge). Die Weichsel-Kaltzeit vor

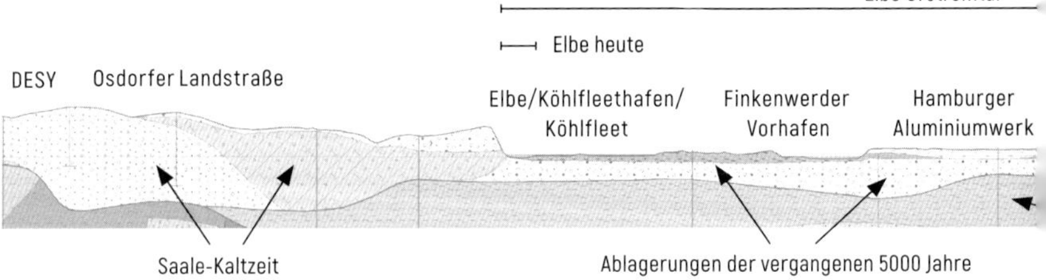

ungefähr 20 000 Jahren schafft es nur bis in den Nordosten von Hamburg, der Mellenberg (Tour 46) ist Zeugnis für eine Moräne aus dieser Zeit. Mit abnehmendem Nachschub an Schmelzwasser wird auch die Elbe schmaler, und das Urstromtal wird aus zwei Richtungen mit Ablagerungen gefüllt: Einerseits führt die Elbe Material mit sich, andererseits lagern sich seit ungefähr 5000 Jahren auch durch die zweimal täglich eintreffende Flut Sedimente ab. Denn mittlerweile hat sich die Nordsee gehoben, und die Küste ist so nah an Hamburg herangerückt, dass sich die Gezeiten bemerkbar machen.

Sichtbar bleiben bis heute die Seitenufer des Urstromtals: Zum einen der Geesthang auf der rechten Uferseite zwischen Bergedorf (Touren 50-55) und Nienstedten (Touren 1, 3, 4 und 15-22) sowie in Rissen (Tour 31) und auf der linken Uferseite in Harburg (Touren 66 und 70). Noch dominanter sind die Abbrüche, Rücken und Gipfel der durchbrochenen Endmoräne: rechts der Elbe vom Kanonenberg bis zum Luusbarg (Touren 23-30), linker Hand die Harburger Berge (Touren 72-80).

Die geologische Entstehung vieler der in diesem Bergführer beschriebenen Berge ist damit skizziert. Doch es gibt auch Gipfel, die sehr, sehr jung sind, das heißt eindeutig aus dem Anthropozän stammen.

DIE »GEOLOGIE DER NEUZEIT«: ZUSCHÜTTEN UND AUFSCHÜTTEN

Beim Blick auf andere Städte in Deutschland fällt auf: Es gibt in Hamburg keine dominierenden Schuttberge wie in Berlin, München oder Köln. Dort entstanden Teufelsberg, Olympiaberg bzw. Herkulesberg aus den Trümmern des Zweiten Weltkriegs. Sie prägen das Bild der Städte bis heute – Vergleichbares fehlt an der Elbe. Das liegt nun aber nicht an zu wenig Trümmern, sondern an einer weitgehend anderen Form der Entsor-

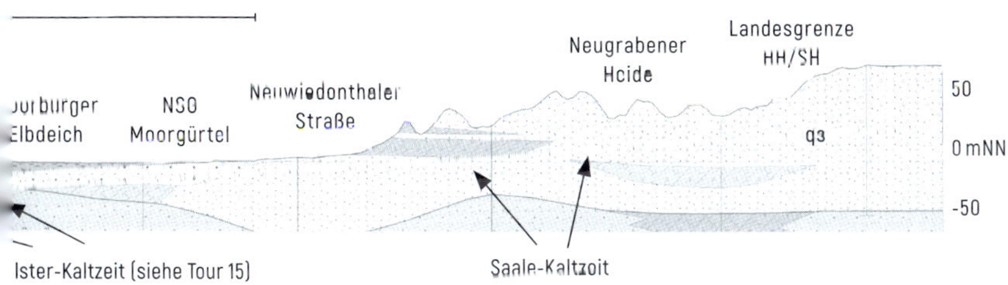

gung. In Hamburg verschwinden viele Trümmer zunächst in der Tiefe: in Fleeten (Katharinenfleet), in Freibädern und Paddelseen (Altona, heute steht dort die Barclaycard Arena) oder in einem Teil des Öjendorfer Sees. Daneben wird dann aufgeschüttet – so erhält der Öjendorfer Park (Tour 65) in den 1960er Jahren seine Form. Die Strategie des Zu- und Aufschüttens findet seit den 1970er Jahren ihre Fortsetzung, nur nun nicht mehr mit Trümmern: eine Gipfelhaube auf einen Bunker setzen (Tour 5), Müll aufschütten (Böverstberg – Tour 14), mit Müll zu- und aufschütten (Müllberg Hummelsbüttel – Tour 42), Sand aufspülen (Moorburger Berge – Tour 58), Müll auf Trümmer kippen (Energieberg – Tour 60), mit Elbschlick auftürmen (Francop und Feldhofe) oder Sand aus Unterhaltungsbaggerung in der Elbe zur Parkgestaltung nutzen (Himmelsberg – Tour 62).

Weitere Berge werden in Zukunft entstehen, vor allem wird man derzeit gesperrte für die Öffentlichkeit freigeben. Es ist also keineswegs ausgeschlossen, in naher Zukunft mal vor oder auf einem neuen Hamburger Berg zu stehen.

AUSRÜSTUNG

PASSENDES SCHUHWERK Auf die Boberger Dünen (Tour 49) sollte man es mit Badelatschen schaffen. Für die meisten der anderen Touren ist vor allem darauf zu achten, dass wir eine griffige Sohle unter den Schuhen haben.

WETTERFESTE JACKE Ein kurzer Schauer zwischendurch kann in Hamburg vorkommen – gut, darauf eingestellt zu sein.

VERPFLEGUNG Nicht überall gibt es Einkehrmöglichkeiten. Und gerade wer Touren miteinander kombinieren möchte, kann daraus eine so lange Tour machen, dass vor allem der Durst schneller kommt als gedacht. Also: Gefüllte Trinkflasche, Obst und einen Müsliriegel oder Ähnliches einpacken.

KOMPASS Gern in der klassischen Form. Oder für das Mobiltelefon eine App wie die von KTW.

KARTE Die Karten in diesem Bergführer dienen der Auswahl und Planung einer Tour sowie der groben Orientierung unterwegs. Für die Tour selbst wird eine genauere Karte benötigt. Die Kompass Wanderkarte »Hamburg und Umgebung« (WK 725) deckt die hier beschriebenen Touren vollständig ab, der Maßstab 1:50 000 reicht für die Touren aus. Wer statt Printkarte eine App bevorzugt, dem sei die OsmAnd-App, die auf den OpenStreetMap-Daten basiert, empfohlen. Neben dem technischen Umgang mit einer App sollten Sie in der Lage sein, die richtige Wegentscheidung gerade dann zu treffen, wenn Nebenwege in der Landschaft zu finden sind, auf der App jedoch nicht.

MOBILTELEFON Nicht unbedingt zum Musikhören unterwegs, zu leicht lassen sich sonst die spannenden Geräusche um uns herum verpassen. Und hoffentlich auch nicht, um einen Notruf abzusetzen. Das Mobiltelefon ersetzt nicht nur den Fotoapparat, sondern mit aufgespielten Apps, siehe oben, Karte, Kompass und HVV-Fahrpläne. Für die Karten- und Kompass-Apps sollte einige Skepsis gegenüber den Höhenangaben gelten … die sind meistens eher geraten als gemessen.

RUCKSACK Um das zu tragen, was bis hierher aufgelistet ist. Ein Zehn-Liter-Rucksack pro Person dürfte reichen, denn Seil, Karabiner und Schlafsack können wir ja daheimlassen. Stattdessen empfiehlt sich ein Fotoapparat (oder die Powerbank für das Handy) – die Ausblicke von den Gipfeln und die Anblicke der Steigungen sind es wert.

ÜBERNACHTUNG In den Bergen von Hamburg gibt es keine Hütten. Selbst die einzige Möglichkeit, auf einem der hier besprochenen Gipfel zu übernachten (Tour 25), ist nun mal keine Hütte: Das Fünf-Sterne-Hotel »Hotel Süllberg« verfügt weder über ein Massenlager noch über einen Trockenraum, Abstellmöglichkeiten für Bergschuhe oder ein Angebot für Teewasser. Dafür muss kein Schlafsack mitgebracht werden.

HINWEISE ZUM GEBRAUCH DIESES BERGFÜHRERS

Bei der Auswahl der 80 Touren und 89 Gipfel war nicht nur die Höhe der Berge entscheidend, sondern auch eine gute Verteilung über die sieben Hamburger Bezirke. Statt des 27. Gipfels in Harburg findet daher eher ein kleinerer Gipfel oder Anstieg in Eimsbüttel oder Hamburg-Nord Berücksichtigung. Bei einigen der »Berge« war die Abwägung nicht leicht, ob der Ehrentitel nicht »zu hoch gegriffen« ist. »Nein, das ist nicht hoch genug« – war der eine Gedanke. »Ja, das ist für eine Stadt ›fast an der Nordsee‹ eine Erhebung, da geht es hoch« – war der andere. Dieses Buch ist das Ergebnis eines Widerstreits dieser beiden Gedanken. Getrieben von der Idee, die Leserinnen und Leser mit »Berg«-Ansprüchen in Gegenden von Hamburg zu bewegen (in doppeltem Wortsinn), in die man sonst wohl kaum gelangt wäre.

Die Touren sind von eins bis achtzig durchgängig **NUMMERIERT**. Die Gebiete, wie sie auf der Übersichtskarte und im Inhaltsverzeichnis zu sehen sind, dienen lediglich der groben Einteilung. Führt eine Tour durch mehrere Bezirke oder Stadtteile, so ist lediglich einer genannt – zumeist der zentral gelegene.

Der angegebene **NAME** des Berges folgt meistens der offiziellen Eintragung, an erster Stelle jener im Geoportal Hamburg. Ein Drittel der Berge ist in diesem Portal oder auch auf anderen Karten (OpenStreetMap, Falk, Michelin usw.) nicht mit einem Namen versehen. In diesen Fällen verwende ich entweder einen Namen, der mir bei den Touren von Bewohnern des jeweiligen Stadtviertels genannt wurde, oder ich habe einen Namen kreiert, der sich auf einen anderen Punkt in der Nähe bezieht. Die nicht-offiziellen Namen sind in der Gipfelliste mit einem Asterisk * versehen.

Die **HÖHE** eines Gipfels wie auch alle anderen geografischen Daten folgen den Angaben aus dem Geoportal des Landesbetriebs Geoinformation und Vermessung: https://geoportal-hamburg.de/geo-online

LEGENDE

S	Start	↗	Aufstiegsmeter
E	Ende	↘	Abstiegsmeter
1	Tourenpunkt	o—o	Streckenlänge
	Gipfel		Zeitaufwand
	Steigung	7	Seven Summit

START und **ENDE** befinden sich immer an einer HVV-Haltestelle. Dabei ist die jeweils nächstgelegene HVV-Haltestelle angegeben, auch wenn eine Bushaltestelle nur eine Station von der nächsten S-/U-Bahn-Haltestelle entfernt ist. Damit folge ich dem »Schweizer Prinzip«: So weit wie möglich Aufstiegshilfen wie Bus, Bahn oder Seilbahn nutzen, um dann oben so viel wie möglich unternehmen zu können. Oder anders gesagt: Die Energie nicht schon beim Zustieg verplempern. Bei Busstationen berücksichtige ich nur die 100er- bis 400er-Linien, denn die Leserinnen und Leser werden wohl kaum Nachtbusse nehmen wollen – Tour 2 kann da eine Ausnahme sein. Gerade am Wochenende werden einige Haltestellen nur sehr sporadisch oder gar nicht bedient – bitte vorher unter www.hvv.de erkundigen.

Die **GIPFELHÖHE** bezieht sich auf die Höhe über dem Meeresspiegel (NHN: Normalhöhennull), gibt also die »Dominanz« des Berges wieder. Die relative Höhe zur Umgebung – also die »Prominenz« – ist davon unabhängig.

Die **HÖHENMETER** im Auf- und im Abstieg umfassen auch Gegenanstiege, sind also mehr als die Differenz zwischen Start und Ende. Um das Phänomen »Höhenmeter« leichter einschätzbar zu machen: Zehn Höhenmeter entsprechen ungefähr sechzig Treppenstufen. Die Tour am Süllberg (25) entspricht also über 1300 Stufen, auf den höchsten Gipfel Hamburgs (Tour 80) sind es umgerechnet knapp 600.

Die **STEIGUNG** bezieht sich immer auf den steilsten Abschnitt und wird wie üblich in Prozent (%) angegeben. Noch einmal das Treppenbeispiel: Eine sichere und bequeme Treppe hat eine Steigung von ungefähr 30 Grad, das entspricht 59 Prozent. Bei einigen sehr steilen Gipfeln lautet die Angabe »HC« (für frz. »hors categorie« – außerhalb jeder Kategorie). Diese Anstiege sollten nur von Spezialisten angegangen werden.

In die angegebenen **ZEITEN** fließen sowohl die Länge als auch die zurückzulegenden Höhenmeter ein. Sie können selbstverständlich auch unterboten werden: »Der gebräuchlichste Maßstab, insbesondere unter ›einfachen‹ Bergsteigern, ist die Zeitmenge, die für ein Unternehmen benötigt wurde. Dabei dient vor allem die Abweichung von der »normalen Zeit«, wie sie im gedruckten Führer steht, als Maßzahl. Die Haupt- und Schicksalsfrage lautet hier: »Um wie viel lag die benötigte Zeit ›unter‹ der Normalzeit?« (Aufmuth, S. 59)

Die genannten **AUSSICHTEN** können wegen Belaubung (oder weil die Luft nicht immer klar genug ist) nicht garantiert werden.

Die Nennung von **EINKEHRMÖGLICHKEITEN** erhebt weder Anspruch auf Vollständigkeit, noch sind das Empfehlungen – die Anspruchsniveaus hinsichtlich Qualität des Essens, Ausrichtung der Speisekarte und Belastung des Geldbeutels sind zu verschieden.

Einige Touren führen über Gelände, für dessen Betreten Eintritt erhoben wird oder für das Öffnungszeiten gelten. Unter **ACHTUNG** finden sich entsprechende Hinweise.

KOMBINATIONSMÖGLICHKEITEN mit anderen Touren werden nur aufgeführt, wenn die kombinierbare Tour höchstens 1500 Meter entfernt liegt. Eine besondere Kombination – die Tour auf alle Seven Elb Summits – findet sich ab Seite 208.

Bei den meisten Touren weise ich unter **MEHR INFORMATIONEN** auf weiterführende Quellen hin, manchmal sind es Bücher, zumeist Links zu Webseiten. Damit Webadressen nicht abgetippt werden müssen, findet sich eine Datei mit allen Links unter www.magenta-cloud.de/s/irkJw4S52N4FGib oder mit dem QR-Code:

Hinweise auf die Begehbarkeit mit Kinderwagen, Rollatoren oder Rollstühlen fehlen. Es bestehen zu viele Parameter wie Bodenbeschaffenheit oder Stufenhöhe, als dass eine allgemeine Angabe verlässlich sein könnte. Die Angabe zur Steigung ist ein erster, das Höhenprofil ein zweiter Hinweis auf die mögliche **BARRIEREFREIHEIT**.

Außer den üblichen **ABKÜRZUNGEN** für die Himmelsrichtungen N, O, S, W, NO, nördl. usw. werden die folgenden Abkürzungen verwendet:

Hm	Höhenmeter
HVV	Hamburger Verkehrsverbund
Jhdt.	Jahrhundert
NHN	Normalhöhennull (früher Normalnull: NN)

ALS GAST IN DER NATUR

Während der Touren sind wir Gast in der Natur. Auch die gepflegte Wiese in einem Park ist Natur. Daher gilt auch hier: Auf den Wegen bleiben. Abkürzer führen zu Erosion und in der Folge zu Schäden an Pflanzen und mittelfristig im Gelände selbst.

Leise zu sein, das ist nicht nur ein Gebot gegenüber anderen Mitwanderern, die nicht unbedingt an lautstarken Gesprächen oder an den Tönen aus mitgeführten mobilen Lautsprechern interessiert sind. Vor allem wegen der Tiere, die dort leben, wo wir umherziehen, sollten wir Ruhe bewahren. Zumal wir dann eher die Gelegenheit haben, Dachse, Rehe, Hasen, Wildschweine oder Füchse zu sehen – von den vielen Vogelarten in Hamburg mal ganz abgesehen (Mitschke).

Die Rücksicht auf die Natur geht dabei über das Verhalten während der Tour hinaus. Die Wahl des Verkehrsmittels bei der An- und Abreise sowie des Rucksackproviants gehören ebenso dazu wie die Abfallentsorgung daheim – und nicht in der Landschaft.

Auch in Hamburg gilt die Wildnisregel: Lass nichts anderes zurück als deine Fußspuren – nimm nichts anderes mit als deine Eindrücke.

1 ELBHÖHE

Beim Bismarck vorbeischauen

START
Landungsbrücken
S 1, 3 - U 3 - Bus 2, 111 - Fähre 61, 62, 66, 72, 73, 75

ENDE
St. Pauli
U 3 - Bus 16, 17, 112

27,1 m | 15,5 % | 38 m | 23 m | 970 m | 25′

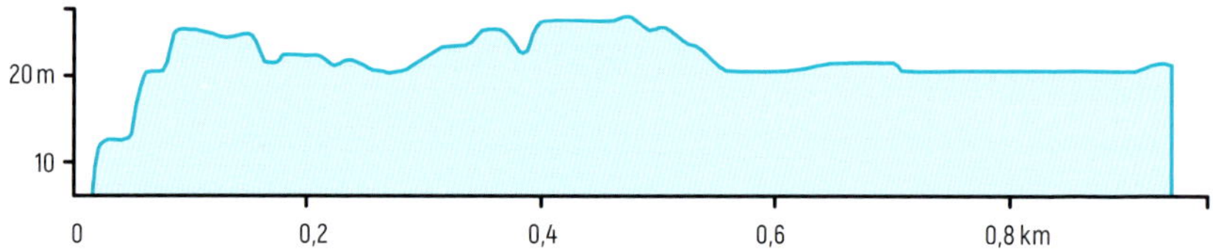

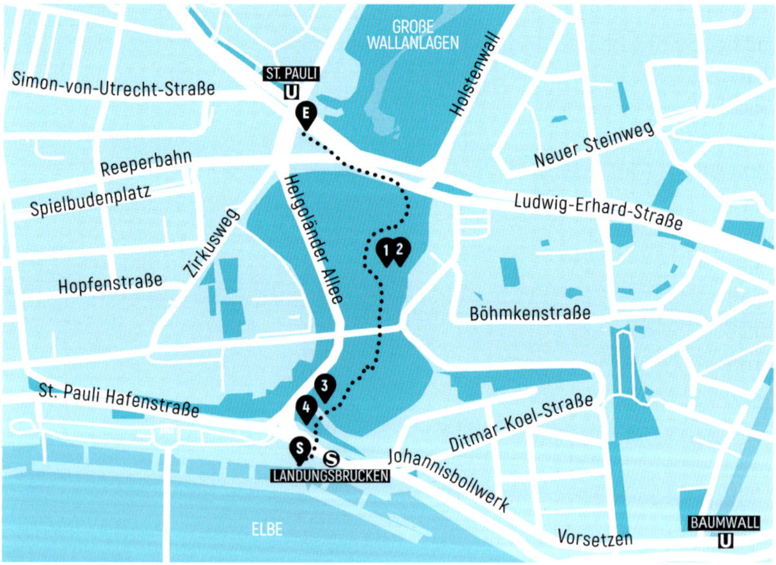

DIE TOUR

AUFSTIEG In der Station Landungsbrücken nehmen wir den Ausgang »Helgoländer Allee« – die Jugendherberge als Etappenziel ist mit »Hostelling International« bereits ausgeschildert. Unmittelbar nach dem Ausgang geht es nach rechts (N) die Treppen hoch (nicht absteigen!). Stufen, Stufen, Stufen – zwischendrin mal ein Absatz. Das ist alles Geesthang! Nach zwanzig Höhenmetern haben wir den Paula-Karpinski-Platz erreicht und damit einen der aussichtsreichsten Punkte Hamburgs. Westlich der Jugendherberge verlieren wir wenige Höhenmeter, überqueren die Seewartenstraße und nehmen auf der anderen Seite die nächsten Aufstiegsmeter in Angriff, um zum Bismarck-Denkmal auf der Elbhöhe zu gelangen.

ABSTIEG Das Denkmal umrunden wir auf seiner Westseite und verlassen den Park in einem abwärts führenden Linksbogen am Millerntordamm. Wir wenden uns nach links und haben nach ungefähr 200 Metern den Endpunkt erreicht.

VARIANTEN Am Endpunkt lässt sich die Tour durch die Großen Wallanlagen weiterführen ... bis zum Bahnhof Dammtor [30', siehe Tour 8].

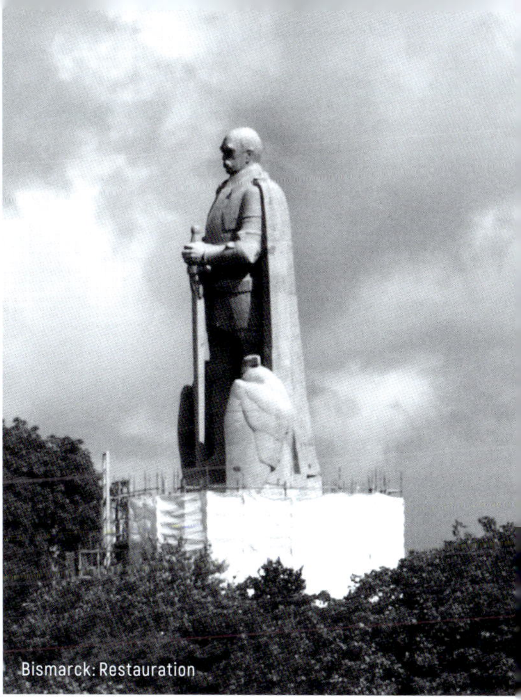

Bismarck: Restauration

AUSBLICKE

Legendärer Blick von der Terrasse der Jugendherberge: NO bis Ost die fünf Hauptkirchen; SO: Gustaf-Adolfs-Kirche und Elbphilharmonie, SSO: Musical-Theater; SW: Werftanlage von Blohm + Voss, nach Westen viele Hafenkräne.

HINTERGRÜNDE

Nach dem Dreißigjährigen Krieg werden an den beiden markanten Stellen der Tour Bastionen errichtet: auf dem Stintfang (heute Standort der Jugendherberge) und im Elbpark (heute

1

mit Bismarck-Denkmal). Sie bilden den südlichen Abschluss der Wallanlagen am Geesthang. Nicht erst für die Internationale Gartenbauausstellung 1869, die erste in Deutschland, werden die Bastionen weggeräumt – sie haben da schon mehr als fünfzig Jahre ausgedient.

1 **BISMARCK-DENKMAL** Im nunmehr so genannten Alten Elbpark wird Anfang des 20. Jahrhunderts das Bismarck-Denkmal gebaut, das größte in Deutschland: 34 Meter hoch, davon knapp 15 Meter die Figur. Damit ist die Planung eines sechzig Meter hohen Denkmals auf dem Waseberg (Tour 26) hinfällig. Im Sockel werden im Zweiten Weltkrieg Luftschutzräume gebaut. Durch die zusätzliche Betonlast neigt sich das Denkmal allmählich. Die 2020 durchgeführte Sanierung dient vor allem zur Stabilisierung und wohl auch dazu, Fakten zu schaffen: das Denkmal stehen zu lassen. Denn es war immer umstritten – bereits zu seiner Entstehungszeit, was auch an einer sehr zurückhaltenden Spendenbereitschaft der Bevölkerung deutlich wird. Maßgeblich finanziert wird dieses Denkmal damals von Kaufleuten, die durch die Politik Bismarcks aus ihren Geschäften in und mit den Kolonien erheblichen Reichtum erzielten. Heute – die optische Dominanz ist wegen der hochgewachsenen Bäume eine viel geringere als vor hundert Jahren – wird die Sinnhaftigkeit der Großstatue immer wieder diskutiert. Bei dem geplanten Museum im Sockel des Denkmals geht es weniger um den Politiker, sondern vielmehr um die Bismarck-Mythen im Laufe der Jahrzehnte. Auch sollen durch den Zugang zum Sockelinneren die Gerüchte vor allem um die während der NS-Zeit entstandenen Wandmalereien aufgegriffen werden – obwohl die Diskussionen durch die seit 2017 bestehende Möglichkeit eines virtuellen Rundgangs bereits nachgelassen haben.

2 **CAPRICORN TWO** Diskutiert wird auch 2015: Das österreichische Künstlerkollektiv Steinbrener/Dempf & Huber lässt eine Steinbock-Skulptur auf den Kopf der Figur montieren und macht die Bismarck-Figur damit zum Sockel. Ganz im Sinne dieses Bergführers schreiben die Künstler zu dieser Operation: »Die Hansestadt wird hier gleichzeitig zur Gebirgslandschaft transformiert.« »Bock auf Bismarck« titeln viele Zeitungen. Doch auf welchen Bismarck? Wohl kaum auf den in manchen Kreisen glorifizierten, denn: »Der Bismarck-Kult wird ironisch und subversiv unterwandert – besser gesagt: überwandert.«

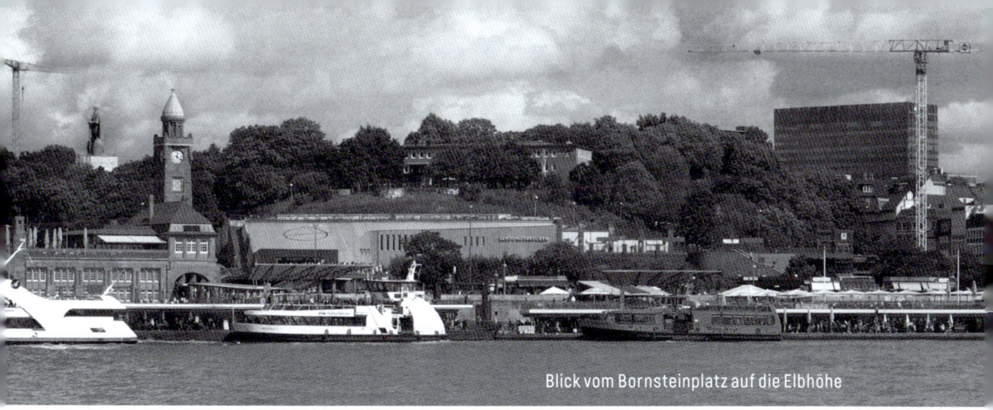

Blick vom Bornsteinplatz auf die Elbhöhe

3 JUGENDHERBERGE Bis 1945 steht an dieser Stelle die Deutsche Seewarte, nach deren Zerstörung ist hier ein Luxushotel geplant. Doch die damalige Jugendsenatorin Paula Karpinski setzt eine Jugendherberge durch, die 1953 eröffnet wird. Nicht die über 350 Betten, sondern Panorama-Lobby und Terrasse mit Hafenblick machen diese Jugendherberge einzigartig.

4 HAMBURG STINTFANG CUVÉE Nach mehr als zwanzig Jahren kommt der Weinanbau in Hamburg 2018 zu einem vorläufigen Ende. Es hat sich in den mehr als zwanzig Jahren zuvor auch nicht immer gelohnt, die hundert Reben am Stintfang zu pflegen. Denn einige Jahrgänge fehlen vollständig, weil menschliche (manchmal auch tierische) Diebe die Trauben mitnahmen, bevor sie vergoren werden konnten. Was die Qualität angeht: In den »Johnson« hat der Wein aus diesen Breitengraden es bislang nicht geschafft. Was 1995 mit einem Geschenk aus Stuttgart begann und jährlich bis zu fünfzig Flaschen erbrachte, wird 2019 gerodet, weil für den Umbau der Station Landungsbrücken die Stützmauern erneuert werden müssen. 2022 werden neue Reben der Sorte »Regent« gepflanzt. Die erste Ernte erfolgt 2025/26.

EINKEHRMÖGLICHKEITEN

Vom Fischbrötchen an den Landungsbrücken bis zum Diner im »clouds« in den Tanzenden Türmen

KOMBINATIONSMÖGLICHKEITEN

- **2** Hamburger Berg 1000 m / 15′
- **3** Vom Fischmarkt zur Holstenstraße 900 m / 13′
- **7** Bullerberg-Zwillinge 1500 m / 22′

MEHR INFORMATIONEN

→ Bismarck-Denkmal www.hamburger-unterwelten.de/Bismarckdenkmal.html [mit virtueller Tour durch das Innere]
→ Capricorn Two www.steinbrener-dempf.com/portfolio-item/capricorn-two
→ Jugendherberge www.jugendherberge.de/jugendherbergen/hamburg-stintfang-523/portraet
→ Wein www.weinberg.hamburg

2 HAMBURGER BERG

Wenig Höhenmeter – große Absturzgefahr

START & ENDE
Reeperbahn
S 1, 3 - Bus 16, 111, 112, 115

15,7 m · 0,6 % · 2 m · 2 m · 960 m · 15′

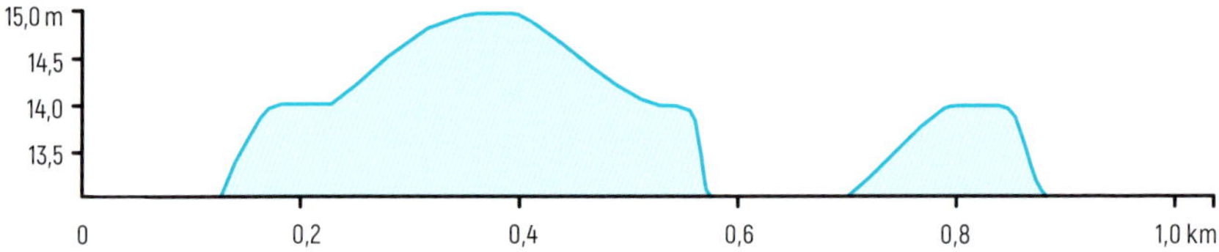

DIE TOUR

ANSTIEG Wir gehen die Reeperbahn auf ihrer Nordseite 400 Meter nach Osten – vorbei an den 4+1 Beatles-Silhouetten. Dann biegen wir nach Norden in den Hamburger Berg ab und gehen diesen bis zu seinem nördlichen Ende weiter, gegenüber liegt das frühere Gebäude des Israelitischen Krankenhauses. Ein kurzes Stück geht es die Simon-von-Utrecht-Straße entlang, die nächste Straße, die Talstraße, biegen wir dann nach links ab. Wo »Berg« ist, muss auch »Tal« sein. Dieses liegt einen Höhenmeter unterhalb des Hamburger Bergs, hat seinen Namen also verdient. Am Ende der Talstraße geht es nach rechts auf die Reeperbahn und den bekannten Weg zurück zum Ausgangspunkt.

VARIANTEN Sich über den Kiez treiben lassen …

AUSBLICKE

Nicht so richtig – zu wenig Höhe. Und häufig ist es bereits dunkel, wenn man hier ist …

HINTERGRÜNDE

Der Hamburger Berg ist bis ins 17. Jahrhundert eine deutlich sichtbare Erhebung im Geesthang zwischen Reeperbahn und Elbe. Nach und nach

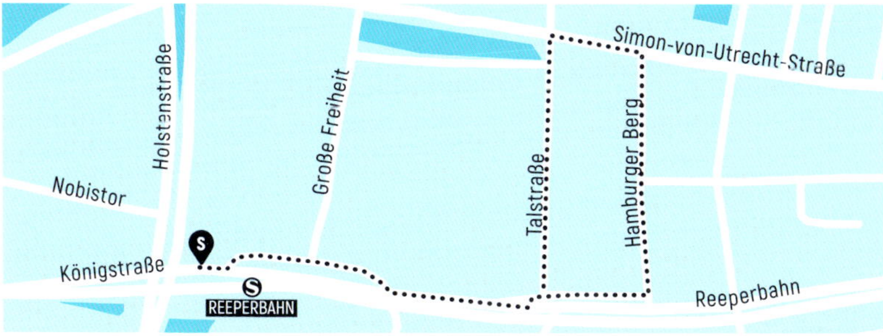

2

wird der Berg abgetragen, um Material für die Wallanlagen und ein freies Schussfeld zu bekommen. Die Straße Hamburger Berg, über die diese Tour führt, liegt folglich nördlich der Erhebung gleichen Namens.

Die Straße heißt seit 1865 Heinestraße, benannt nach dem Stifter des Israelitischen Krankenhauses am Nordende der Straße, Salomon Heine (Tour 4). 1938 wird dieses Andenken an den Gönner mit der Umbenennung in den heutigen Straßennamen getilgt.

Bekannt ist der Hamburger Berg heute vor allem als eine Straße mit sehr hoher Kneipendichte (siehe Einkehrmöglichkeiten). Der »Hamburger Berg« ist auch ein ziemlich verrückter Fußballverein mit hohem sozialen Engagement: Er hält seit 2016 den Weltrekord im Dauerfußball (ununterbrochene 111 Stunden) und seit 2018 im Langstreckendribbeln (4000 Kilometer durch Hamburg) – ansonsten spielt er in der Kreisklasse 7 und veranstaltet den »Bergsteiger Cup« (!).

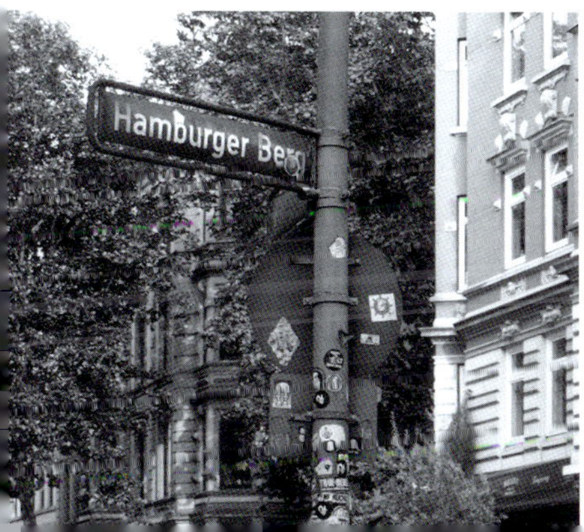

EINKEHRMÖGLICHKEITEN

Headcrash, Elbschlosskeller, Berg Imbiss, Rosi's Bar, Blauer Peter, Berg 4, Wilde Hilde, Sorgenbrecher, Goldener Handschuh. Und viele mehr ...

KOMBINATIONSMÖGLICHKEITEN

1 Elbhöhe
1000 m / 15′

3 Vom Fischmarkt zur Holstenstraße
700 m / 10′

MEHR INFORMATIONEN

→ Rosi's Bar https://taz.de/Interview-mit-Hamburger-Kiez-Wirtin/!5707764

→ FC Hamburger Berg www.fc-hamburger-berg.de

3 VOM FISCHMARKT ZUR HOLSTENSTRASSE

Antoniberg – Pinnasberg – Walter-Möller-Park

START
Hafentreppe
Bus 2

ENDE
Holstenstraße
S 2, 5 - Bus 3, 20, 25, 115, 180, 183

13,7 m | 6,1 % | 39 m | 28 m | 2670 m | 50′

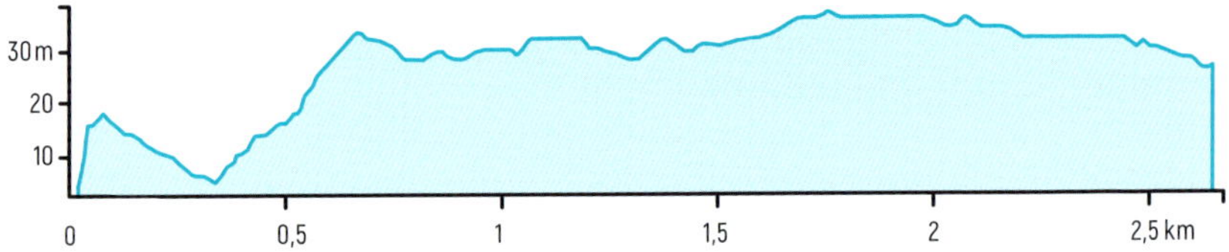

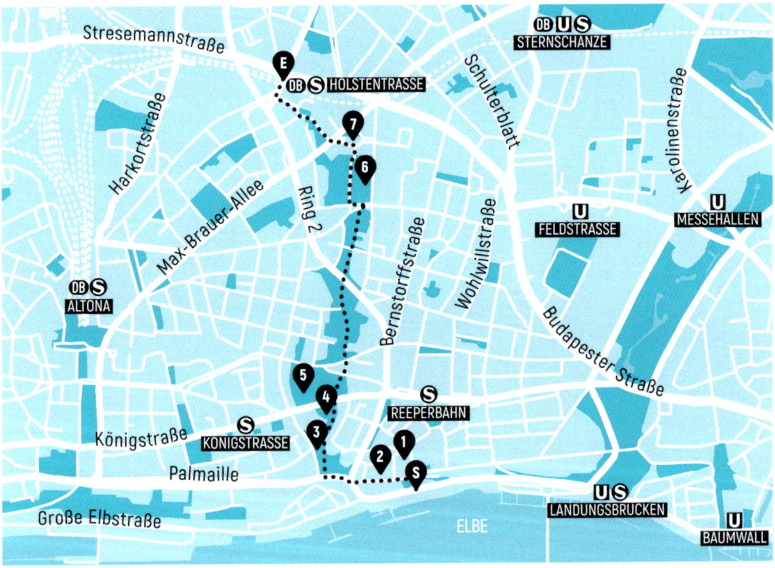

DIE TOUR

ANSTIEG Nach Norden steigen wir auf die Höhe des Antoniparks, der legendäre Golden Pudel Club liegt dabei rechter Hand. Danach geht es den Pinnasberg nach Westen abwärts bis zur vielbefahrenen Kreuzung Breite Straße/Pepermölenbek, die wir nach halbrechts überqueren, um in den Kapitän-Schröder-Park zu gelangen. Den Spielplatz lassen wir rechts liegen und steigen dann die Treppen rechts stetig empor in Richtung der Kirche St. Trinitatis, einer auf der Anhöhe liegenden Barockkirche. Diese Kirche bleibt links liegen, es geht Richtung NNO, am Abenteuerspielplatz Hexenberg überqueren wir die Königstraße, den südlichen Teil des nun beginnenden Walter-Möller-Parks queren wir diagonal zur NNW-Ecke. Nach Überquerung der Louise-Schröder-Straße folgen wir den Wegweisern Richtung Wohlers Park. Im Walter-Möller-Park liegt linker Hand ein Spielplatz mit einem Rutschenhügel, dem höchsten Punkt dieser Tour. Danach folgt – ebenfalls zur Linken – ein Café. Der Brücke über die Holstenstraße folgend queren wir den Emil-Wendt-Park in nördlicher Richtung, das Eingangsgebäude zum Wohlers Park kommt kurz darauf ins Blickfeld. Durch das Tor betreten wir den Park und verlassen ihn durch den gegenüberliegenden Nordausgang wieder. Vor der Kulturkirche St. Johannis gehen wir links, überqueren die Max-Brauer-Allee und gelangen durch den Bertha-von-Suttner-Park zum Holstenplatz und zu der nördlich liegenden S-Bahn-Station Holstenstraße.

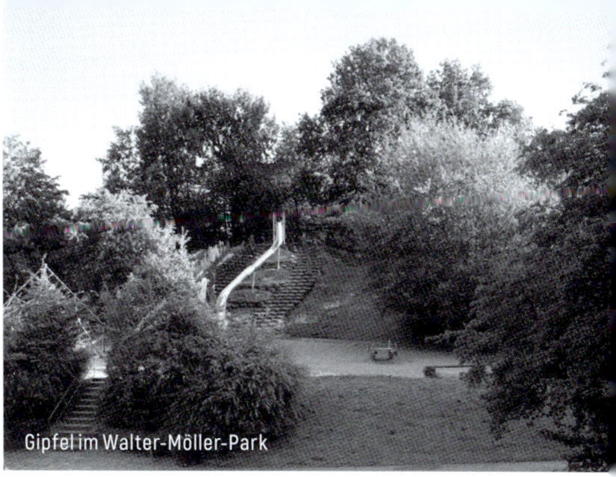
Gipfel im Walter-Möller-Park

VARIANTEN Westlich des Südteils des Walter-Möller-Parks liegt der jüdische Friedhof.

AUSBLICKE

S Von der Südseite des Antoniparks auf den Hafen und die gegenüberliegenden Docks von Blohm + Voss

S Von der Anhöhe des Kapitän-Schröder-Parks über den Fischmarkt auf den Hafen

HINTERGRÜNDE

1 ANTONIPARK 1997 bringen die Anwohner des Viertels ihre Ideen zur Gestaltung dieses Parks ein. Zuvor hat sich eine Nachbarschaftsinitiative

3

erfolgreich gegen weitere Wohn- oder Bürogebäude gestemmt und so den Park überhaupt erst möglich gemacht. »Park Fiction« hieß und heißt das Projekt zur Gestaltung des Antoniparks (und manchmal wird auch der Park so genannt), ein Film und die Teilnahme an der documenta11 (2002) sind Dokumentationen des Prozesses. 2005 wird der Park eröffnet, der zu einem Teil auf dem Dach einer Schulturnhalle liegt.

Der 2 **PINNASBERG** ist durch zwei Ereignisse weithin bekannt: einmal durch den Titel eines 1970 erschienenen Pornofilms unter dem Titel »Das gelbe Haus am Pinnasberg« unter der Regie von Alfred Vohrer (Wallace, Simmel, Derrick), und dann durch die Hausbesetzungen Ende der 1980er Jahre.

3 **KAPITÄN-SCHRÖDER-PARK** Gustav Schröder ist 1939 Kapitän der St. Louis, mit mehr als 900 jüdischen Passagieren auf der Flucht nach Kuba. Dort können nur einige Passagiere von Bord gehen, die Visabestimmungen haben sich geändert. Das Schiff kreuzt vor den USA, danach vor Kanada und wartet auf Einreisegenehmigung. Die Order, nach Europa zurückzukehren, führt zu verständlicher Panik an Bord.

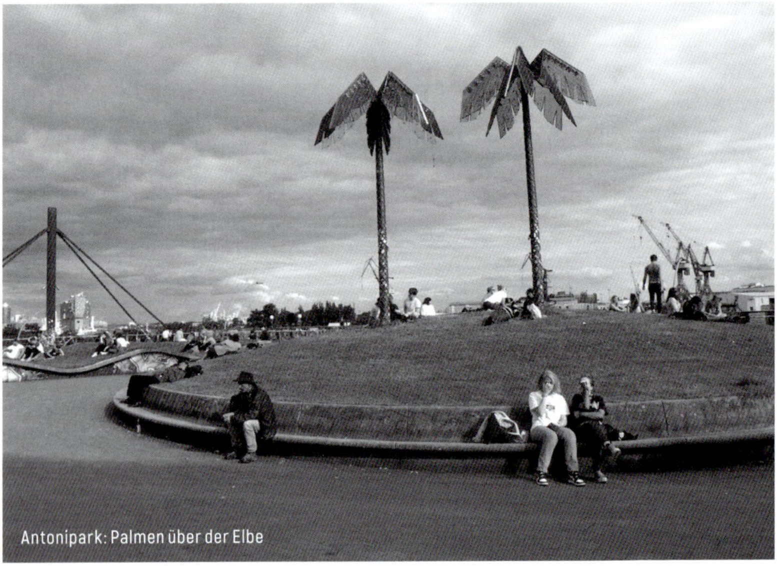

Antonipark: Palmen über der Elbe

Nur dank der unablässigen Versuche des Kapitäns ist es möglich, dass alle das Schiff nach fünfwöchiger Irrfahrt in Belgien verlassen und so zunächst gerettet werden können.

4 **ST. TRINITATIS** Mitte des 18. Jahrhunderts wird diese Hauptkirche in Altona, der damals zweitgrößten dänischen Stadt, gebaut. Sie kann als ein modernes Zeichen gegen die gotischen Kirchen in Hamburg verstanden werden – und der wenige Jahre später gebaute Michel als Antwort der Hamburger auf St. Trinitatis. In den 1960er Jahren wird die Kirche wiederaufgebaut, innen in neuer Gestaltung, außen in der ursprünglichen Form.

5 **JÜDISCHER FRIEDHOF ALTONA**
Einige der 7600 Grabsteine sind Gräber portugiesischer Flüchtlinge und ihrer Nachkommen – geflohen vor der Inquisition auf der iberischen Halbinsel. Für Hamburg bedeuten die Einwanderer mit ihren internationalen Handelsbeziehungen eine Bereicherung. Nur ihre Toten sollen sie nicht in der Stadt begraben dürfen. Also kaufen 1611 Kaufleute Land im benachbarten dänischen – und toleranteren – Altona. Auf einem getrennten Teil befinden sich die Grabstätten der vor Pogromen in Osteuropa geflohenen Juden. Dass diese beiden Richtungen des Judentums in unmittelbarer Nachbarschaft ihre Friedhöfe haben, ist weltweit einmalig.

6 **WOHLERS PARK** Bis 1945 ein Friedhof, Ende der 1970er Jahre entwidmet und als öffentlicher Park ausgewiesen. Auf vielen Grabsteinen lassen sich die Bezüge zur dänischen Geschichte Altonas ablesen.

7 **ST. JOHANNIS KULTURKIRCHE** Seit 1994 wird diese neugotische Backsteinkirche doppelt genutzt. Zum einen für Gottesdienste und Gemeindeveranstaltungen, zum anderen für Konzerte, Privatfeiern oder Fotoshootings. Auf der Nordseite der Kirche setzen die drei Glasbilder ein Statement gegen das heroisierende Kriegerdenkmal in ihrer Mitte.

EINKEHRMÖGLICHKEITEN

Park Café im Walter-Möller-Park

KOMBINATIONSMÖGLICHKEITEN

1 Elbhöhe
900 m / 13′

2 Hamburger Berg
700 m / 10′

4 Altonaer Balkon
400 m / 6′

MEHR INFORMATIONEN

→ Antonipark http://park-fiction.net
→ Pinnasberg www.mao-projekt.de/BRD/NOR/HBG/Hamburg_Hausbesetzungen_Pinnasberg.shtml
→ Kapitän Schröder www.natuerlichteambuilding.de/bericht
→ Kulturkirche www.kulturkirche.de

4

ALTONAER BALKON

Von Neumühlen zum Fischmarkt: Die Park- und Bergvariante

START	ENDE						
Neumühlen/ Övelgönne Fähre 62	Altona (Fischmarkt) Bus 111 - Fähre 61, 62	36,2 m	14,2 %	67 m	67 m	2980 m	1 h 05'

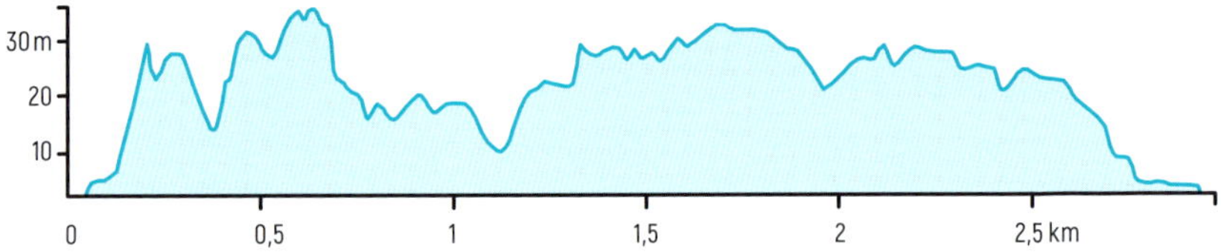

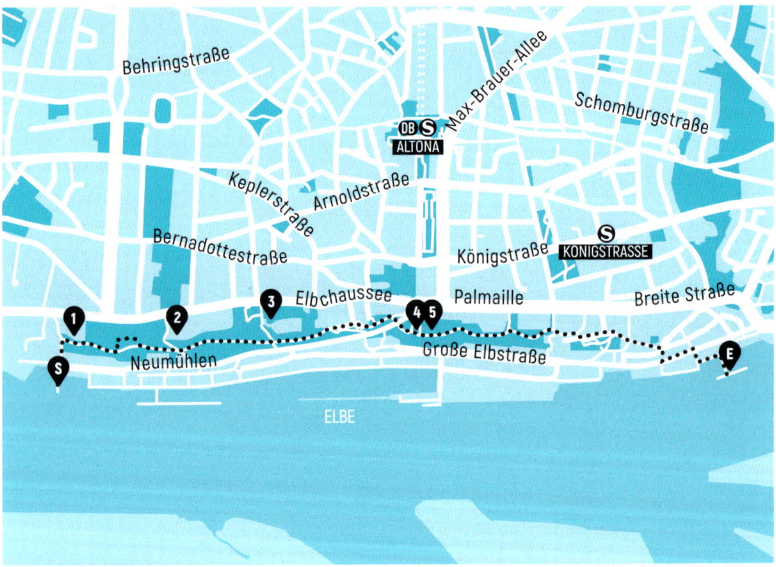

DIE TOUR

ANSTIEG Vom Anleger in Övelgönne gehen wir nach Norden, die Treppen von Lüdemanns Weg hoch und bald an einem Wegweiser rechts ab: »Rosengarten/Hohes Elbufer«. Vorbei an Bänken und ersten Aussichtspunkten steigen wir nach 200 Metern die Treppen links hoch, halten uns an deren Ende rechts, gehen nach einem Rechtsbogen abermals treppauf und nun – auf einer größeren Höhe – rechts ab. Linker Hand befindet sich der Heckengarten, rechts ein Aussichtsbalkon. Nach wenigen Metern biegen wir rechts ab und gehen unterhalb dieses Balkons die Treppen hinunter. An der nächsten Wegekreuzung kreuzen wir den hier beginnenden Donners Park ostwärts auf dem Schopenhauerweg und legen den weiteren Weg durch den Heine-Park führt zurück, bis nach 700 Metern eine kurze Treppe nach links weist. Em Ende dieser Treppe geht es nach rechts, und 150 Meter weiter queren wir über die Brücke die Kaistraße. Nun noch 200 Meter und wir sind am Altonaer Balkon angelangt. Weiter geht es im Auf und Ab nach Osten, vorbei an Helgoland-Denkmal, Bänken und Hundeauslaufflächen, bis wir nach 600 Metern auf Höhe des Thünen Instituts rechts den Olbersweg überqueren. Im nun anschließenden Park

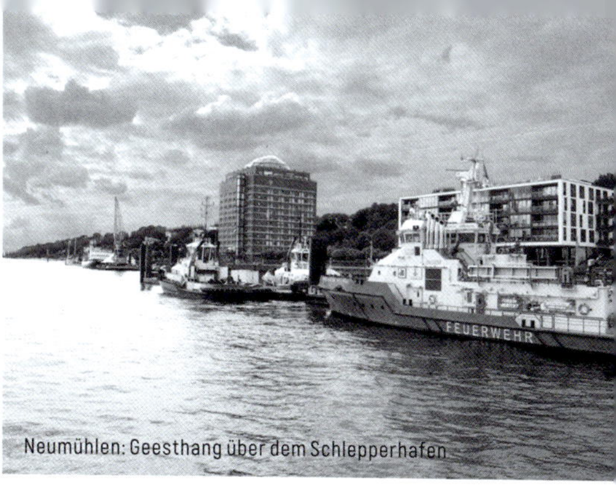

Neumühlen: Geesthang über dem Schlepperhafen

halten wir uns ostwärts und gelangen so auf die Carsten-Rehder-Straße. Etwas linker Hand auf der gegenüberliegenden Straßenseite führt eine kleine Treppe auf die Große Elbstraße. Wenige Meter nach links und wir haben die Fischmarkthalle und den Anleger erreicht.

VARIANTEN Donners Park und Heine-Park können auf einer »höheren Etage« gequert werden – mehr Höhenmeter und weitere spektakuläre Aussichtspunkte.

AUSBLICKE

Unter uns das Dockland und die Elbe mit den »dicken Pötten«, dann die Landschaft aus Containerbrücken auf der Südseite der Elbe, dahinter die Köhlbrandbrücke, im Hintergrund die Harburger Berge (Touren 72–80)

4

HINTERGRÜNDE

1 **ROSENGARTEN** Wo sich heute der Rosengarten befindet, gibt es schon seit dem Ende des 17. Jahrhunderts eine Gartenanlage. Zunächst in wechselndem Privatbesitz, geht 1890 ein Teil an die Stadt Altona, die das Gelände öffentlich zugänglich macht. 1914 findet hier und im Donners Park eine Gartenbauausstellung mit dem Rosengarten als einer besonderen Attraktion statt. Diesen Rosengarten gibt es heute nicht mehr, der Park wird im Zweiten Weltkrieg zu stark zerstört.

2 **DONNERS PARK** Um 1800 herum entsteht der Park, in dessen Zentrum sich der Eigner Mitte des 19. Jahrhunderts das »Donnerschloss« bauen lässt. Von den landschaftlichen Inszenierungen wie Mühlenteich, Weiher, Pavillon, Mausoleum und anderen Gestaltungselementen ist nichts mehr zu sehen. Teiche werden nach dem Zweiten Weltkrieg mit den Trümmern des zerstörten Schlosses und der anderen Gebäude aufgefüllt – man lässt Gras über die Historie der Anlage wachsen, die großen Rasenflächen im Park und eine komplette Neugestaltung sind das Ergebnis.

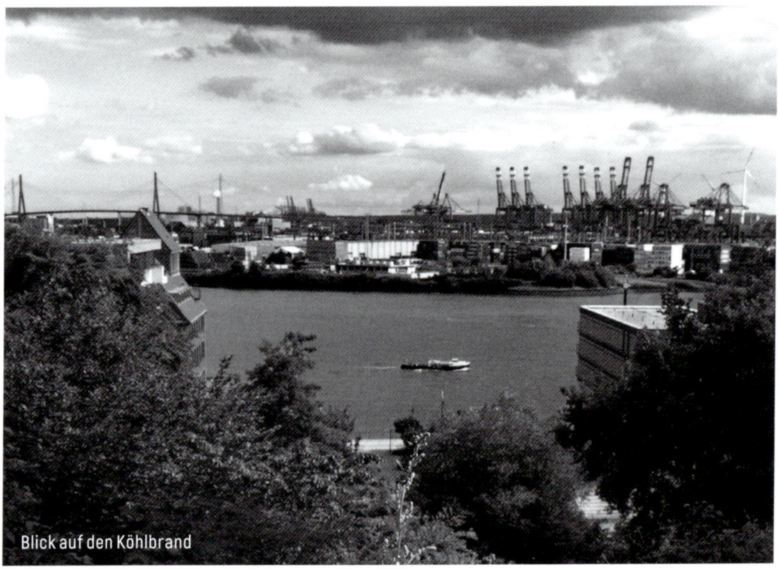

Blick auf den Köhlbrand

4

3 HEINE-PARK Der Park ist nach dem Bankier Salomon Heine benannt, der Hamburg nach dem Brand 1842 finanziell äußerst großzügig unterstützt hatte. Der bekanntere Schriftsteller Heinrich ist sein Neffe. 1939 erwirbt die Stadt das Gelände, um die östlich gelegene Seefahrtschule zu erweitern. Daher ist dieser Teil in der Reihe der Parks bis 1984 nicht öffentlich zugänglich – in dem Gebäude der Seefahrtschule befinden sich heute private Hochschulen.

4 ALTONAER BALKON Nahezu senkrecht 27 Meter über der Elbe wird hier Mitte des 17. Jahrhunderts eine Vorläuferversion des Crocket gespielt, Paille-Maille genannt. Das erklärt den ungewöhnlichen Namen der Straße nördlich des Balkons. Heute ist eher Boule angesagt – und noch mehr das Panorama Richtung Süden. Welcher Blick sich vor mehr als hundert Jahren bot, lässt sich in der Hamburger Kunsthalle auf dem Gemälde »Blick auf den Köhlbrand« (1911) von Lovis Corinth sehen.

5 SCHELLFISCHTUNNEL Auch unter dem Altonaer Balkon tut sich was. Der Grund: Seit Mitte des 19. Jahrhunderts muss die leicht verderbliche Ware Fisch so schnell wie möglich vom Kai an der Elbe zum Bahnhof nach Altona gebracht werden – dabei ist allerdings nicht die Entfernung von weniger als einem Kilometer das Problem, sondern der Höhenunterschied von knapp dreißig Metern. Zunächst wird der Fisch auf einer schiefen Ebene mit 15 Prozent Steigung den Geesthang hochgezogen. Ab 1876 geht es unter die Erde – im Schellfischtunnel ist es kühler, und der Transport geht schneller. Bis Mitte der 1970er Jahre wird der Tunnel intensiv genutzt, durch den dann zunehmenden Lkw-Verkehr – bis zur Schließung 1992 – allerdings immer weniger. An eine Wiederbelebung wird zwischenzeitlich gedacht: Auf dem 2003 erbauten Elbcampus unterhalb des Altonaer Balkons ist ein Bahnsteig angelegt, um nun nicht mehr den Fisch, sondern die Menschen schnell hochzubefördern. Auf eine Bahn wartet man an dem Bahnsteig vergeblich, das Vorhaben wurde nicht verwirklicht.

EINKEHRMÖGLICHKEITEN

Viele Möglichkeiten am Start in Övelgönne und am Ende am Fischmarkt, zwischendurch das Café mit Biergarten »Altonas Balkon« und die Traditionsgaststätte »Zum Elbblick«

KOMBINATIONSMÖGLICHKEITEN

3 Vom Fischmarkt zur Holstenstraße
400 m / 6'

15 Himmelsleiter und Schulberg
700 m / 10'

MEHR INFORMATIONEN

→ Lovis Corinth https://online-sammlung.hamburger-kunsthalle.de/de/objekt/HK-1644

→ Schellfischtunnel www.unter-hamburg.de/tunnel/schellfischtunnel

5 GRÜNER BUNKER 7

Ein Dachgarten mit Öffnungszeiten

START & ENDE
Feldstraße
U 3 – Bus 3, 17

77 m | 10 % | 62 m | 62 m | 1400 m | 40′

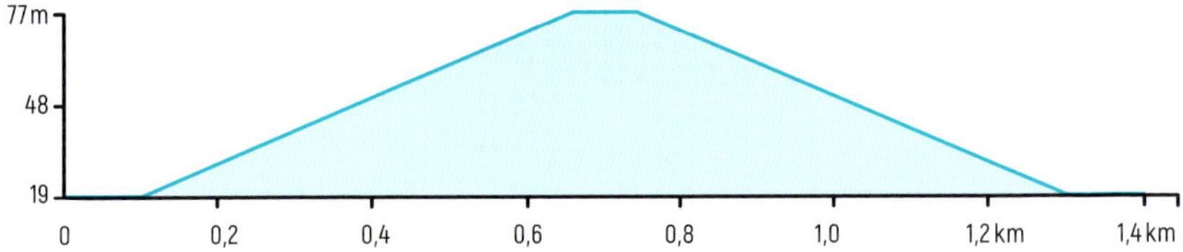

DIE TOUR

AUFSTIEG Am Ausgang der U-Bahnstation sofort nach rechts abbiegen und die 100 Meter bis zum Drehkreuz zurücklegen. Direkt dahinter beginnt der Aufstieg mit insgesamt 359 Stufen. Nach ungefähr zwei Drittel der Strecke und Höhe ist das Niveau des Bunkerdachs erreicht. Hier befinden sich neben Informationen zur Geschichte des Bunkers auch Zugänge zu Restaurants und Bars. Weiter geht's bergauf bis zum Dachgarten.
ABSTIEG Wie Aufstieg.

AUSBLICKE

Aussicht: Rundumsicht mitten in der Stadt – besonders lohnend, wenn Dom ist.
N Sternschanze … bis zum Flughafen
O Emporio-Hochhaus … Innenstadtsilhouette … bis Bergedorf
S Millerntor-Stadion … und im Hafen viele Kräne und Terminals
W Rindermarkthalle … Friedenskirche … bis Altona

HINTERGRÜNDE

Ein 38 Meter hoher Bunker – obendrauf fünf Etagen plus Dachgarten: fertig ist der Berg. Seit dem 5. Juli 2024 kommt

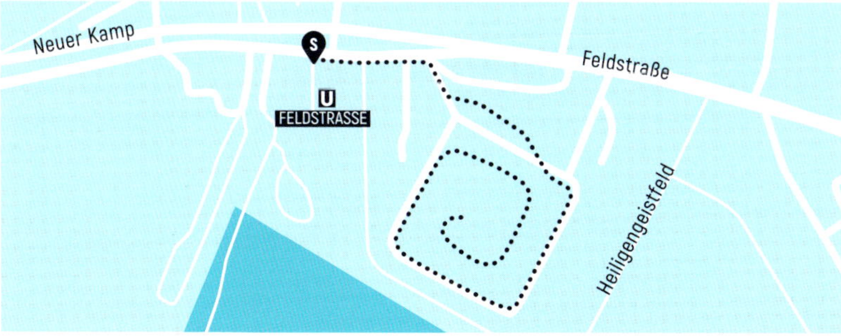

5

man über einen Bergpfad (so heißt der wirklich) auf diesen Aussichtspunkt mitten in der Stadt. Der Bunker wurde zwischen 1940 und 1942 von Zwangsarbeitern errichtet. Auf den vier Ecktürmen standen Flugabwehrgeschütze, drinnen suchten 25 000 Menschen Schutz. Nach dem Zweiten Weltkrieg wurde er nicht gesprengt, da er vielen Menschen eine Notunterkunft bot. Und später hätte eine Sprengung zu viel Schaden in der Umgebung angerichtet. So stand er also mitten in Hamburg, genutzt vor allem von der Kletter-, Musik- und Clubszene. Die Idee zur Begrünung hatte 1992 schon Friedensreich Hundertwasser, doch erst mehr als dreißig Jahre später wird die Idee von einem Investor realisiert. Die fünf Etagen beherbergen Hotel, Bar, Restaurant und Café sowie die Georg-Elser-Halle, die tagsüber als Sporthalle und abends als Konzerthalle genutzt wird.

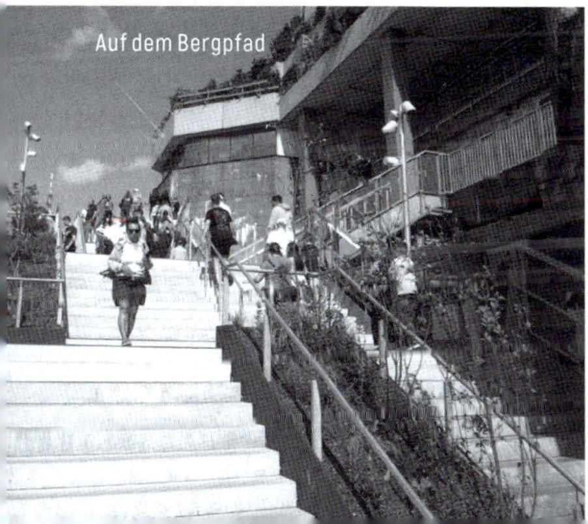
Auf dem Bergpfad

EINKEHRMÖGLICHKEITEN

Hotel, Restaurant, Bar, Café, FoodTruck oben – Rindermarkthalle, Karoviertel in der nahen Umgebung

ACHTUNG

Öffnungszeiten – und eine Begrenzung auf 900 Personen zugleich an und auf dem Bunker

KOMBINATIONSMÖGLICHKEITEN

8 Alter Botanischer Garten
500 m / 7'

MEHR INFORMATIONEN

→ Bunker www.bunker-stpauli.de
→ Dachgarten www.hilldegarden.org

6 STERNSCHANZE

Wassertürme stehen immer oben

START & ENDE
Sternschanze
(Messe)
S 2, 5 – Bus 15, 181

27,2 m | 14,8 % | 13 m | 13 m | 720 m | 15′

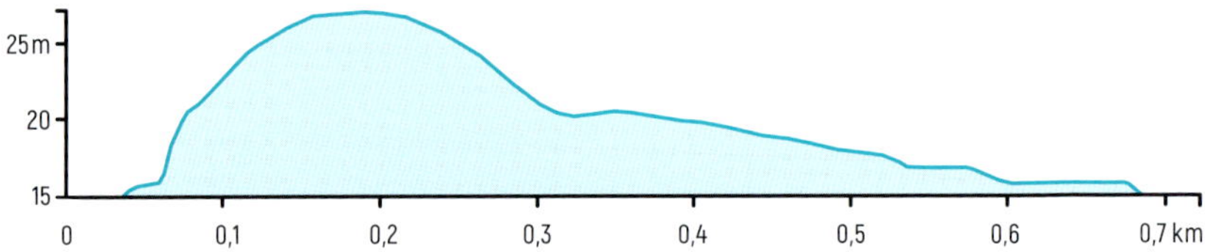

DIE TOUR

AUFSTIEG Direkt gegenüber dem Nordausgang der U-/S-Bahn-Station steigen wir eine kurze Treppe hinauf, queren den Rundweg, steigen weiter aufwärts und folgen dem Rechtsbogen hoch an die Westecke des Turms. Im Uhrzeigersinn geht es nun eine halbe Runde bis an die Ostecke.
ABSTIEG Hier steigen wir nach Osten ab und biegen sofort nach links, an der nächsten Weggabelung – der Blick geht nach rechts hinüber zum Schröderstift – abermals nach links. Nun weniger steil bergab auf den Rundweg, über den wir gegen den Uhrzeigersinn zum Ausgangspunkt zurückkehren.

HINTERGRÜNDE

Bis die Wälle Mitte des 19. Jahrhunderts geschleift werden, ist die Sternschanze ein Befestigungswerk, das der eigentlichen Stadtmauer um tausend Meter vorgelagert ist. Auf der Schanzenhöhe wird bereits ab 1863 Wasser gespeichert, zunächst unterirdisch. 1910 wird der Wasserturm gebaut, der größte in Europa. Als er 1961 außer Betrieb geht, muss eine neue Funktion gefunden werden. Die Herausforderung: Da der Turm eine Last von 4600

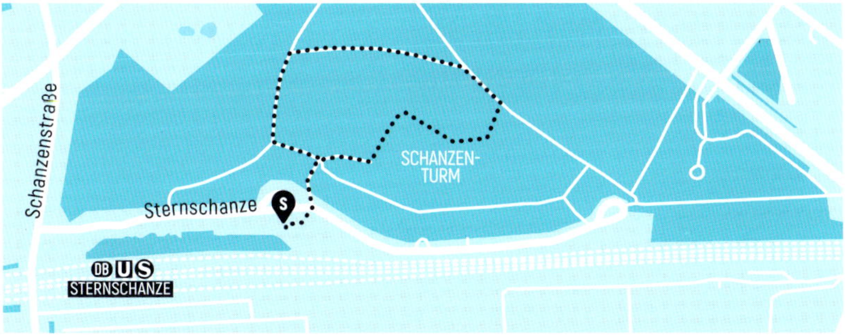

Tonnen zu tragen hatte, ist er innen sehr kompakt gebaut, eine Umnutzung somit nur nach erheblichen und teuren Umbauten möglich. Erst 2005 beginnt der Umbau zu einem Vier-Sterne-Hotel. Das weckt das Schanzenviertel auf, traditionell ja nicht unbedingt Kernklientel solcher Hotels. Demonstrationen, Brand- und Farbbeutelanschläge – auch nach der Eröffnung 2007 – können das Hotel aber nicht verhindern.

Als das Schröderstift 1852 im Norden des Schanzenparks erbaut wird, liegt es noch außerhalb der Stadtmauern. Johann Heinrich Schröder (Tour 17) lässt das Gebäude errichten: drei Flügel und eine zentrale Kapelle. In den folgenden 120 Jahren stehen die insgesamt 52 Wohnungen »Armen und Bedürftigen« zur Verfügung.

Als die Stiftung 1971 nach Langenhorn (Tour 41) zieht, werden die Gebäude besetzt, um ihren Abriss zu verhindern. Zehn Jahre später schließt die Stadt Hamburg einen Vertrag mit der Mieterselbstverwaltung Schröderstift. Die organisiert Instandsetzung, Ausbau und Modernisierung und ist bis heute Trägerin. Die Schröderstifts-, auch Marmorkapelle genannt, wird seit 2006 von der äthiopisch- und der koptisch-orthodoxen Gemeinde genutzt.

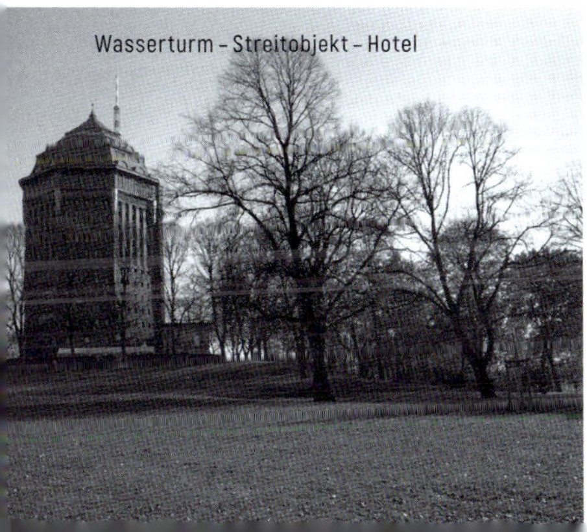
Wasserturm – Streitobjekt – Hotel

EINKEHRMÖGLICHKEITEN

Viele Imbisse an der Schanzenstraße, das Schrødingers im Ostteil des Parks oder das Mövenpick im Wasserturm.

MEHR INFORMATIONEN

→ Wasserturm www.welt.de/welt_print/article930158/Umstrittenes-Hotel-in-Schanzenpark-eroeffnet.html

→ Schröderstift https://msv-schroederstift.de/historie

7 BULLERBERG-ZWILLINGE
Nord-Süd-Überschreitung

START & ENDE
Dammtor
S 2, 5 - U 1

Höhe	Schwierigkeit	Aufstieg	Abstieg	Strecke	Zeit
24,7 m	HC	7 m	7 m	240 m	10′

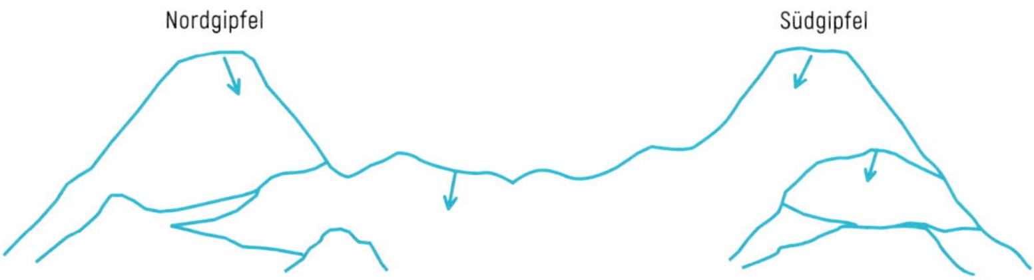

Bullerberg-Zwillinge von Westen (↘ = Notabstieg)

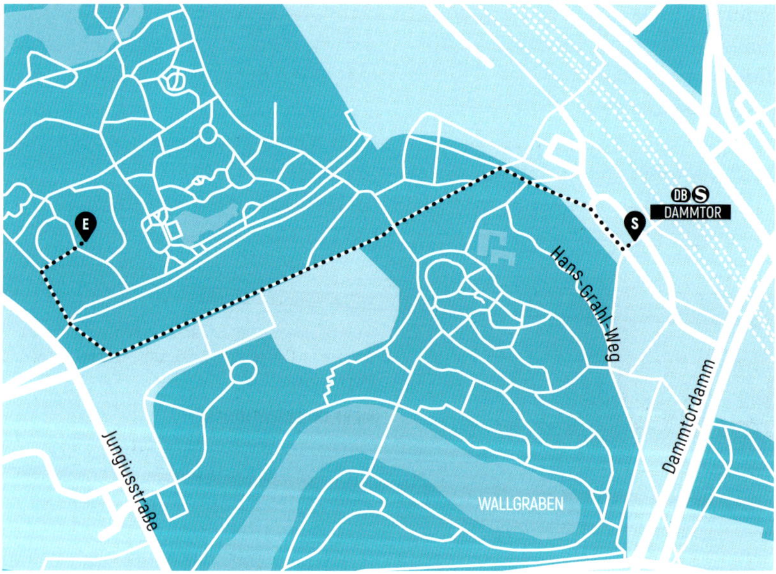

DIE TOUR

ZUSTIEG Vom Dammtorbahnhof nach SO über die Marseiller Promenade in Richtung Kinderlärm - und schon leuchten die Kinderaugen: Der »Große Spielplatz Bullerberge« liegt vor uns! Hier gibt es viele Spielgeräte, die für einen Bergsteiger eher uninteressant sind: Karussell und Schaukel gehören dazu. Und auch die sehr beliebte Matschanlage mit Wasserspielen – bei Eltern übrigens weniger beliebt – steht nicht im Mittelpunkt der Ambitionen kleiner Kraxler. Da sind Balancierelemente, Kletterspinne oder Wackelbrücke schon wichtiger, kann man auf ihnen doch vieles trainieren, was später für die Überschreitung der Bullerberg-Zwillinge nötig sein wird. Und noch was: Die Nutzung der bei Erwachsenen so beliebten Sitzbänke taugt zur Vorbereitung auf Bullerberg-Touren gar nicht. Als Vorbereitungstour sind die auf der Westseite liegenden Kletterhäuser sehr gut geeignet. Zugleich bieten sie einen guten Blick auf die Westseite der Bullerberge-Zwillinge, so dass die Route der Überschreitung von hier schon mal in Augenschein genommen werden kann. Dabei dürfte auch auffallen, dass die Überschreitung letztlich von nur wenigen angegangen wird

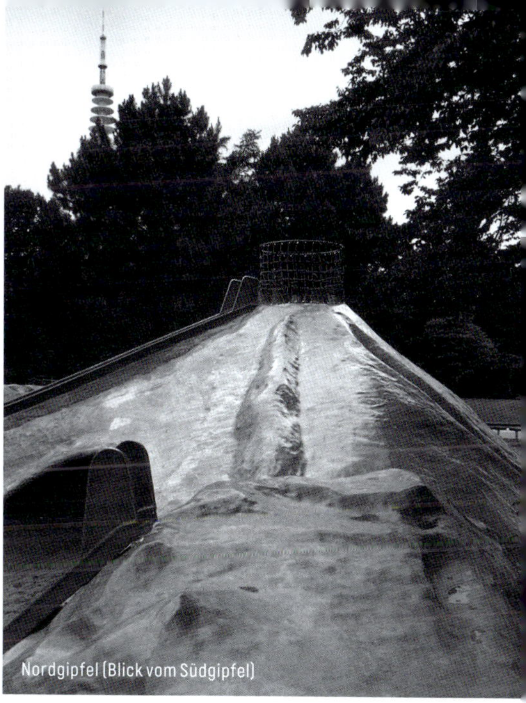

Nordgipfel (Blick vom Südgipfel)

AUFSTIEG 1 Um auf die Nordseite des nördlichen Bullerbergs zu gelangen, wird zunächst das nach Westen ragende rot-braune Vorplateau umgangen. In der direkten Linie geht der Nordgrat ohne Umwege steil bis zum Gipfel. Vergleiche mit Klassikern von Bianco- bis Zmuttgrat müssen nicht gescheut werden. Wer bei diesem Aufstieg an seine Leistungsgrenzen gekommen ist, sollte den Notabstieg über die NW-Rutsche nehmen.

ÜBERGANG Denn nun folgt ein Abstieg auf den Sattel, der es in sich hat. Auf wenig griffigem Untergrund geht es zunächst ein wenig nach SSO, dann

7

in eine südlich führende Rinne und weiter an eine Abbruchkante zum Verbindungsgrat, die es zu überwinden gilt. Nun führt uns der Weg über mehrere Abstiege und Gegenanstiege bis zu einem Plateau, an dem westwärts eine nächste Notrutschmöglichkeit besteht. Auf alle, die die Überschreitung weiterführen, wartet ein gewaltiger Block. Dieser muss überschritten werden, da westliche oder östliche Umgehungen nicht nur schwierig, sondern wegen der steil abfallenden Wände auch gefährlich sind. Kurz hinter dem unschwierigen Abstieg von diesem Block wartet der Aufstieg auf den Südgipfel.

AUFSTIEG 2 Der nun folgende Aufstieg ist kurz, doch zugleich schwieriger als der auf den Nordgipfel. Der Grund: Genau in der Mitte wartet ein Gendarm, der überklettert oder links oder rechts umgangen wird. Je nach Zustand des Untergrunds und den Fähigkeiten der Kletterer kann das nur vor Ort entschieden werden. Nach dem Gendarm geht es letztmalig in einer Rinne steil auf den Südgipfel.

ABSTIEG Auch vom Südgipfel führt ein Notrutschabstieg ins Tal. Doch zu einer echten Überschreitung gehört es, über den Südgrat abzusteigen. Der direkte Abstieg durch die Rinne ist seit einigen Jahren nahezu unpas-

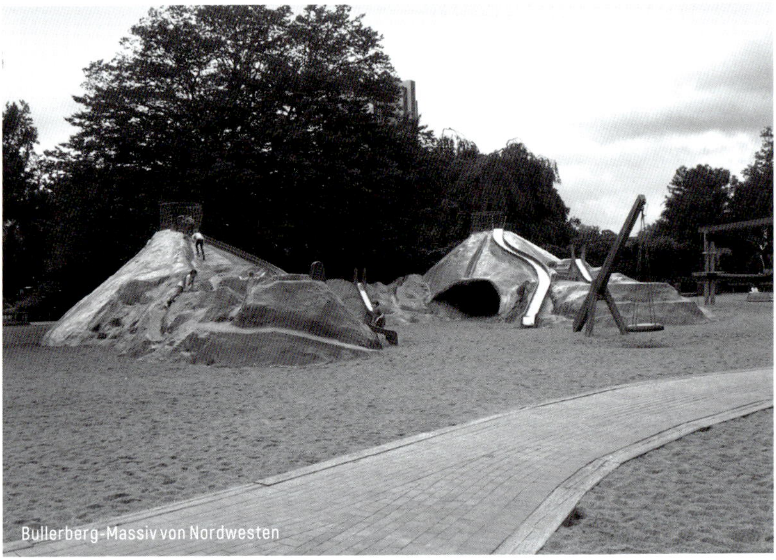
Bullerberg-Massiv von Nordwesten

sierbar geworden. Daher weichen wir zunächst etwas nach Westen aus und queren auf halber Höhe die Südrinne, um an ihrer Ostseite nach unten zu gelangen. Es ist auch möglich, direkt nach der Querung auf die SO-Flanke auszuweichen. Unten angekommen, geht es in einem weiten Bogen zunächst nach SW, dann nach NO zurück zum Ausgangspunkt.

VARIANTEN Viele weitere Auf- und Abstiege an beiden Gipfeln und am Zwischengrat.

AUSBLICKE

Heinrich-Hertz-Turm – doch wer es bis hier oben geschafft hat, genießt die Gipfelerfolge mehr als jede Aussicht.

HINTERGRÜNDE

Der größte und bekannteste Spielplatz in Hamburg entsteht 1973 anlässlich der Internationalen Gartenbauausstellung. Der Name »Bullerberge« bezieht sich auf den Künstler Wido Buller, der die aus Fiberglas bestehenden Berge entworfen hat. Die dürften für so manches Hamburger Kind die ersten je bezwungenen Gipfel überhaupt gewesen sein.

TOURENBERICHTE

»Das sind die beiden größten Vulkane der Welt. Und innen ist es ganz heiß.« (Tim, 5 Jahre)

»Wenn es nass ist, dann wird es richtig schwierig ... und gefährlich.« (Hannah, 8 Jahre)

»Einmal im Jahr mit der Grundschulklasse zu den Bullerbergen – das war in den 1960er Jahren immer ein Riesenspaß.« (Ingrid, über 80 Jahre)

»Ganz oben bin ich sicher. Da kann mich meine Mama nicht holen, wenn wir nach Hause müssen. Die kommt da nicht hoch.« (Neila, 7 Jahre)

EINKEHRMÖGLICHKEITEN

Kinder-Snackbar direkt am Spielplatz

ACHTUNG

Hohe Wahrscheinlichkeit der Blamage für hüftsteifere Erwachsene bei diversen Direttissimas und bei den Notabgängen auf Rutschen. Und: Es ist üblich, ungesichert zu gehen – was nur Profis mit viel Erfahrung und Risikobereitschaft wagen.

KOMBINATIONSMÖGLICHKEITEN

1 Elbhöhe
1500 m / 22'

8 Alter Botanischer Garten
650 m / 9'

MEHR INFORMATIONEN

→ Spielplatz www.ahoikinder.de/1227/spielplatz-planten-und-blomen

8 ALTER BOTANISCHER GARTEN

Wassertreppen und Mittelmeerterrassen

START
Stephansplatz (Oper/CCH)
S 2, 5 - U 1 - Bus 4, 5, 19

ENDE
Sievekingplatz
Bus 3

17,9 m | 2,7 % | 43 m | 33 m | 1270 m | 30′

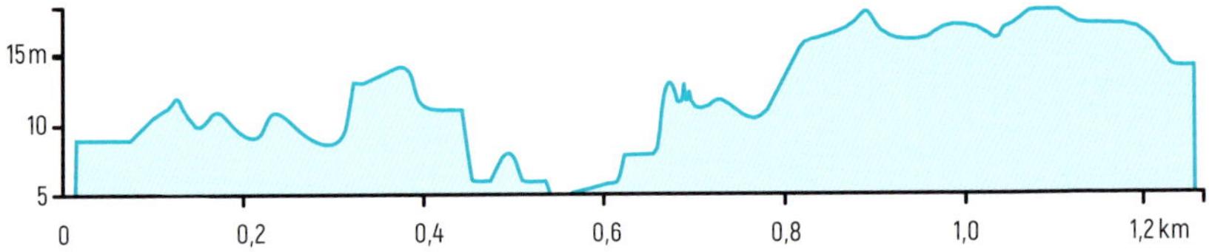

DIE TOUR

ANSTIEG An der NW-Ecke der Kreuzung Stephansplatz/Gorch-Fock-Wall betreten wir den Alten Botanischen Garten, gehen die Treppe oder Rampe hinunter, oberhalb des Teichs entlang und dann nach rechts auf die Johan-van-Valckenburgh-Brücke. Nach der Brücke geht es weiter geradeaus (NNO), nach den Treppen nehmen wir die Abzweigung nach links. Vor den Tropengewächshäusern entlang führt der Weg weiter auf einer der vielen Mittelmeerterrassen Richtung SW, bevor wir an das Ufer des Sees absteigen. Von dort bietet sich ein schöner Blick Richtung Norden auf die soeben durchstiegenen Terrassen. Wir nehmen nun den ufernächsten Weg, gehen nach weiteren hundert Metern links über die Brücke, sodann wieder rechts empor und biegen nach den abermals auftauchenden Treppen rechts ab, bevor wir das Wasser queren, unter der Jungiusstraße in die Kleinen Wallanlagen gehen und nach siebzig Metern rechts, nach weiteren siebzig Metern halblinks abbiegen. Linker Hand befindet sich ein See, rechter Hand die Mauer der Untersuchungshaftanstalt. Die übernächste Möglichkeit – bei der Skulptur »Wand-Lung« (Friederich Werthmann) – nutzen wir, um nach links abzubiegen, gehen über einen Steg weiter und nach

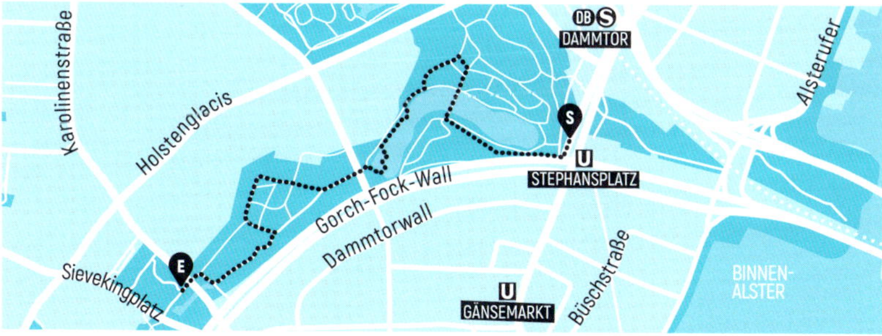

8

den Treppen nach rechts. Rechter Hand erscheinen nun die Wassertreppen, die oberhalb gequert werden. Links liegt der Sievekingplatz mit seinen Gerichtsgebäuden.

HINTERGRÜNDE

Die Tour geht entlang der Überreste der alten Wallanlagen, die 1615 von Johan van Valckenburgh entworfen werden. Ungefähr 200 Jahre später sind Wälle militärisch unbedeutend geworden, sie werden geschliffen und nach und nach bebaut (im Osten u.a. mit dem Hauptbahnhof). Im Westen werden die Wälle zu Parks, ein Teil davon 1821 zum Botanischen Garten. Maßgebliche Änderungen erfahren die Parkanlagen durch die Gartenbauausstellungen von 1897, 1935, 1953, 1963 und 1973. Anlässlich der Gartenschau 1935 entsteht auch der Name »Planten un Blomen« – zunächst nur für den westlichen Teil [siehe Tour 7], seit 1986 für den gesamten Parkbereich zwischen Dammtor und Millerntor. 27 Skulpturen aus drei Jahrhunderten machen Planten un Blomen zu einem 24-Stunden-Museum.

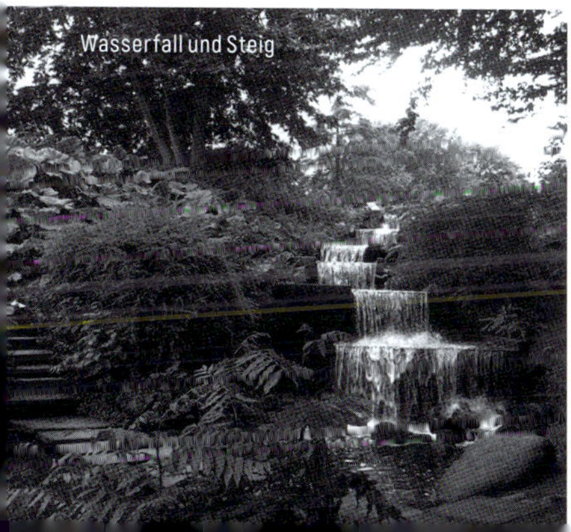
Wasserfall und Steig

EINKEHRMÖGLICHKEITEN

Park Café Schöne Aussichten

ACHTUNG

Öffnungszeiten der Tropengewächshäuser

KOMBINATIONSMÖGLICHKEITEN

7 Bullerberg-Zwillinge
750 m / 11′

MEHR INFORMATIONEN

→ Planten un Blomen https://plantenunblomen.hamburg.de/planten-un-blomen-parkplan-skulpturen

9 INNOCENTIAPARK

Berge im Square-Park von Eimsbüttel

START & ENDE
Hoheluftbrücke
U 3 - Bus 5

18,7 m | 5,7 % | 19 m | 19 m | 1320 m | 25′

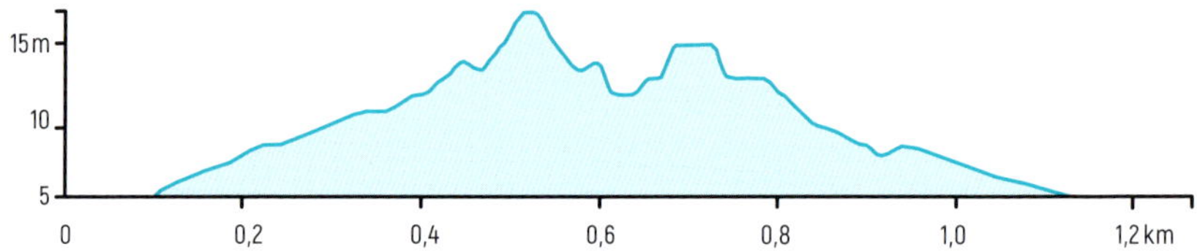

DIE TOUR

ZUSTIEG Wir überqueren die Straße »Grindelberg« und gehen auf der Oberstraße weiter nach Osten, rechter Hand die Grindelhochhäuser. Der Brahmsallee folgen wir kurz nach Süden und gehen dann nach NO in den Innocentiapark. Die Südspange nehmen wir in östlicher Richtung und biegen bei der nächsten Gelegenheit rechts ab.

AUFSTIEG 1 Vor dem nun auftauchenden Pavillon – dem ehemaligen Toilettenhäuschen – geht es nach links über den SW-Grat auf den ersten Gipfel im Park.

ABSTIEG 1 Wie Aufstieg. Am Bergfuß den bekannten Weg kurz nach rechts gehen und dann wieder nach rechts auf die Ostspange. Den Spielplatz queren wir und gehen an dessen Ende wenige Meter nach rechts.

AUFSTIEG 2 Nun sofort nach links aufsteigen und über den Südgrat auf den zweiten Parkgipfel.

ABSTIEG 2 Wie Aufstieg. Auch hier am Bergfuß kurz nach rechts, wieder nach rechts und den Rundweg im Park fortsetzen. An seiner NW-Ecke gehen wir auf die Innocentiastraße, folgen dieser in einer Links-rechts-Kombination und gehen die bald erreichte Isestraße nach links zum Ausgangspunkt zurück.

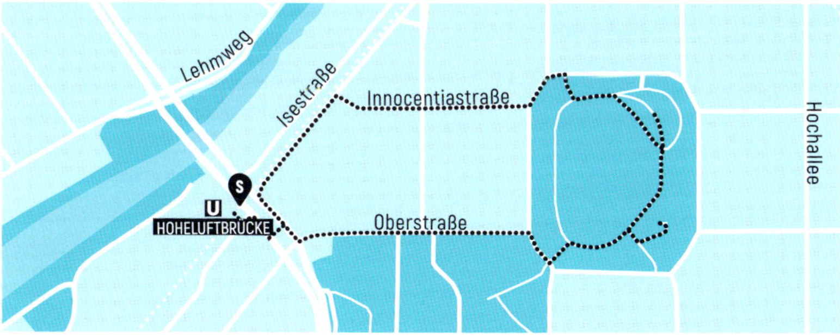

9

HINTERGRÜNDE

Als der Klosterbesitz Harvestehude verkauft wird, ist eine der Bedingungen des Verkaufs, eine Parkanlage zu schaffen. So wird der Innocentiapark 1884 zur ersten öffentlichen Grünanlage Hamburgs. Er hat die Rechteckform eines Squares, die in Deutschland eher unüblich ist, sondern typisch für viele Londoner Parkanlagen. Die schachbrettartig angelegten Straßenzüge rund um den Park weisen ebenso auf ein englisches Vorbild hin. Nur im SW ist die Bebauung eine ganz andere: Hier dominieren zwölf Hochhäuser mit acht bis fünfzehn Etagen, die ersten Wohnhochhäuser in Deutschland. 1950 ziehen die ersten Bewohner in eine der 2000 Wohnungen ein. Fünf Jahre nach Kriegsende mit riesigem Komfort: große Fenster, Fahrstühle, Müllschlucker, Geschäfte im Parterre, Tiefgarage, kein Autoverkehr im Innenbereich, stattdessen Grünflächen und Spielplätze. Erfreuen sich die Grindelhochhäuser anfangs großer Beliebtheit, so sinkt ihr Stern nach und nach, Wohnungen verfallen. Erst ab Mitte der 1990er Jahre erfolgt eine umfassende Sanierung.

Blick auf den Nordgipfel

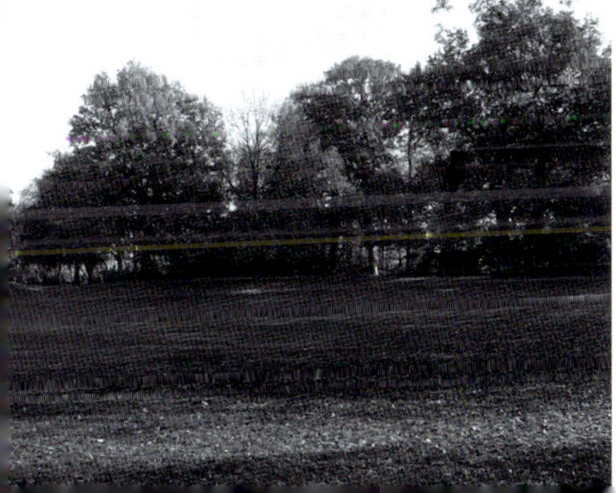

EINKEHRMÖGLICHKEITEN

Hopi, Die Brücke

KOMBINATIONSMÖGLICHKEITEN

10 Licentiatenberg
1000 m / 15′

MEHR INFORMATIONEN

→ Grindelhochhäuser www.ndr.de/geschichte/Die-Grindelhochhaeuser,hamj9877.html

10 LICENTIATENBERG

… der in Harvestehude

START & ENDE
Harvestehuder Weg
Bus 19

18,4 m | 5,4 % | 18 m | 18 m | 990 m | 20′

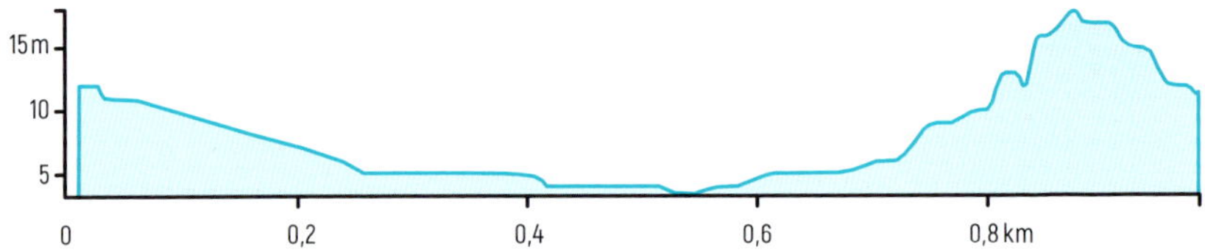

DIE TOUR

ZUSTIEG Wir gehen die Straße »Frauenthal« nach Norden und bei der nächsten Möglichkeit nach rechts in die Heilwigstraße. Kurz vor dem Steg geradeaus am Schiffloch biegen wir nach rechts ab und gehen in südlicher Richtung in den Eichenpark. Hier geht es am Ufer des Schifflochs entlang und kurz vor den Treppen hoch zur Krugkoppelbrücke nach rechts, um den Eichenpark nach Westen zu durchqueren.

AUFSTIEG Den Eichenpark verlassen wir an seinem Westende, queren den Harvestehuder Weg und nehmen den Anstieg auf den Licentiatenberg in Angriff. Treppen und Rampen im Wechsel führen hinauf, fast oben angekommen, steigen wir nach rechts noch ein Stück weiter an. Der Gipfel selbst liegt nun etwas abseits des Wegs in östlicher Richtung.

ABSTIEG Dem Weg, der nun an Höhe verliert, nach Norden folgen. Über eine Treppenanlage gelangen wir zur Kreuzung Harvestehuder Weg/Mittelweg, dem Ausgangs- und Endpunkt der Tour.

VARIANTEN Zum Licentiatenberg in Groß Borstel [4500 m; 55’].

AUSBLICKE

S Vom Steg an der Heilwigstraße auf die Krugkoppelbrücke

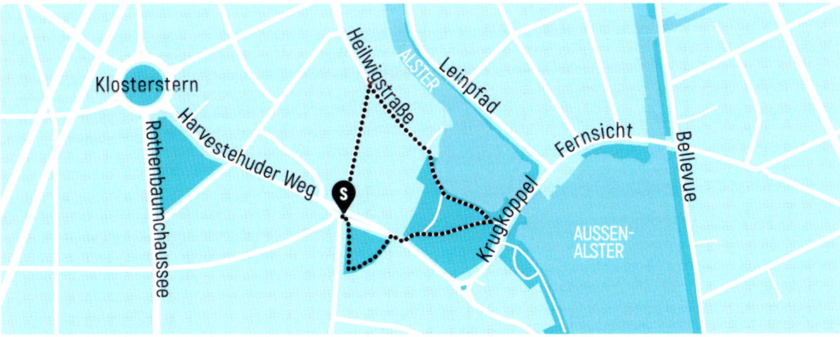

HINTERGRÜNDE

Der erste und bekanntere, da zentrumsnahe Licentiatenberg ist die nördlichste Ausprägung des Geesthangs – nochmals erhöht durch eine Grabstätte aus der Bronzezeit. Beim alten Baumbestand ragt die alte und mehrfach geborstene Stieleiche am SO-Rand des Parks hervor. Übrigens besteht eine geschichtliche Beziehung zum Licentiatenberg in Groß Borstel, da die Nonnen aus dem Harvestehuder Kloster (das bis 1530 an der Stelle steht, wo heute der Eichenpark liegt) Ausflüge dorthin unternehmen. 1922 wird auf diesem Licentiatenberg ein Denkmal für die Gefallenen des Ersten Weltkriegs errichtet. Um 2000 herum wird im Stadtteil kontrovers um dieses Denkmal gestritten. Der Kompromiss: ein zweites Denkmal, nicht heroisch, sondern mahnend – ein nachgeahmter Eingang zu einem Schützengraben. Kaum ist es fertiggestellt, wird das Kriegerdenkmal baufällig – und in der Folge auch das Nachdenkmal abgebaut. Heute ist der Groß Borsteler Licentiatenberg denkmalfreie Zone.

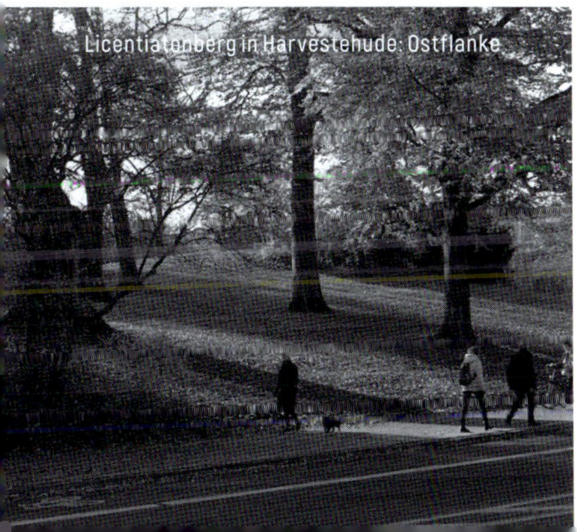

Licentiatenberg in Harvestehude: Ostflanke

KOMBINATIONSMÖGLICHKEITEN

9 Innocentiapark
1000 m / 15′

MEHR INFORMATIONEN

→ Harvestehude www.monumentaltrees.com/de/deu/hamburg/hamburg/13558_licentiatenbergmittelwegharvestehuderweg

→ Groß Borstel www.grossborstel.de/haeuser-die-geschichten-erzaehlen

11 TUTENBERG UND BIRKENHÖHE

Auf und ab im Altonaer Volkspark

START
Luruper Chaussee (DESY)
Bus 2, 3, 284

ENDE
Stadionstraße
Bus 2, 3, 284

56 m | 13,1% | 81 m | 86 m | 5310 m | 1 h 45′

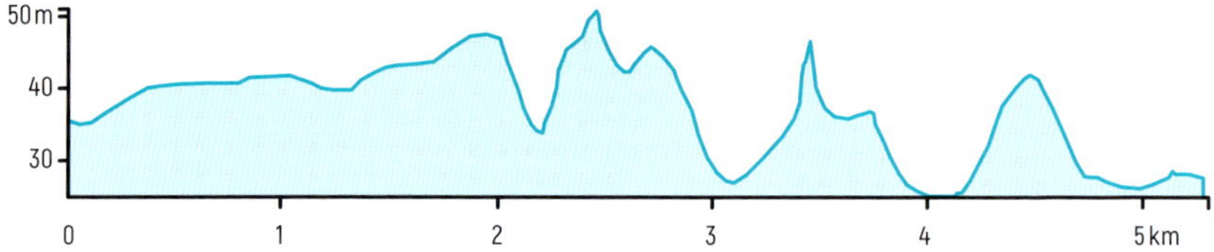

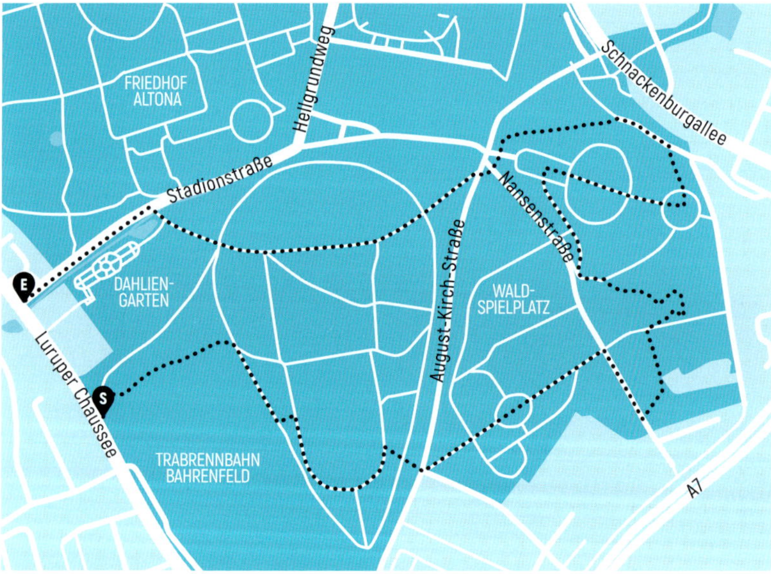

DIE TOUR

ZUSTIEG Die Luruper Chaussee gehen wir ein kurzes Stück nach Norden und nehmen die nächste Möglichkeit, um nach rechts abzubiegen. Wir halten uns weiterhin rechts und umrunden so die Nordkurve der Trabrennbahn. Nun wenden wir uns nach links und gehen am westlichen Rand der Spielwiese zunächst nach Süden, dann nach Osten. Auf Höhe des Spielplatzes gehen wir nach rechts und betreten auf der anderen Seite der August-Kirch-Straße den Schulgarten. Diesen durchqueren wir – vorbei an Pinguinbrunnen und Pavillon – und halten weiter die nordöstliche Richtung bis zur Nansenstraße.

AUFSTIEG 1 Die Nansenstraße biegen wir nach rechts ab und sehen nun linker Hand bereits die Birkenschlucht. Nun führt uns ein Weg nach links bergab in eben diese Schlucht, die wir nach NNW queren und an deren Ende einen schmalen Weg nach links hochsteigen. Oben angekommen, wenden wir uns scharf nach rechts und treffen nach wenigen Metern auf die Treppen, die zur Birkenhöhe hochführen. Oben bieten viele Bänke Gelegenheit zur Gipfelrast.

ABSTIEG 1 Die Birkenhöhe verlassen wir auf ihrer Ostseite und gehen am Ende der Treppen nach links, dann nochmals nach links. Kurz vor der Minigolfanlage geht es nach rechts und

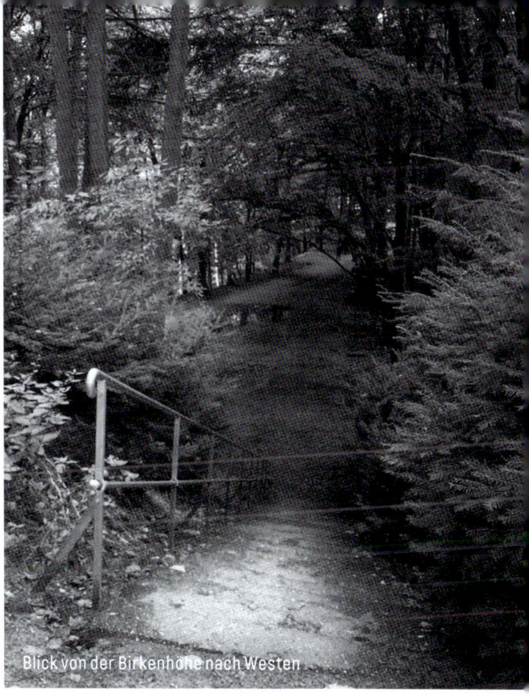

Blick von der Birkenhöhe nach Westen

an der nächsten Wegekreuzung geradeaus. Wir treffen auf einen Weg, der uns oberhalb der Nansenstraße nach rechts (N) führt und gehen diesen Weg 300 Meter weiter, bis rechter Hand der Tutenberg vor uns liegt.

AUFSTIEG 2 Nun gehen wir geradewegs auf den Tutenberg, der erst mäßig ansteigt, dann immer steiler. Oben erwartet uns eine in Stein eingefasste Gipfelebene.

ABSTIEG 2 Die Treppe, die nach NNO führt, steigen wir ab und gehen in einem weiten Linksbogen bis zur August-Kirch-Straße, der wir wenige Meter nach links folgen. Schräg gegenüber – dort wo die Nansenstraße von

11

SO einmündet – steigen wir nach SW auf und halten uns an allen nun kommenden Wegekreuzungen geradeaus, bald wieder absteigend. So kommen wir zur Stadionstraße, die wir nach links abbiegen. Nach knapp 400 Metern erreichen wir den Endpunkt.

VARIANTEN Statt über die Stadionstraße können wir auch durch den Dahliengarten gehen, was sich vor allem im Spätsommer lohnt [10'].

AUSBLICKE

Die Sichtachse bis zum sechs Kilometer entfernten Michel funktioniert heute nicht mehr, die Bäume sind zu hoch.

HINTERGRÜNDE

Der Anlass, zu Beginn des 20. Jahrhunderts eine große Grünanlage zu bauen, ist in Hamburg wie in Altona derselbe: Die Bevölkerung, die in dicht bebauten Stadtteilen wohnt, soll vor der Haustür Freizeitmöglichkeiten im Grünen bekommen. Doch die Ausführung ist in Altona eine andere: Während Hamburg ein durchkomponiertes Wiesenareal mit etwas Wald bekommt (Tour 37), ist der Volkspark in Altona als Waldpark angelegt. Und trotz erheblicher Gebietsverluste an A7 und Stadionparkplätze ist der Park immer noch groß und waldreich

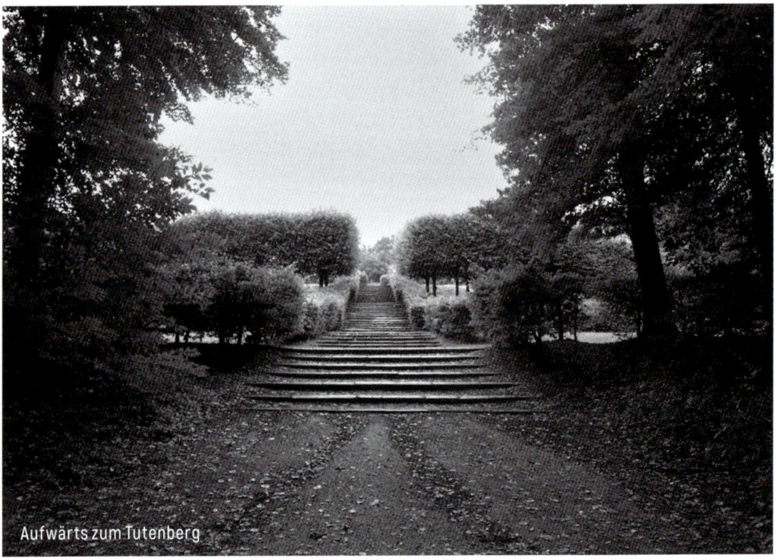

Aufwärts zum Tutenberg

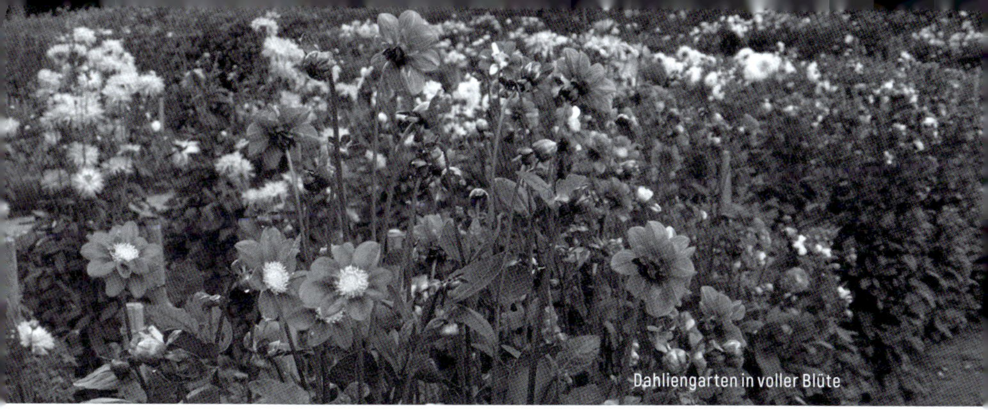

Dahliengarten in voller Blüte

genug, dass dort Greifvögel und Eulen leben.

1913 wird der Bau des Volksparks als »Kaiser-Wilhelm-Park« beschlossen. Kriegsbedingt verzögern sich die Arbeiten, die Eröffnung findet erst 1920 statt, dann ohne Kaiser. Ferdinand Tutenberg, Chefplaner von Beginn an, macht aus der durch Kiesgruben entstandenen Landschaft einen hügeligen Park mit Wiesen und Gärten. Bis 1934 leitet er die weiteren Planungen, ihm zu Ehren wird der achteckige Kegel mit seinem Linden-Laubengang heute »Tutenberg« genannt. Gegen seinen ausdrücklichen Rat wird der Volkspark nach 1933 forstwirtschaftlich und zur Trinkwasserentnahme genutzt. Innerhalb weniger Jahre sinkt der Grundwasserspiegel so stark, dass der nördlich gelegene Paddelsee trockenfällt. Nach 1945 wird das Gewässer mit den Trümmern des zerbombten Altona zugeschüttet, später mit der Barclaycard Arena und Parkflächen bebaut.

Auch wenn der Tutenberg der bekannteste Gipfel im Volkspark ist, der höchste ist die Birkenhöhe. In der südlich gelegenen Birkenschlucht wird bis Ende der 1920er Jahre noch Sand abgebaut, deshalb gestaltet Tutenberg die Birkenhöhe, damals noch wichtiger trigonometrischer Punkt zur Landvermessung, erst gegen Ende seiner Zeit als Gartendirektor.

EINKEHRMÖGLICHKEITEN

Klempau's Biergarten bei der Spielwiese, Bauernhaus nahe der Birkenhöhe, Trafo im Volkspark

KOMBINATIONSMÖGLICHKEITEN

12 Lutherpark
700 m / 10′

13 Lise-Meitner-Berg
1400 m / 21′

MEHR INFORMATIONEN

→ Volkspark www.ndr.de/geschichte/schauplaetze/Waldpark-fuer-Staedter-Volkspark-Altona,volkspark116.html

→ Tutenberg https://silo.tips/download/heino-grunert-ferdinand-tutenberg-und-die-volksparkidee

12

LUTHERPARK

Ganz nah an der A7 – und bald obendrauf

START & ENDE
Friedhof Holstenkamp
Bus 288

48,2 m | 10,6 % | 20 m | 20 m | 1280 m | 25′

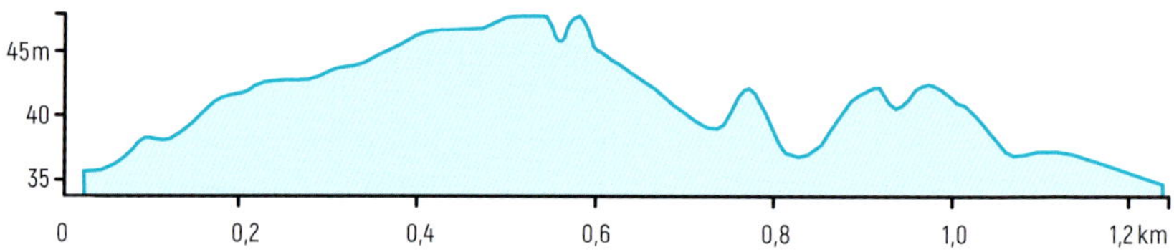

DIE TOUR

ZUSTIEG Den Holstenkamp gehen wir ein kurzes Stück nach NW, bis nach links ein Weg abzweigt und auf diesem ansteigend in den Lutherpark bis zu einer Wegekreuzung.

AUFSTIEG 1 Hier den Weg nach Westen nehmen und nach etwa hundert Metern nach links zum ersten Gipfel aufsteigen.

ABSTIEG 1 Über desssen WSW-Rücken eine Treppe hinabsteigen und an deren Fuß wenige Meter nach Westen gehen.

AUFSTIEG 2 Nach rechts eine Treppenanlage hochsteigen. An deren Ende nach Westen weiter ansteigen, bis nach einer Linkskurve eine Treppe nach links zu einem Denkmal führt. Wir sind auf dem zweiten Gipfel angekommen.

ABSTIEG 2 Die Treppe wieder herabsteigen, nach links auf die Lutherkirche zugehen und bei der nächsten Möglichkeit nach links in das tief eingeschnittene Tal des Lutherparks absteigen. Wir halten uns immer Richtung Osten, bewältigen einen Gegenanstieg und folgen unterhalb des ersten Gipfels dem Weg nach ONO ansteigend bis zur Wegekreuzung, die wir bereits vom Zustieg kennen. Nun halten wir uns nach rechts (SSO) und folgen dem Hohlweg – einer berühmt-berüchtigten Schlittenabfahrt – bis zur Von-Hutten-Straße, die nach ONO bis zum Holstenkamp führt.

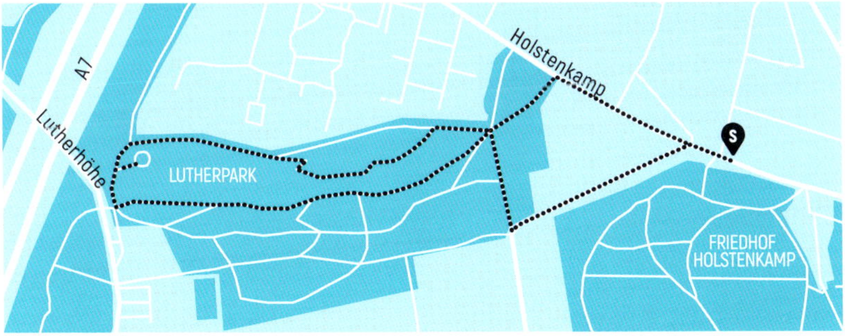

12

HINTERGRÜNDE

1908 soll Bahrenfeld eine eigene Kirche bekommen. Von den drei zur Auswahl stehenden Grundstücken fällt die Wahl auf einen Ort, der »Schöne Aussicht« genannt wird. Hier also wird die Lutherkirche errichtet. Dass es rund sechzig Jahre später wegen des Baus der sehr nahe gelegenen A 7 mit der schönen Aussicht vorbei sein wird, kann ja niemand ahnen. Genauso wenig, dass weitere knapp sechzig Jahre später ein Deckel über die Autobahn gebaut wird und die Aussicht wieder schön werden kann.

Mit der Fertigstellung des Autobahndeckels über die A 7 erfährt der Lutherpark große Veränderungen.. Durch die Verbindung mit dem westlichen Teil des Lutherparks wächst zusammen, was zusammengehört. Außerdem wird nun auch der südlich der Bahrenfelder Chaussee gelegene Bonnepark angebunden. Diese baulichen Veränderungen gehen einher mit einer Namensänderung, so dass zukünftig nicht mehr an den Hamburger Arzt und Judenhasser Georg Bonne erinnert wird.

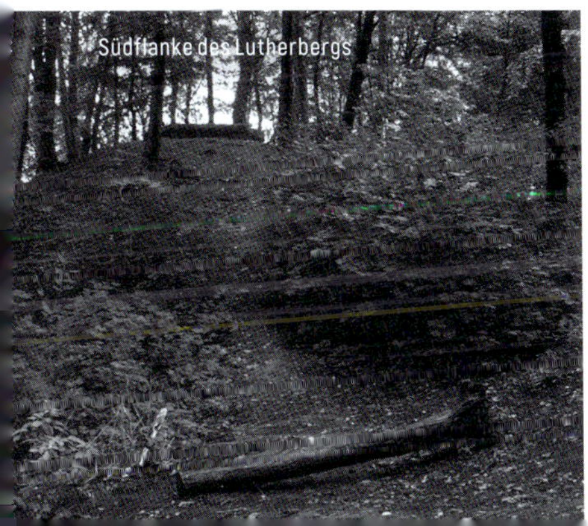
Südflanke des Lutherbergs

EINKEHRMÖGLICHKEITEN

Parkcafé Lutherpark (Holstenkamp)

KOMBINATIONSMÖGLICHKEITEN

11 Tutenberg und Birkenhöhe
700 m / 10′

MEHR INFORMATIONEN

→ Altonaer Deckel www.deges.de/wp-content/uploads/2020/01/17-01-19-praesentaton-ausbau-a7-tunnel-altona-1.pdf

→ Georg Bonne www.hamburg.de/clp/dabeigewesene-suche/clp1/ns-dabeigewesene/onepage.php?BIOID=240&qN=bonne

13 LISE-MEITNER-BERG

Gipfel über rasenden Teilchen

START	ENDE						
Flurkamp	Geranienweg	54,2 m	13,1 %	15 m	17 m	1150 m	25′
Bus 16, 22, 392	Bus 16, 22, 186, 392						

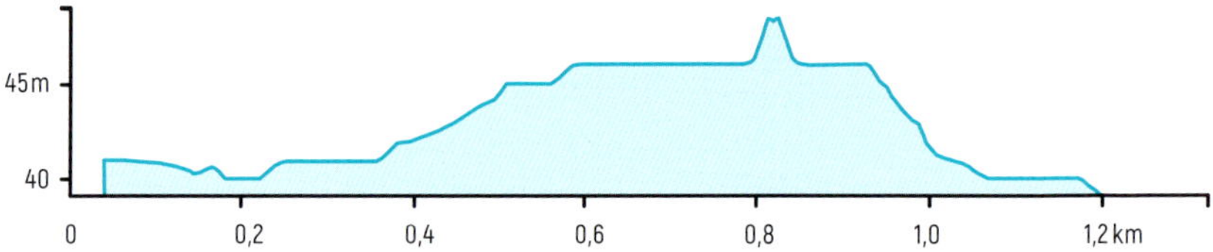

DIE TOUR

ZUSTIEG Den Stiefmütterchenweg gehen wir zunächst nach ONO, dann nach Norden und zwischen Haus Nr. 8 und Parkplatz nach rechts, um so den Lise-Meitner-Park an seiner SW-Ecke zu erreichen. Den Park durchqueren wir in NO-Richtung, nun erscheint der Lise-Meitner-Berg vor uns. Diesen Berg queren wir zunächst unterhalb seiner Westflanke, um zum Normalanstieg zu gelangen. Dieser befindet sich an dessen NW-Seite, gegenüber dem Parkweg, der hier aus Westen auf den Parkrundweg trifft.

AUFSTIEG Den steilen und kurzen Aufstieg angehen – es gibt an diesem Normalweg nur die Direttissima. Oben eröffnet sich ein großes Gipfelplateau mit vielen Möglichkeiten, über andere Flanken abzusteigen.

ABSTIEG Den Aufstiegsweg absteigen und geradeaus nach Westen den Park verlassen. Über den Geranienweg gehen wir zum Endpunkt der Tour.

HINTERGRÜNDE

Dieser Ort hat in den vergangenen 150 Jahren einiges erlebt: Zwischen 1871 und 1936 exerzieren hier Soldaten, danach starten und landen Flugzeuge, bis Anfang der 1970er Jahre ein Teil des Aushubs, der beim Bau des Neuen Elbtunnels anfällt, für den Bau des

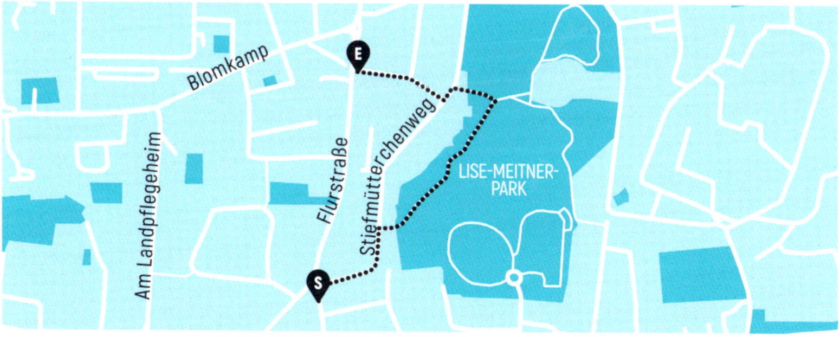

Berges dient. Wir kraxeln hier also auf Sand aus der Saale-Kaltzeit.

Ein Teil des Exerzierplatzes wird schon ab den 1960er Jahren für den Bau des Deutschen Elektronen-Synchrotrons (DESY) genutzt. Das DESY ist eines der weltweit führenden Zentren für Teilchenphysik, bekannt vor allem für seine Beschleuniger.

Bei so viel geballter Physik-Kompetenz in der Umgebung verwundert es nicht, wenn der Park nach einem der renommiertesten Köpfe der Physik benannt wird. Lise Meitner wird 1906 in Physik promoviert, zu einer Zeit, zu der Frauen es an Universitäten sehr schwer haben – und in naturwissenschaftlichen Fakultäten noch mal schwerer. Ein Jahr später wird ihr für die Zusammenarbeit mit Otto Hahn an der Humboldt-Universität in Berlin ein Keller zugewiesen – Zitat des Chefs: »Wenn sie im Keller bleibt und niemals das Institut betritt, soll es mir recht sein.« 1926 bekommt sie endlich eine Professur, die ihr, Jüdin, 1933 wieder entzogen wird. Nach Schweden emigriert, ist sie 1939 die Erste, die das Phänomen der Kernspaltung theoretisch erklärt. Viele Grundlagen der kernphysikalischen Forschung gehen auf ihre Arbeit zurück. 48-mal wird Lise Meitner für den Nobelpreis nominiert – sie erhält ihn nicht.

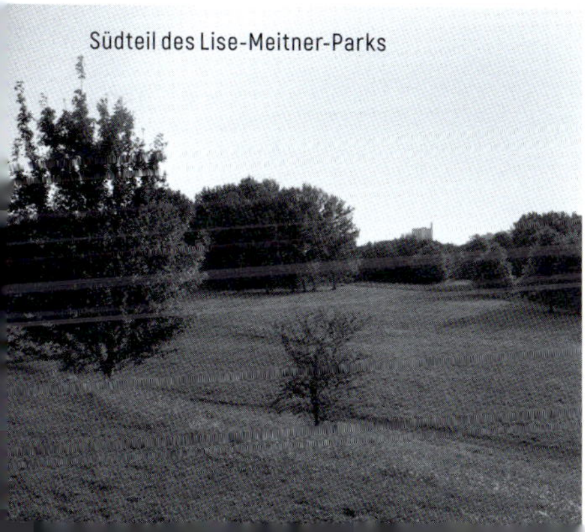
Südteil des Lise-Meitner-Parks

KOMBINATIONSMÖGLICHKEITEN

11 Tutenberg und Birkenhöhe
1400 m / 21'

MEHR INFORMATIONEN

→ DESY https://winweb.desy.de/pr/Virtueller_Rundgang/desy/index_de.html#node5
→ Lise Meitner www.deutsche-biographie.de/sfz60192.html

14

BÖVERSTBERG

In der Nordflanke zum Luruper Hausberg

START
Eckhoffplatz (Lurup Center)
Bus 2, 3, 186

ENDE
Flurstraße (Nord)
Bus 2, 3

34,3 m | 8,8 % | 23 m | 22 m | 1380 m | 30′

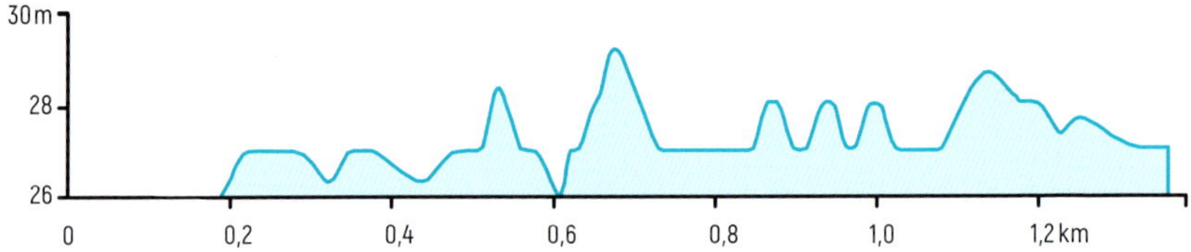

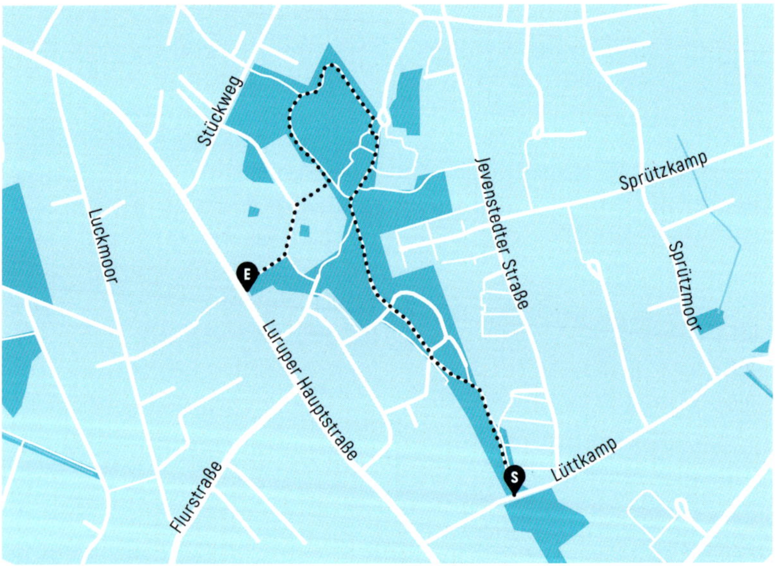

DIE TOUR

ZUSTIEG Das Lurup Center linker Hand gehen wir nach NNW, passieren die Minigolfanlage des SV Lurup und erreichen nach 250 Metern einen Teich. An dessen NW-Ufer verbleiben wir im Park und gehen weitere 200 Meter nach NNW zu einem Spielplatz mit Seilbahn. Spätestens hier liegt der Böverstberg vor uns. Da der Normalanstieg jedoch nicht von Süden her führt, umgehen wir den Spielplatz östlich. In einem weiten Linksbogen kommen wir zur Nordecke des Böverstparks. Eine L-förmige verzierte Bank zeigt mit ihrem Längsschenkel auf den Anstieg über die Nordflanke.
AUFSTIEG Über die Grasfläche die Nordflanke empor. Wegweiser gibt es keine, höchstens Trittspuren können uns auf dem Weg nach oben Orientierung bieten. Auf dem Gipfel gibt es keine Rastmöglichkeit, eine eingezäunte Abgaseinrichtung erinnert daran, dass der Böverstberg ein Deponieberg ist.
ABSTIEG Über den Aufstiegsweg oder die NW-Flanke. In jedem Fall den Ringweg im Park gegen den Uhrzeigersinn so lange gehen, bis auf der Höhe des Spielplatzes zwischen den Häusern Nr. 17 und 19 ein Weg nach rechts abzweigt. Am Wendehammer Richtung Süden, dann Richtung Südwesten bis zum Ziel an der Luruper Hauptstraße.

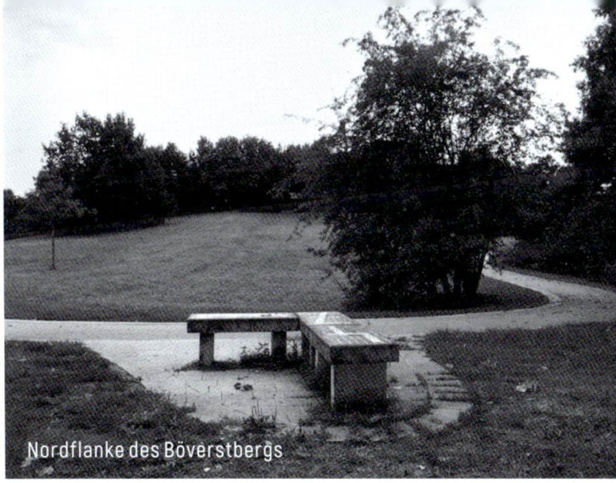
Nordflanke des Böverstbergs

HINTERGRÜNDE

Die Herkunft des Wortes »Böverst« ist klar. Der Böverst ist im Plattdeutschen der Oberste, der Chef. Und der Chef im Böverstpark ist der alles überragende Berg. Die hügelige Parklandschaft mit dem Berg im Zentrum entsteht auf und aus einer Mülldeponie. Die abschließende Gestaltung mit dem Grünzug hinter dem Lurup Center erfolgt 2012, auch als Verbindung zum Altonaer Volkspark (Tour 11). Auf eine der Bänke – die als »L« gestaltete – wurde bereits hingewiesen. Es gibt noch vier weitere, zwei in Form eines »U«, eine als »R« und die letzte als »P«. Der Grund für die Wahl dieser Buchstaben sollte offensichtlich sein. Die fünf mit Mosaiksteinen verzierten Bänke sind 2011 das Ergebnis der Aktion »Bank-Kunst Lurup«.

EINKEHRMÖGLICHKEITEN

Im Lurup Center

15

HIMMELSLEITER UND SCHULBERG

Viele steile Stufen zwischen Elbstrand und Elbchaussee

START	ENDE						
Neumühlen/ Övelgönne Fähre 62	Liebermannstraße Bus 112	36,4 m	29,7 %	67 m	34 m	1580 m	40′

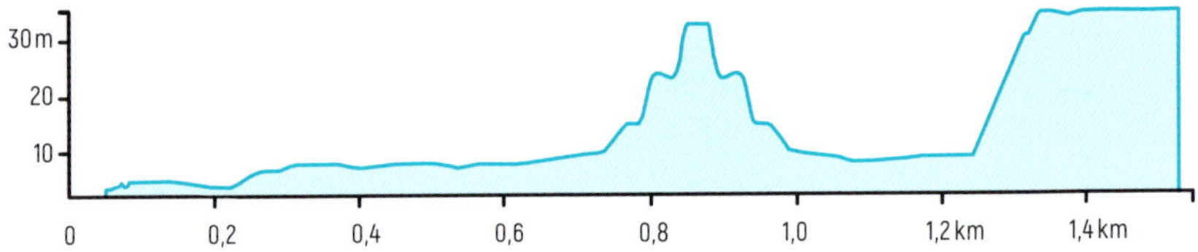

DIE TOUR

ZUSTIEG 1 Vom Anleger gehen wir Richtung Westen, vorbei an den zahlreichen Restaurants und Cafés. Nach 200 Metern kommen wir zum Lüfterbau Mitte des Elbtunnnels, der direkt unter uns verläuft. Es geht weiter nach Westen – entweder über Sand oder auf dem fünf Höhenmeter oberhalb verlaufenden Weg »Övelgönne«. Der untere Weg vermittelt Strandfeeling, der obere führt zwischen Häusern (rechts) und deren Vorgärten (links) durch. Nach ungefähr 400 Metern ist der Abzweig zum Schulberg erreicht – für die Strandläufer: bei der Strandperle.

AUFSTIEG 1 Den Schulberg hochsteigen, entweder die Treppe hoch oder nach links stufenlos.

ABSTIEG 1 Aus zwei Gründen geht's denselben Weg wieder zurück: Erstens ist es so angenehm nicht, die vielbefahrene Elbchaussee entlangzulaufen, und zweitens ist die Aussicht erst beim Abstieg zu haben.

ZUSTIEG 2 Unten angekommen, eine Entscheidung für verschiedene Varianten: Weg oder Strand ... oder Pause am Elbstrand. Nach (irgendwann) weiteren 250 Metern nach Westen geht's rechts die Himmelsleiter hoch.

AUFSTIEG 2 Statt Weg nun Treppe. Wenn wir vor der ersten Stufe nach oben schauen, sehen wir: Himmel. Am

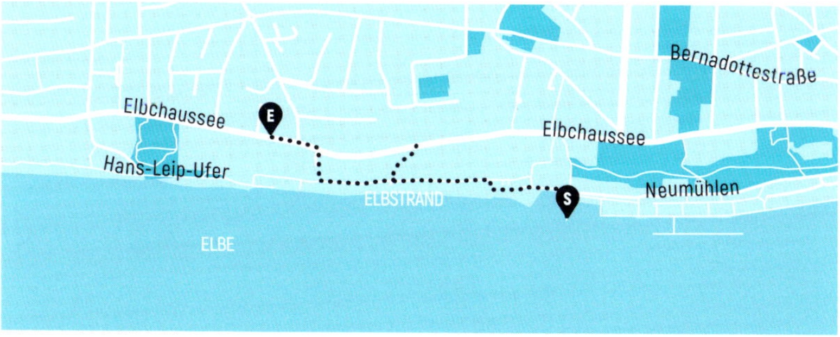

15

Ende der Leiter nach links und noch knapp 200 Meter zum Endpunkt.

HINTERGRÜNDE

Warum die »Himmelsleiter« so heißt, wie sie heißt, dürfte klar sein. Beim Schulberg ist der Name geschichtsträchtig: Jeden Schulmorgen steigen die Övelgönner Kinder den Weg hoch zum Schulgebäude (Nr. 6), bis 1934 die Schule geschlossen wird. Bis Ende des 19. Jahrhunderts wohnen an diesem unteren Teil des Geesthangs vor allem Lotsen, die von hier aus den Schiffen den Weg in den Hafen weisen. Danach wird diese Funktion weiter elbaufwärts nach Wedel verlegt. Geblieben ist eine Atmosphäre, die der Norddeutsche als »gediegen« bezeichnen würde.

Der Elbstrand in diesem Abschnitt kann schon längst nicht mehr als Geheimtipp gelten – 2017 etwa kürte ihn die New York Times zu einem der »10 Favorite Places« am Wasser in Europa: Sand, Wasser, ein kühles Getränk und dazu der ein oder andere dicke Pott, der bei der Ausfahrt aus dem Köhlbrand doch noch rechtzeitig die Kurve Richtung Nordsee bekommt.

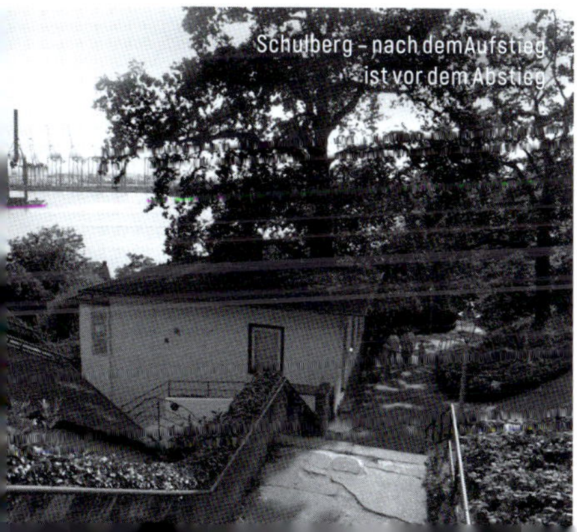

Schulberg – nach dem Aufstieg ist vor dem Abstieg

EINKEHRMÖGLICHKEITEN

Neben vielen Möglichkeiten in Neumühlen die Strandperle am Fuß des Schulbergs

KOMBINATIONSMÖGLICHKEITEN

4 Altonaer Balkon
700 m / 10′

16 Alter Schwede
400 m / 6′

MEHR INFORMATIONEN

→ Övelgönne www.derhamburger.info/oevelgoenne

16 ALTER SCHWEDE

Hamburgs Ältester: Der Boulderblock aus Småland

START & ENDE
Halbmondsweg
Bus 112, 286

8,4 m	HC	34 m	34 m	1490 m	35′

DIE TOUR

ZUSTIEG Zunächst wie bei Tour 17 zum Elbufer – dort elbaufwärts gehen, bis rechts der Alte Schwede liegt.
AUFSTIEG Wer Begriffe wie »Spotten« oder »Crashpad« nicht zu seinem Alltagsvokabular zählt, sollte es mit dem Aufstieg einfach sein lassen. Es gibt Berge, so der Kailash im Transhimalaya, die nur umrundet werden. Was dort Rücksicht auf religiöse Tradition ist, sollte hier Bescheidenheit von Hobbykletterern sein. Also gern nur umrunden. Für diejenigen, die beim Bouldern die 5+ schaffen: Ostplatte, danach mehr … bis zur Nordplatte, 7A+.
ABSTIEG Poporutschen und springen – so macht's der Nachwuchs (Tour 7) schließlich auch. Dann wie Zustieg.

AUSBLICKE

S Die Elbe, dahinter Containerterminals. Doch die Aussicht ist hier zweitrangig. Wichtig ist, oben zu sein.

HINTERGRÜNDE

Für den Alten Schweden müsste das kleine Geologie-Kapitel am Anfang des Buches zurückdatiert werden. Denn dieser Findling hat seine Reise bereits vor 300 000 Jahren beendet – während der Elster-Kaltzeit. Beim Anblick dieses Brockens mit zwanzig Metern Umfang rufen so manche bewundernd: »Alter Schwede!« Die Taufe findet im Jahr 2000 statt, ein Jahr nachdem der Findling unter großen Mühen aus der Elbe geborgen wird. Bei Maßnahmen zur Elbvertiefung sind Bagger in 15 Metern Tiefe auf »ein großes Wrack« gestoßen – nun, das entpuppt sich als sehr großer Stein.

Dieser sehr große Stein dient heute einigen esoterisch veranlagten Menschen als Energiequelle – knapp zwei Milliarden Jahre alter »Grauer Växjö-Granit« kann seine Wirkung nicht verfehlen. Für die meisten ist er Ausflugsziel und Treffpunkt. Und immer mehr kommen, um ihn zu besteigen.

Das ist allerdings gar nicht so einfach. »Bouldern« heißt die Disziplin, die es braucht, um auf den Alten Schweden zu kommen. Zwei Phänomene machen das schwierig: Zum einen ist der Stein durch die weite Reise gut poliert. Zum anderen wird der Alte Schwede gern zur – sagen wir mal so – Markierung eines Reviers genutzt. Wenn vor einem innerstädtischen Fußballderby der Findling in braun-weiß-rot bemalt wird, dann finden die mit der Raute im Herzen das gar nicht lustig. Um so etwas zukünftig zu erschweren, ist der Stein inzwischen mit einer Beschichtung ausgestattet worden. Beides – geologisches Schleifen wie konservatorische Beschichtung – führen dazu, dass Boulder-Begeisterte mehr oder weniger leise fluchen: Er ist verdammt glatt!

16

ACHTUNG

Benötigt wird eine Person zum Spotten und gegebenenfalls auch ein Crashpad.

KOMBINATIONSMÖGLICHKEITEN

15 Himmelsleiter und Schulberg
400 m / 6′

17 Schröders Elbpark
200 m / 3′

MEHR INFORMATIONEN

→ Alter Schwede www.faz.net/aktuell/reise/deutschlands-aeltester-findling-der-alte-schwede-am-hamburger-elbufer-15749403.html

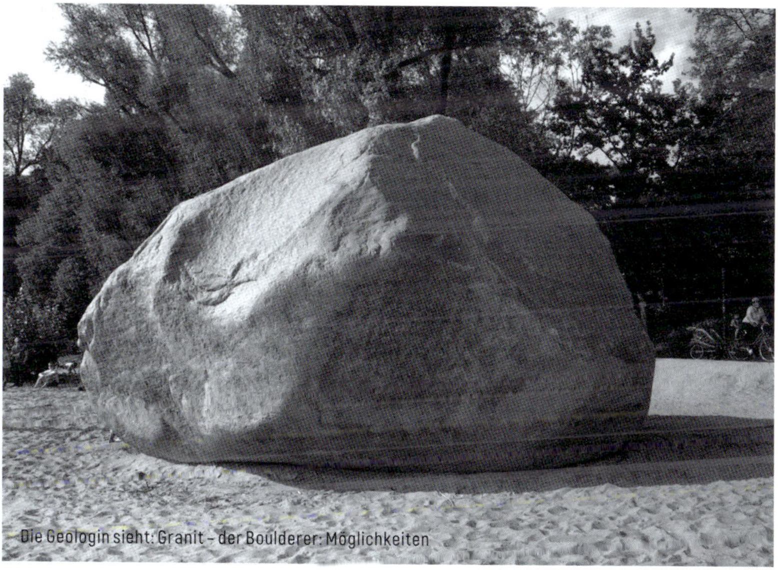

Die Geologin sieht: Granit – der Boulderer: Möglichkeiten

17

SCHRÖDERS ELBPARK

Mit Ringelnatztreppe und Övelgönner Höhenweg

START & ENDE
Halbmondsweg
Bus 112, 286

31,7 m | 20,6 % | 72 m | 72 m | 1510 m | 45′

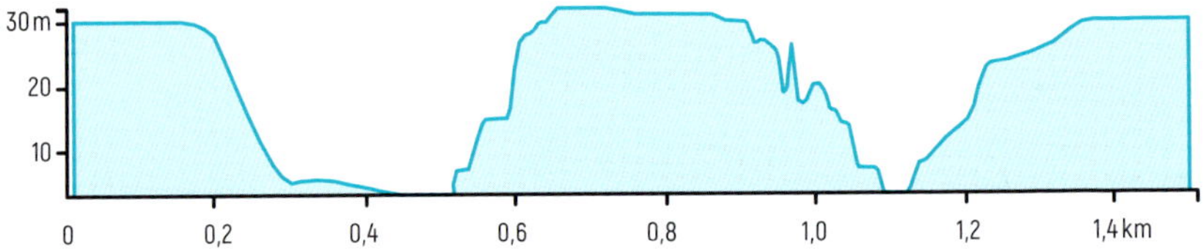

DIE TOUR

ABSTIEG 1 Die Elbchaussee gehen wir ein kurzes Stück nach Osten, biegen dann nach rechts in den Övelgönner Hohlweg und an der Weggabelung nochmals nach rechts. Nun steigen wir die Ringelnatztreppe über zwanzig Höhenmeter steil bergab zum Hans-Leip-Ufer, dann gehen wir nach links (O), bis dreißig Meter nach dem Strandhaus ein Weg steil nach links hochführt.

AUFSTIEG 1 Den steil emporführenden Weg steigen wir hoch und wenden uns an der Weggabelung nach rechts, es geht weiter steil aufwärts. An der nächsten Abzweigung halten wir uns geradeaus am Ostrand des Parks – die Steigung lässt nun merklich nach. Kurz vor der Elbchaussee eine kleine Links-rechts-Kombination und wir gehen auf einer Höhenlinie nach Westen, parallel zur Elbchaussee. Dann gehen wir nach rechts in einem Linksbogen wieder Richtung Elbe.

ABSTIEG 2 Nun geht es am Westrand des Parks in steilen Serpentinen abwärts bis zum Hans-Leip-Ufer. Dort wenden wir uns nach rechts.

AUFSTIEG 2 Vor dem Strandhaus biegen wir nach rechts ab, um den Övelgönner Hohlweg aufzusteigen. An der Elbchaussee angekommen, nehmen wir den bekannten Weg zurück zum Ausgangspunkt.

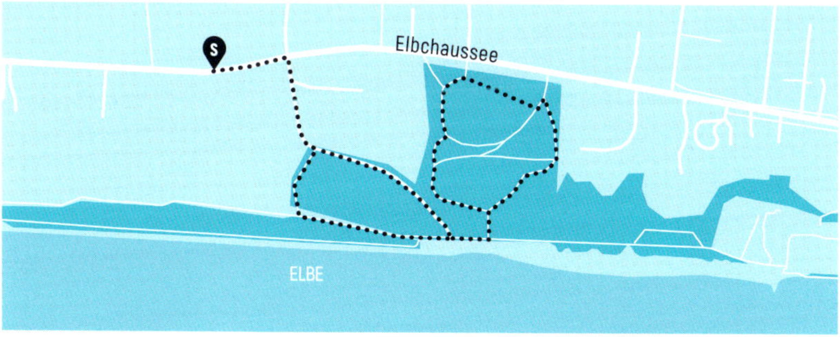

HINTERGRÜNDE

Der Brite John Thornton ist Ende des 18. Jahrhunderts Besitzer dieses zu jener Zeit noch viel größeren Parks. Er beauftragt den dänischen Architekten Christian Frederik Hansen (Tour 22) mit dem Bau von Herrenhaus, Remise und weiteren Gebäuden in dem soeben angelegten englischen Park. Das alles kommt 1824 in den Besitz von Johann Heinrich Schröder, Bankier, Kaufmann – und Gründer des Schröderstifts (Tour 6).

Das einzige noch aus der Zeit von Thornton erhaltene Bauwerk ist die Remise an der Ecke Elbchaussee/ Halbmondsweg. Der Name dieser Straße ist leicht erklärt, wenn man einen Blick auf den Grundriss der Remise wirft. Das halbkreisförmige Stallgebäude, eines der prägenden Gebäude entlang der Elbchaussee, steht unter Denkmalschutz – so kann das Grundstück nicht anderweitig genutzt werden und »Hamburgs teuerster Stall« (Hamburger Morgenpost) allmählich verrotten. 2018 kauft es die Hermann Reemtsma Stiftung, lässt es sanieren und vermietet es als Büroflächen.

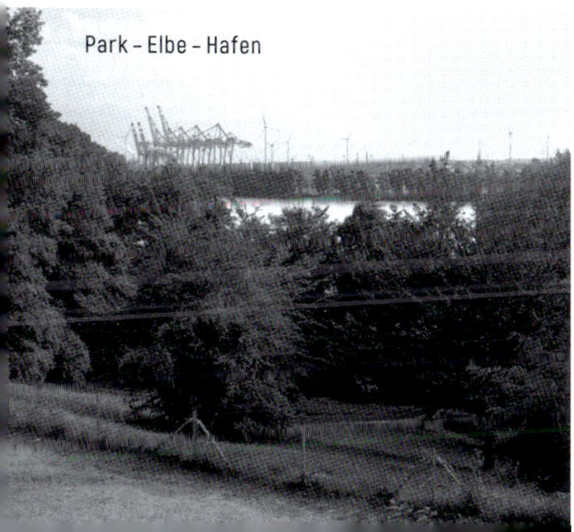
Park – Elbe – Hafen

EINKEHRMÖGLICHKEITEN

Brücke 10 im Strandhaus

KOMBINATIONSMÖGLICHKEITEN

16 Alter Schwede
200 m / 3′

18 Hindenburgpark
1000 m / 15′

MEHR INFORMATIONEN

→ Halbmond-Remise www.denkmalverein.de/angebote/veranstaltungen/veranstaltungen/besichtigung-ehem-remise-halbmond

18 HINDENBURGPARK

Früher größer – und heute noch genauso steil

START & ENDE
Zedernweg
Bus 112, 286

27 m | 18,1 % | 25 m | 25 m | 730 m | 20′

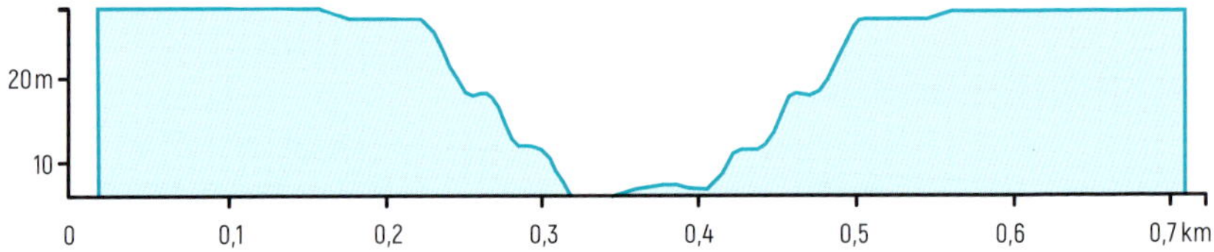

DIE TOUR

ZUSTIEG Die Elbchaussee nach Westen bis auf Höhe des Generalkonsulats der VR China.
ABSTIEG Nach Betreten des Parks den steilen Weg im Linksbogen absteigen und an der Gabelung den SSW-Abstieg (rechts) wählen. Am Hans-Leip-Ufer gehen wir nach fünfzig Metern nach links (Osten). Dann wenden wir uns abermals nach links.
AUFSTIEG Über eine kleine Treppenanlage nach NNW und immer steiler ansteigend bis zur Elbchaussee. Bänke bieten spätestens hier Gelegenheit für Verschnaufpause und Ausblick. Nach rechts zurück zum Ausgangspunkt.

HINTERGRÜNDE

Der Strand am Hindenburgpark ist weniger bekannt und überlaufen als der Elbstrand (Tour 15), doch allein ist man an einem der »5 best beaches near the city in Hamburg« mit seinen krummen Weiden sehr selten. Hier ist ungefähr die Mitte des Hans-Leip-Ufers, benannt nach dem Hamburger Schriftsteller, der 1915 – als Verfasser des Gedichts »Lili Marleen« und kurz vor seiner Abfahrt an die Front in den Karpaten – den Grundstein für seine Berühmtheit legt. Die Berühmtheit stellt sich erst 25 Jahre später ein – das Gedicht macht Karriere als beliebtes Soldatenlied auf allen Seiten der Front.

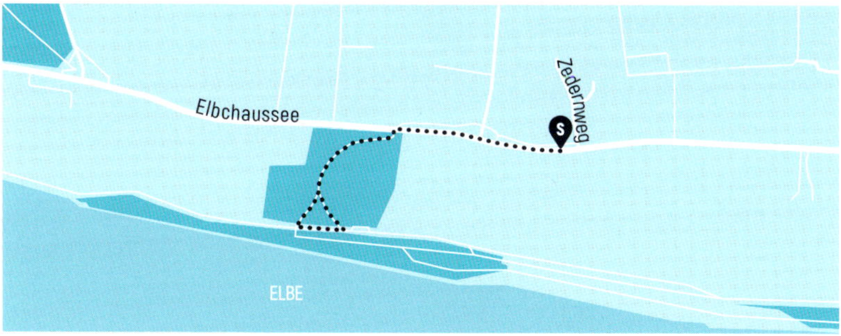

Der Hindenburgpark heißt zunächst Bülowpark, benannt nach Bernhard von Bülow, deutscher Reichskanzler von 1900 bis 1909 und Verwandter der Familie Jenisch (s. Tour 19). Wie die anderen Parks auch wird der seit 1934 so benannte Hindenburgpark immer kleiner, weil sich Teile für die Bebauung lukrativ verkaufen lassen. 2024/25 kommt eine andere Form der Bebauung hinzu - eine von unten. Hintergrund: Im Dezember erreicht HERMINE den Hindenburgpark. Die Tunnelbohrmaschine mit dem ausführlichen Namen »Hamburger Energiewerke Röhre MIt Neuer Energie« hat gut ein Jahr benötigt, um die Elbe von Waltershof kommend zu untertunneln und an der SO-Seite des Parks aufzutauchen. In diesem Tunnel wird ab 2026 heißes Wasser für Fernwärme in den westlichen Stadtteilen Hamburgs sorgen. Dann kann auch das Kohlekraftwerk Wedel, das bisher die Fernwärme lieferte, abgeschaltet werden. Die neue Wärme kommt aus dem Gas- und Dampfturbinen-Kraftwerk Dradenau - einer Anlage, die perspektivisch mit grünem Wasserstoff betrieben werden soll. Der Hindenburgpark soll wieder so hergerichtet werden, wie es der Gartenbaudirektor Ferdinand Tutenberg (s. Tour 11) in den 1920er Jahren geplant hatte.

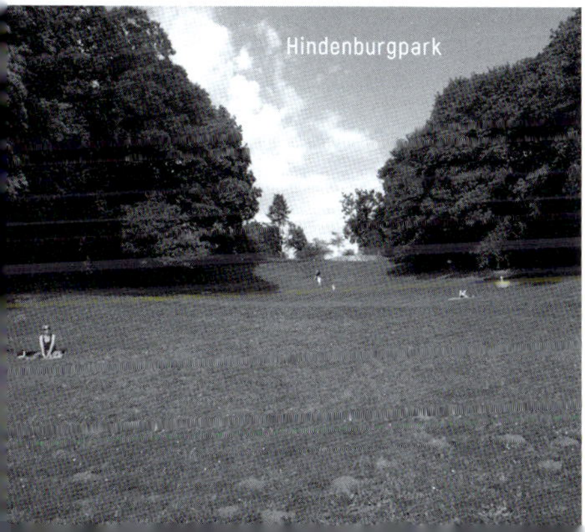
Hindenburgpark

KOMBINATIONSMÖGLICHKEITEN

- **17** Schröders Elbpark
  1000 m / 15′
- **19** Jenischpark
  800 m / 12′

MEHR INFORMATIONEN

→ Hans Leip https://taz.de/!1133832

19 JENISCHPARK

Drei Museen über dem Flottbektal

START & ENDE
Teufelsbrück
Bus 21, 112, 286, 392 - Fähre 62, 64, 68

22,7 m · 4,9 % · ↗ 57 m · ↘ 57 m · 3100 m · 1 h 5′

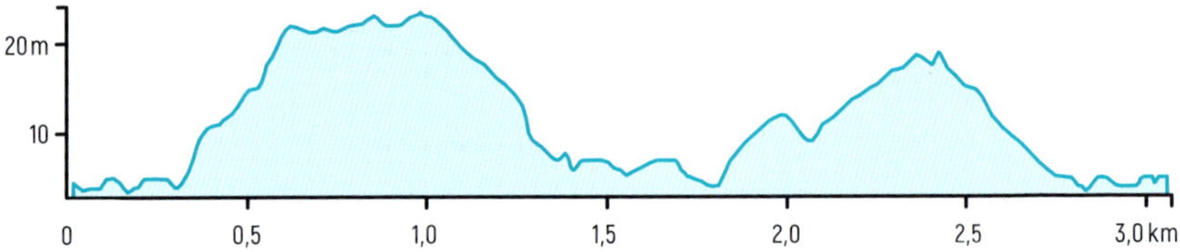

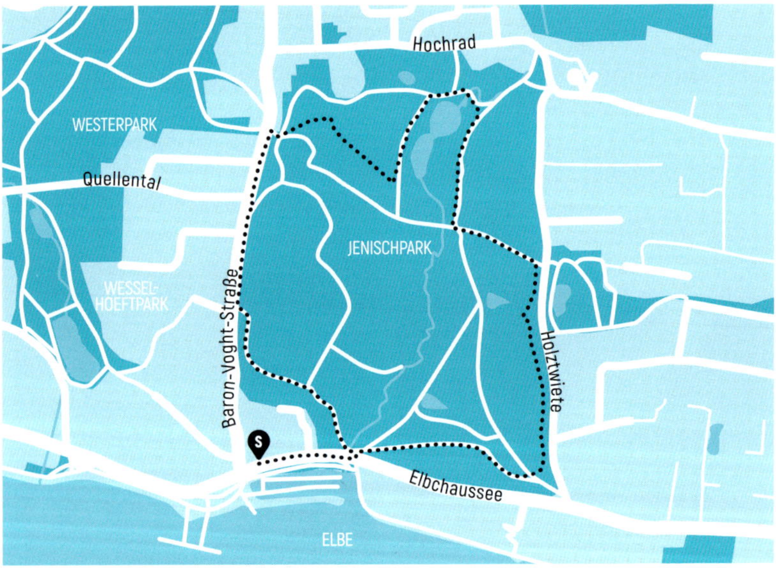

DIE TOUR

ZUSTIEG Die Elbchaussee 400 Meter nach Osten bis zum Ende des Teufelsbrücker Hafens. Auf der Nordseite betreten wir den Jenischpark.

AUFSTIEG 1 Kurz nach dem Betreten des Parks nach links und in einer langgezogenen Rechtskurve aufwärts bis zu einer Weggabelung nach knapp 200 Metern. Hier weiter aufwärts, nun nach WNW – nach rechts in der Blickachse das Jenisch Haus – bis an den Westrand des Parks. Hier geht es nun weniger ansteigend nach Norden, bevor wir, das Jenisch Haus rechter Hand, in östlicher Richtung abbiegen. Links steht der Mammut-Baum, einer von vielen Solitärbäumen im Park, auf ungefähr gleicher Höhe gehen wir nun auf das Ernst Barlach Haus zu.

ABSTIEG 1 Unmittelbar vor dem Ernst Barlach Haus biegen wir nach rechts (SSO) ab und steigen bis zu einer Wegekreuzung ab. Geradeaus liegt die Knüppelbrücke, doch wir biegen, weiter absteigend, scharf nach links. Rechts taucht der Teich der aufgestauten Flottbek auf, an einer Weggabelung gehen wir nach rechts, wo dieser Teich in seiner ganzen Größe vor uns nach Süden erscheint. Nun die Flottbek überqueren, danach rechts halten und in südliche Richtung gehen.

AUFSTIEG 2 Dort, wo es nach rechts unter der Knüppelbrücke den Hohlweg

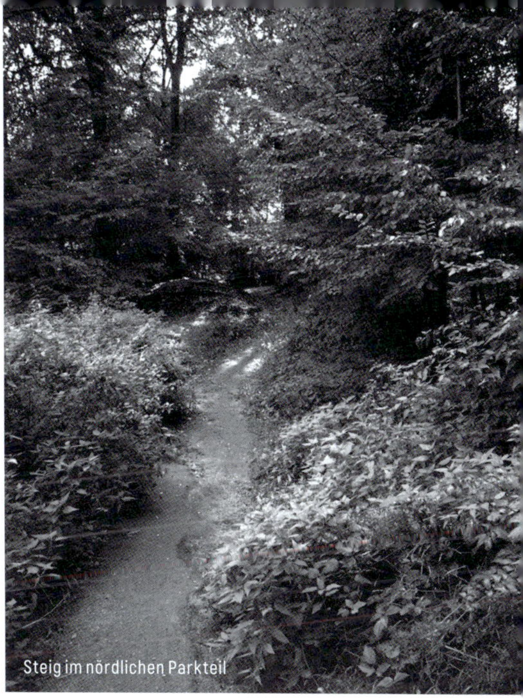

Steig im nördlichen Parkteil

zurück zum Jenisch Haus geht, biegen wir nach links, und es geht bergauf bis zum Pförtnerhaus an der Holztwiete. Hier führt der Weg nach Süden und am Ostrand des Parks in Richtung Kaisertor.

ABSTIEG 2 Kurz vor dem Kaisertor in einem weiten Bogen nach rechts und genau am Wiesenrand entlang abwärts zum Ausgang Teufelsbrück.

VARIANTEN Im Naturschutzgebiet, das wir auf der oben beschriebenen Tour umrundet haben, eine »innere Runde« über Eierhütte und Knüppelbrücke nach Norden drehen, dann zum Jenisch Haus und von dort am Ostrand der Wiese zum Ausgang [20'].

19

AUSBLICKE

S Legendärer Blick vom Jenisch Haus über die große Wiese auf die Elbe

HINTERGRÜNDE

1828 verkauft Caspar Voght seinen Grundbesitz an Martin Johann Jenisch den Jüngeren. Dieser Grundbesitz umfasst die heutigen Anlagen Wesselhoeftpark, Botanischer Garten, Golfplatz und Jenischpark. Johann Heinrich Ohlendorff, der erste technische Leiter des (Alten) Botanischen Gartens (Tour 8), erhält den Auftrag, den Jenischpark zu gestalten, Karl Friedrich Schinkel entwirft das Jenisch Haus, ein klassizistisches Gebäude mit perfektem Elbblick. Einige Bauten aus der Zeit von Caspar Voght wie die Knüppelbrücke und das Eierhaus bleiben erhalten. Damit der Park nicht zwecks Bebauung aufgeteilt und verkauft wird, pachtet ihn die Stadt Altona ab 1927 und macht ihn öffentlich zugänglich. Zwölf Jahre später kauft die Stadt Hamburg das Gelände. Die Flottbek macht zwischen ihrer Quelle und Mündung so einiges mit: Die Quelle liegt östlich des Polo-Clubs an der Jenischstraße, dann fließt das Flüsschen unter dem Botanischen Garten und den südöstlich gelegenen

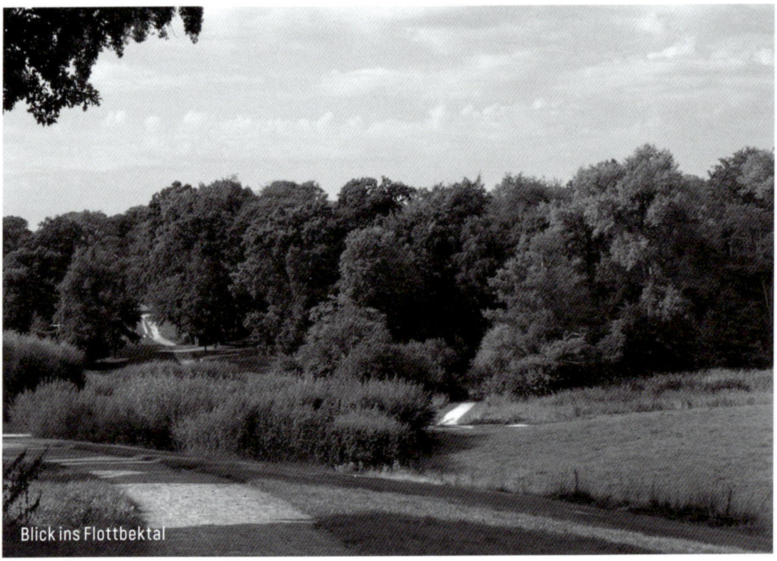
Blick ins Flottbektal

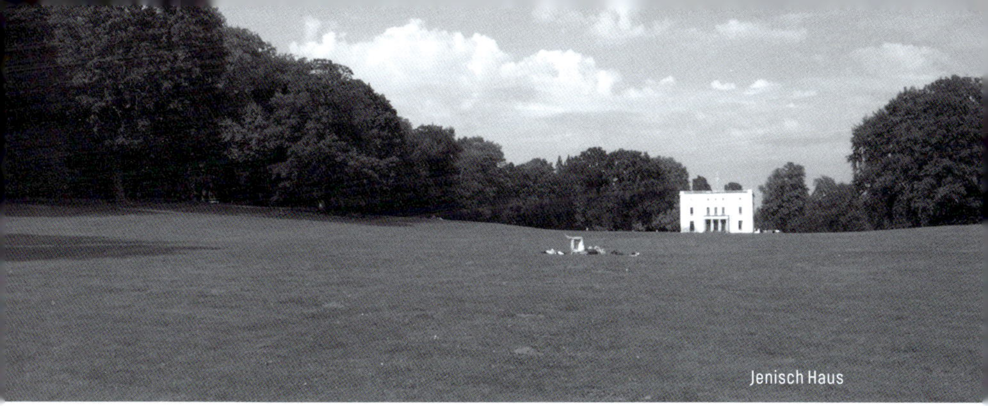

Jenisch Haus

Quartieren hindurch, bis es am Christianeum auftaucht und durch den Groß Flottbeker Golfplatz an der NO-Ecke in den Jenischpark fließt.

Während die Flottbek also in ihrem Oberlauf künstlich und unterirdisch verläuft, ist sie in ihrem Unterlauf umso natürlicher. Denn sie fließt kurz vor ihrer Mündung in die Elbe durch eine Talaue, die aufgrund der Nähe zur Elbe bis zum Beginn des 20. Jahrhunderts tideabhängig ist. Dadurch bilden sich die am Eingang Teufelsbrück sichtbaren Weiden, weiter oberhalb wird die Vegetation durch Röhrichtauen abgelöst, weiter nördlich folgen Eschen und Buchen, später Eiben. Ein pflanzlicher Kleinkosmos auf weniger als einem Kilometer.

Auch kulturell hat der Jenischpark einiges zu bieten, im Jenisch Haus selbst Ausstellungen zu Architektur und großbürgerlicher Wohnkultur. Das 1962 eröffnete Ernst Barlach Haus zeigt neben Wechselausstellungen viele Holzplastiken von Barlach, so auch den »Fries der Lauschenden«. Und im Bargheer Museum, untergebracht im ehemaligen Gartenbauamt, sind Sammlung und Nachlass des Hamburger Expressionisten Eduard Bargheer zu sehen, der nach dem Krieg Teilnehmer der ersten beiden documenta-Ausstellungen war.

EINKEHRMÖGLICHKEITEN

Schmidtchen im Park

ACHTUNG

Öffnungszeiten für die drei Mussen, der Park ist immer geöffnet.

KOMBINATIONSMÖGLICHKEITEN

18 Hindenburgpark
800 m / 12′

20 Wesselhoeftpark und Westerpark
100 m / 1′

MEHR INFORMATIONEN

→ Jenischpark www.jenischparkverein.de

20 WESSELHOEFTPARK UND WESTERPARK

Von Teufelsbrück zu Pulvermanns Grab

START
Teufelsbrück
Bus 21, 112, 286, 392 - Fähre 62, 64, 68

ENDE
Klein Flottbek (Botanischer Garten)
S 1 - Bus 21, 115

28,2 m | 6,2 % | 46 m | 21 m | 1840 m | 40′

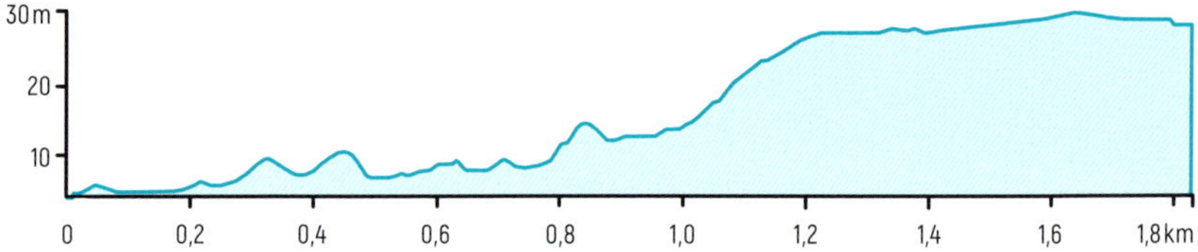

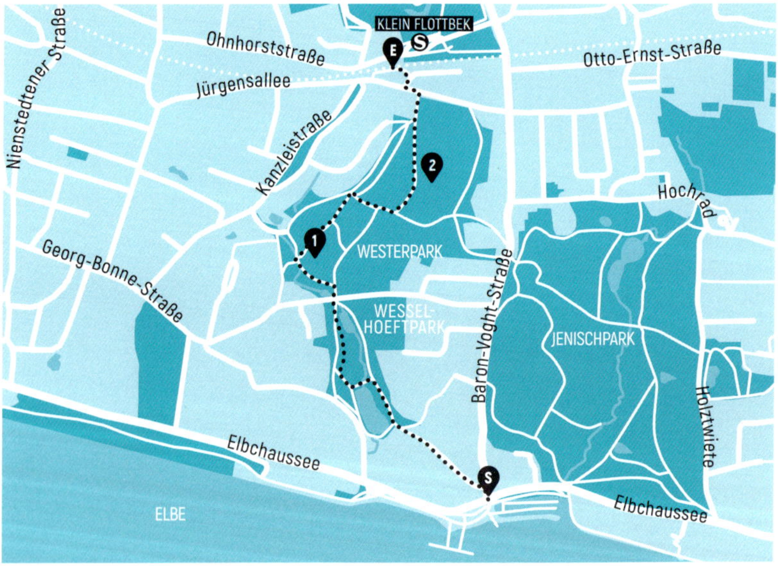

DIE TOUR

ANSTIEG Nur ein sehr kurzes Stück die Baron-Voght-Straße nach Norden, dann gehen wir nach halblinks und NW den Lünkenberg hoch. Die Richtung behalten wir bei, kommen zum Wesselhoefttteich, den wir links liegen lassen und an dessen Ende wir nach links abbiegen. Eine Brücke führt uns über die Kleine Flottbek, dann biegen wir an der nächsten Wegekreuzung nach rechts ab, folgen dem Weg am westlichen Ufer des kleinen Teichs und queren die Kleine Flottbek ein zweites Mal. Auf der anderen Straßenseite betreten wir den Westerpark und biegen gleich nach links. Der weitere Weg führt über zwei hintereinanderliegende Brücken, an der folgenden Weggabelung wenden wir uns nach rechts und steigen nun steiler nach NO auf. Nach 200 Metern biegen wir nach rechts, nach weiteren 140 Metern nach links ab ab und gehen vorbei am Derby Park zum S-Bahnhof.

HINTERGRÜNDE

1 **JAMES BOOTH**, Lehrling beim Gutsbesitzer Caspar Voght, macht sich 1865 selbständig und legt so den Grundstein für eine der größten Baumschulen Europas, Lorenz von Ehren. Als diese in den 1990er Jahren den Standort verlegt, entsteht der Park. Eine Streuobstwiese verweist auf die Vorgeschichte.

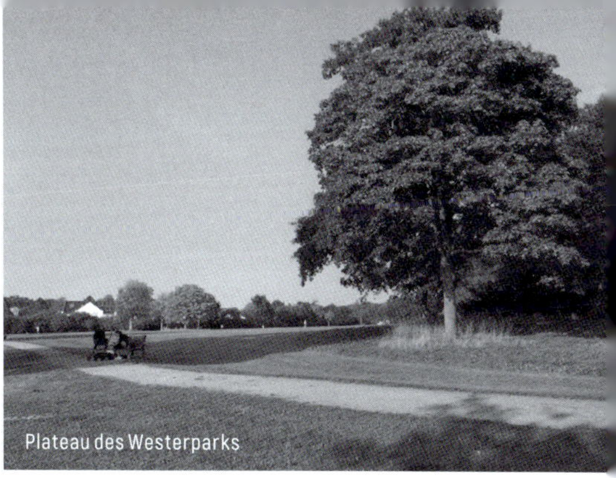

Plateau des Westerparks

Bestattet ist 2 **EDUARD PULVERMANN** auf dem Ohlsdorfer Friedhof, gestorben 1944 nach drei Jahren Konzentrationslager. »Pulvermanns Grab« ist nach dem Gestalter des Parcours für das Hamburger Derby benannt, das legendäre 14. Hindernis ist eine Dreierkombination aus Steilsprung, Gefälle, Wassergraben, Steigung und Steilsprung.

EINKEHRMÖGLICHKEITEN

Restaurant Engel, Quellental, Knips

KOMBINATIONSMÖGLICHKEITEN

19 Jenischpark
100 m / 1'

21 Loki-Schmidt-Garten
100 m / 1'

MEHR INFORMATIONEN

→ Derby www.nfr-hamburg.de/index.php?id=29

→ Caspar Voght Czech, H.-J. u.a. (Hg.) (2014): Caspar Voght (1752–1839). Weltbürger vor den Toren Hamburgs, Petersberg.

21 LOKI-SCHMIDT-GARTEN

Wo Alpen- und Pyrenäengipfel beieinanderliegen

START & ENDE
Klein Flottbek
(Botanischer Garten)
S 1 - Bus 21, 115

Höchster Punkt	Steigung	Aufstieg	Abstieg	Strecke	Dauer
34,9 m	2,1 %	19 m	19 m	1930 m	35′

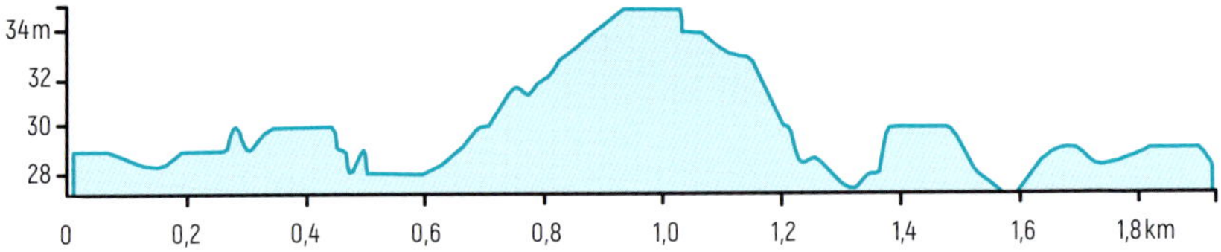

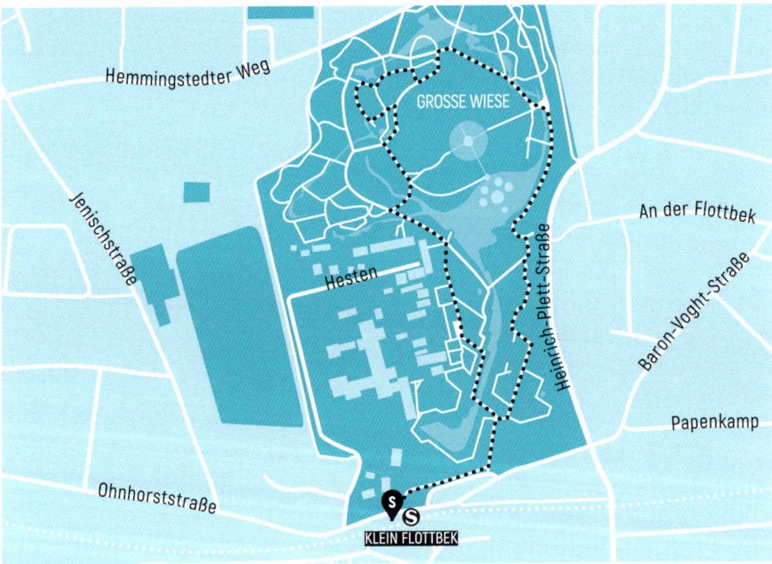

DIE TOUR

ZUSTIEG Der Loki-Schmidt-Garten liegt unmittelbar nördlich der S-Bahn-Station Klein Flottbek. Hinter dem Eingangsbereich führt unser Weg nach NNO vorbei an den Nutz-, dann an den Giftpflanzen bis zu den gläsernen Pyramiden, die wir links liegen lassen und nun nach Norden gehen. Auf Höhe der links liegenden »Phylogenetischen Uhr« geht es nach NW und – rechter Hand liegen Japan und China – am chinesischen Pavillon nach Süden, sofort danach dann nach SW. Wir haben die Alpen erreicht.

AUFSTIEG Viele unbefestigte Wege führen kreuz und quer durch diesen Bereich, nur teilweise gesichert. Im südlich vorgelagerten Bereich liegt der höchste Punkt, Bänke laden zum Ausruhen von der Besteigung ein.

ABSTIEG Wenn wir den Abstieg nach Norden nehmen und vor dem kleinen Gewässer nach SW abbiegen, können wir gleich noch die Pyrenäen »mitnehmen«. Auch hier gibt es mehrere Möglichkeiten, auf den schon von Weitem klar erkennbar höchsten Gipfel zu gelangen. Ein Abstieg nach Osten führt uns an die Südkante, hinter der die große Wiese beginnt. Diese gehen wir linker Hand in südlicher Richtung am Café Palme und am Duft- und Tastgarten vorbei, queren den Bach und sind am Ausgang.

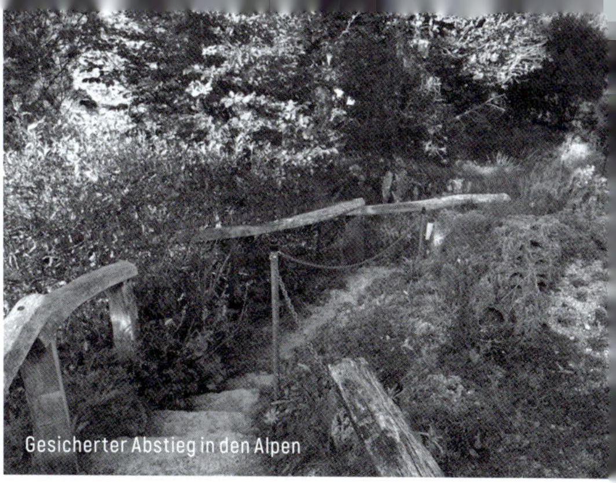

Gesicherter Abstieg in den Alpen

HINTERGRÜNDE

1973 ziehen die meisten Pflanzen vom Alten Botanischen Garten (Tour 8) nach Klein Flottbek um. Auch hier dient alles in erster Linie der Wissenschaft. Der Garten – 2012 nach Loki Schmidt benannt – gehört zur Universität Hamburg und ist zugleich der Wissensvermittlung an die Öffentlichkeit gewidmet. Der hier hervorgehobene Bergteil mit Alpen und Pyrenäen vermittelt die Vielfalt der dort heimischen Pflanzen in einem Miniatur-Wunder-Bergland.

EINKEHRMÖGLICHKEITEN

Café Palme

ACHTUNG

Öffnungszeiten

KOMBINATIONSMÖGLICHKEITEN

20 Wesselhoeftpark und Westerpark 100 m / 1'

MEHR INFORMATIONEN

→ Botanischer Garten www.bghamburg.de

22 HIRSCHPARK

Hirschparktreppe, Abhang, Panzerstraße – und ein ausgezeichneter Baum

START & ENDE
Winckelmannstraße
Bus 112

42,1 m | 18,3 % | 72 m | 72 m | 3460 m | 1 h 10′

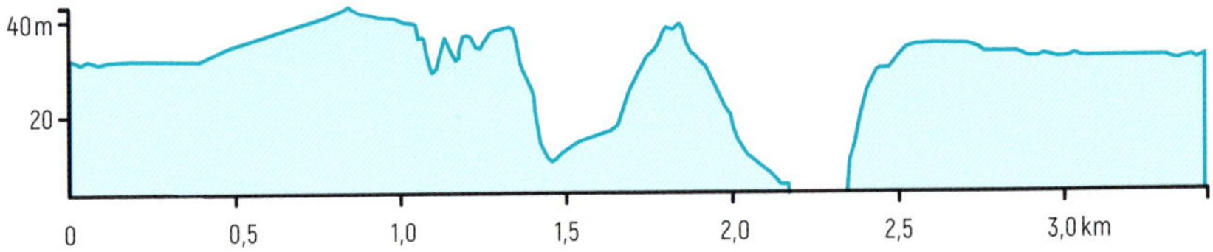

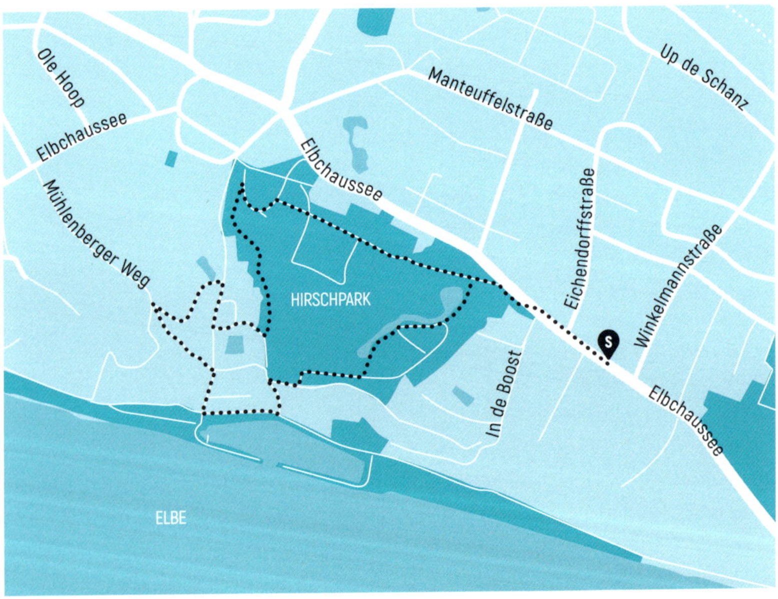

DIE TOUR

ZUSTIEG Die Elbchaussee 200 Meter nach WNW, dann linker Hand auf einem Weg in den Hirschpark gehen. Dort die WNW-Richtung beibehalten und die 250 Meter lange Lindenallee durchschreiten. An deren Ende gelangen wir zu zwei Schaugärten, die wir an ihrem westlichen Ende verlassen, um kurz darauf zum Landhaus J.C. Godeffroy zu gelangen. Das reetgedeckte Kavaliershaus bleibt zu unserer Rechten, wir wenden uns an der Westseite des Landhauses nach links (SW), an der nächsten Gabelung wieder nach links und kommen zu einem Aussichtspunkt. Nun nach SO etwas ab- und wieder ansteigend.
ABSTIEG 1 300 Meter hinter dem Aussichtspunkt führt eine steile Treppenanlage nach unten. Diese über zwanzig Höhenmeter absteigen.
AUFSTIEG 1 Den Mühlenberg leicht bergauf bis zu den Häusern Nr. 40 und 42 auf der linken Seite. Hier nach links abbiegen und den »Abhang« aufsteigen, zunächst sehr steil, später etwas gnädiger. Auf 38,1 Meter NHN ist linker Hand Baurs Park. Hier biegen wir scharf nach links und lassen das Haus Nr. 22 rechts liegen.
ABSTIEG 2 Die Panzerstraße steil abwärts und den Mühlenberg nach rechts bis zum Elbuferweg. Hier nach links bis zum Mühlenberger Segelclub.

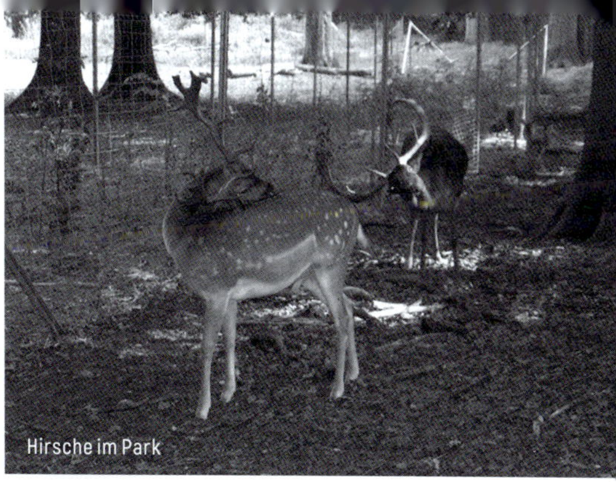

Hirsche im Park

AUFSTIEG 2 Östlich des Clubgebäudes nach links die Hirschparktreppe aufsteigen und an deren Ende nach rechts bis zu einem kleinen Aussichtsbalkon gehen. Nun wenden wir uns nach Norden bis zum Zaun des Wildgeheges. Dieses umgehen wir östlich und später nach Nordosten – linker Hand ein Teich – zum bekannten Hinweg. Von hier zurück zum Ausgangspunkt.
VARIANTEN Wir umgehen die Mühen von Abhang und Panzerstraße, indem wir beim Abstieg 1 statt der Treppen den Weg weiter nach SSO nehmen. Der führt uns zum kleinen Aussichtsbalkon.

AUSBLICKE

S Vom Aussichtsbalkon auf die Elbe und – ganz nah – das Blankeneser Oberfeuer
W Vom ersten Aussichtspunkt auf die Gebäude am Mühlenberg und den dahinterliegenden Baurs Park

22

HINTERGRÜNDE

Geologisch betrachtet ist der Hirschpark entweder der am weitesten westlich gelegene Geesthang oder der östlichste Teil der Endmoräne, deren höchste Erhebung auf dieser Elbseite der Baursberg ist (Tour 27). Jean Cesar Godeffroy, Kaufmann vor allem im Südamerika-Handel, kauft Ende des 18. Jahrhunderts dieses Grenzgebiet. Vieles wird umgestaltet, beispielsweise die französischen Schaugärten, und manches bleibt, so die 400 Jahre alte vierreihige Lindenallee. 1860 kommt das Wildgehege hinzu, initiiert vom Enkel des Käufers, Johan Cesar Godeffroy (dem wir auf Tour 29 wiederbegegnen werden). Der für den Hirschpark typische Mix aus großen Wiesenflächen, einzelnen Bäumen, Waldbereichen und Gärten hat sich bis heute nicht verändert. Ende der 1920er Jahre wird der Park öffentlich zugänglich gemacht, der Erwerb aus dem Verkauf von Land rund um »In de Boost« finanziert. Im Oktober 2020 erfährt ein Baum des Hirschparks eine besondere Ehrung: Der Berg-Ahorn östlich der Lindenallee an der Südseite des Weges wird zum Nationalerbe-Baum. Dahinter steckt eine Initiative, die das Bewusstsein für besonders alte Bäume schärfen möchte. Das Exem-

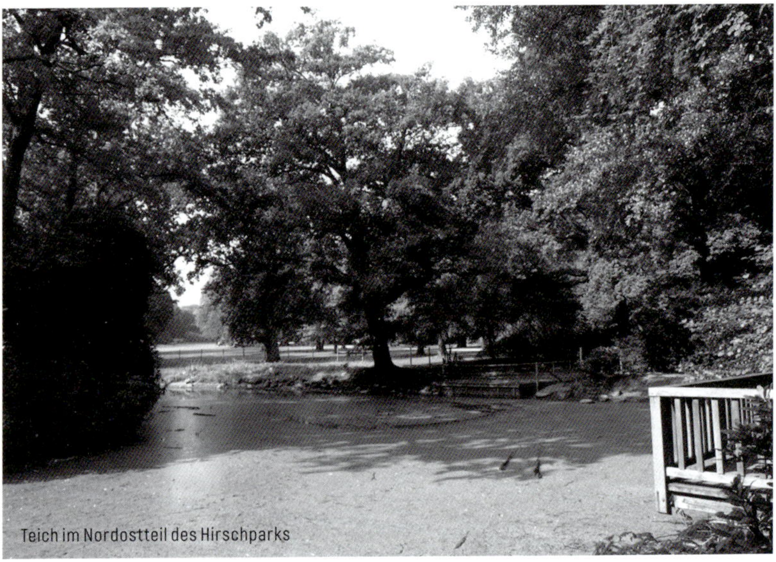

Teich im Nordostteil des Hirschparks

plar aus dem Hirschpark ist erst der sechste ausgezeichnete Baum.

Neben den Pflanzen und Tieren stechen im Park noch zwei Gebäude hervor: das Landhaus und das Kavaliershaus. 1792 lässt Jean Cesar Godeffroy ein Landhaus erbauen – entworfen von keinem Geringeren als Christian Frederik Hansen. Der ist nicht nur Architekt anderer Landhäuser am Geesthang (Touren 17, 24), sondern auch so bedeutender Bauten wie der Frauenkirche und der Schlosskirche Christiansborg in Kopenhagen. Heute beherbergt das Landhaus die Lola-Rogge-Schule für Tanz und Tanzpädagogik. Das nördlich liegende Kavaliershaus ist ursprünglich ein Bauernhaus aus rotem Klinker. Erst später wird die Fassadenfarbe dem des Landsitzes angepasst: »witt« – weiß –, so dass heute alle vom »Witthüs« sprechen. Im heutigen Kaminzimmer dieses Hauses wohnt von 1950 bis zu seinem Tod 1959 Hans Henny Jahnn, Dichter, Komponist, Orgelbauer, politischer Publizist.

Bleibt noch der für eine Treppenanlage ungewöhnliche Name »Panzerstraße« zu erklären – die ist keine Versuchsstrecke für Panzer und hat auch nichts mit der nördlich des Hirschparks gelegenen Führungsakademie der Bundeswehr zu tun. Der Name beruht vielmehr auf einer Lautverschiebung von »Pansen« zu »Panzer«. Vor der Schlachterei in der Straße hing nämlich stets ein Pansen, wenn ein Rind geschlachtet worden war.

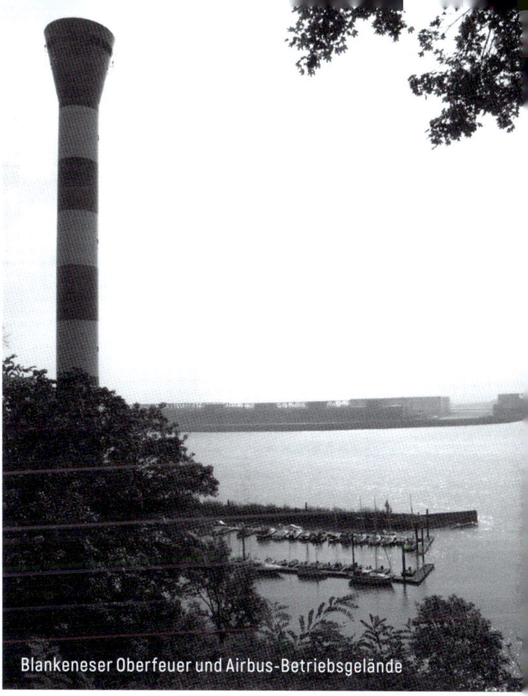

Blankeneser Oberfeuer und Airbus-Betriebsgelände

EINKEHRMÖGLICHKEITEN

Witthüs, el local

KOMBINATIONSMÖGLICHKEITEN

23 Kanonenberg
800 m / 12′

MEHR INFORMATIONEN

→ Hirschpark www.gartenhistorie.de/2010/01/07/hirschpark

→ Berg-Ahorn https://nationalerbe-baeume.de

23 KANONENBERG

Salutschießen in Baurs Park

START & ENDE
Auguste-Baur-Straße
Bus 488

46,7 m | 15 % | 59 m | 59 m | 1590 m | 40′

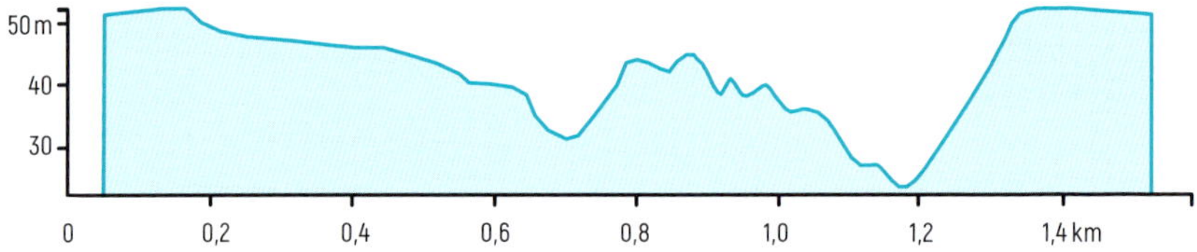

DIE TOUR

ZUSTIEG Die Straße »Baurs Park« zunächst nach Süden, dann leicht abwärts nach Südosten gehen.
ABSTIEG Kurz nachdem links die Bewaldung beginnt, biegen wir nach links (NO) ab und kommen zum links liegenden Katharinenhof. Kurz hinter diesem Landhaus geht es nach rechts und entlang der NO-Grenze des Parks 200 Meter steil abwärts.
AUFSTIEG Wir steigen die Treppe nach rechts aufwärts und am Ende die nächste Treppe nach rechts. Am Ende dieser Treppe biegen wir nach links und gehen in einem leichten Auf und Ab nach SW bis zum Leuchtturm. An der Westseite der Erhebung mit dem Leuchtturm steigen wir die Treppenanlage nach links hinab und gelangen nach einer engen Linkskurve, weiter auf Treppen, auf einen Weg, dem wir nach rechts folgen. Kurze Zeit später führt der nächste Aufstieg nach rechts, ebenfalls eine Treppe, die uns steil hinauf zur Straße »Baurs Park« führt. Nun nach Norden zum Ausgangspunkt gehen.

AUSBLICKE

S Vom Leuchtturm aus auf die Elbe, dahinter das Airbus-Werk (Tour 57) und nach links auf das neue Oberfeuer

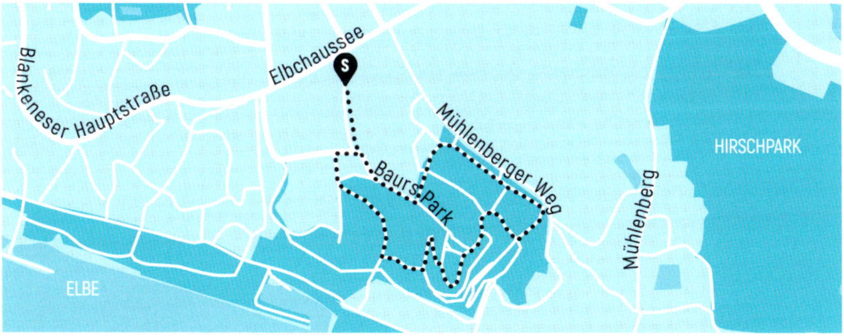

HINTERGRÜNDE

Der Leuchtturm auf dem Kanonenberg wird 1984 gebaut und ist nach 36 Jahren Betrieb überflüssig. Denn durch die Elbvertiefung muss die Richtfeuerlinie verlegt werden, die neue Linie liegt zwischen dem bestehenden Unterfeuer am Blankeneser Schiffsanleger (Tour 25) und dem neuen Oberfeuer am Mühlenberger Hafen unterhalb der Hirschparktreppe (Tour 22).

Zweihundert Jahre vorher stand hier kein Leuchtturm, sondern eine private Schiffsbegrüßungsanlage: Der Besitzer des Parks, der Reeder Georg Friedrich Baur, lässt zur Begrüßung seiner eigenen Schiffe Böllerschüsse aus Kanonen abfeuern. Und auch sonst sieht es in Baurs Park zu der Zeit vollkomen anders aus: Künstliche Burgruinen, chinesische Pagoden, ein Rundtempel und andere Bauten verzieren den Park. Von all dem ist nichts mehr erhalten.

Erhalten ist hingegen das Landhaus, das sich der Reeder in den 1830er Jahren bauen ließ. Im heute »Katharinenhof« genannten Bau ist bis 2005 das Einwohnermeldeamt Blankenese untergebracht. 2009 wird das Landhaus an einen Investor verkauft, die Sanierung stockt zwischenzeitlich.

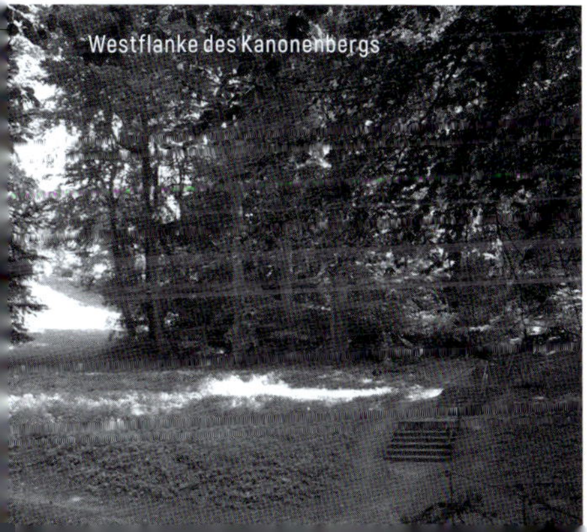
Westflanke des Kanonenbergs

EINKEHRMÖGLICHKEITEN

Baurs Park Hotel

KOMBINATIONSMÖGLICHKEITEN

22 Hirschpark
800 m / 12′

24 Krähenberg
1200m / 10′

25 Süllberg
400 m / 6′

24

KRÄHENBERG

Zum Herrenhaus in Goßlers Park

START & ENDE
Blankenese
S 1 - Bus 112, 188, 189, 286, 388, 488

71,9 m · 14 % · ↗ 44 m · ↘ 44 m · 1790 m · 40'

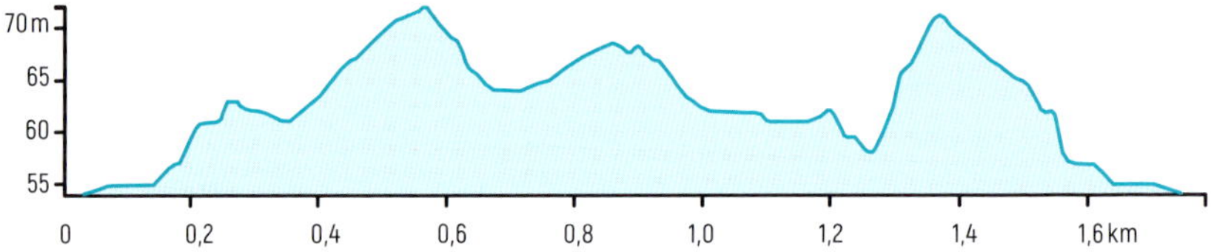

DIE TOUR

ZUSTIEG Wir queren den Erik-Blumenfeld-Platz an seiner nördlichen Seite nach Westen und gehen der Ausschilderung zur Bücherhalle folgend zwischen den Hausnummern 1A und 2 die Treppen hinauf. Nach wenigen Metern betreten wir Goßlers Park. Hier gehen wir an der Ostseite des Parks nach Norden, linker Hand Solitärbäume und ein erster Blick hinauf zum Goßlerhaus.
AUFSTIEG 1 An der NO-Ecke nach links wenden und steil aufwärts zu dem auf der Anhöhe liegenden Herrenhaus. Dieses an seiner Nordseite passieren.
ABSTIEG 1 Zunächst leicht abwärts, an der nächsten Weggabelung rechts halten und nun steil nach Norden absteigen. Links tauchen drei Flachdachvillen auf. Nach einem kurzen Gegenanstieg biegen wir am Nordende des Parks scharf nach links und gehen von Norden auf die drei Villen zu. An deren Westseite vorbei verlieren wir weiter an Höhe, die nächste Möglichkeit halblinks (SO) nehmen wir wahr, um zum tiefsten Punkt des Parks zu gelangen.
AUFSTIEG 2 Hier nehmen wir zunächst die Treppe und dann die Rampe, die uns nun auf der Südseite hoch zum Goßlerhaus führen.
ABSTIEG 2 Von dort den SO-Abstieg und am Parkende den bekannten Weg zum Ausgangspunkt nehmen.

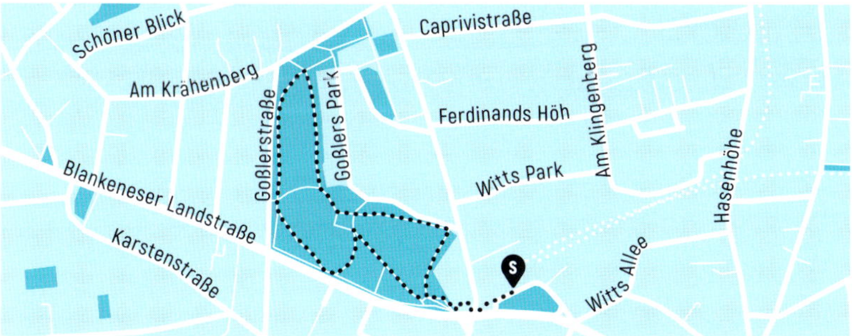

24

HINTERGRÜNDE

Im auf dem Krähenberg thronenden Goßlerhaus sind heute zwei Institutionen untergebracht: eine Zweigstelle des Hamburger Konservatoriums und die Horst-Janssen-Bibliothek. Das alles findet in einem Gebäude statt, das bei seiner Erbauung zunächst nur einstöckig ist und erst 1897 aufgestockt wird – veranlasst durch den damaligen Besitzer, Henry Goßler, einem Kaufmann im Ost- und Südafrikahandel. Ein Brand vier Jahre später entmutigt ihn nicht, er lässt es umgehend wiedererrichten. 1924 erwirbt die Gemeinde das Haus und macht es zum Blankeneser Rathaus, danach zum Sitz des Ortsamtes. 2006 kauft die Familie Weisser das Haus, lässt es sanieren und bringt es in die Klaus Schümann Stiftung ein, die es für wissenschaftliche und kulturelle Zwecke nutzt.

Die Villen im Nordwesten des Parks werden in den 1920er Jahren im Stil des Neuen Bauens gebaut, Architekt ist Carl Bensel.

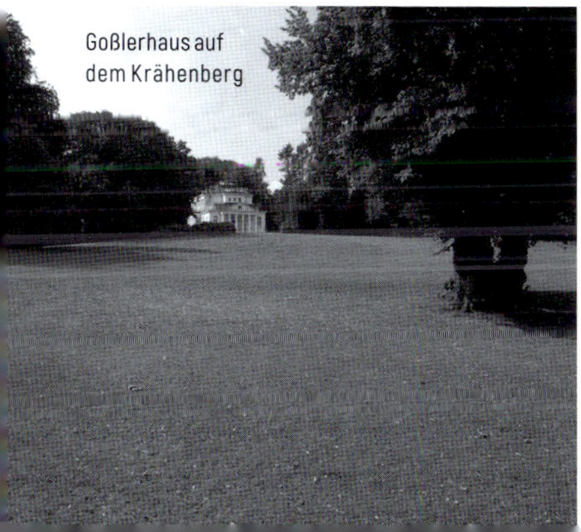
Goßlerhaus auf dem Krähenberg

EINKEHRMÖGLICHKEITEN

Am Bahnhof Blankenese

KOMBINATIONSMÖGLICHKEITEN

23 Kanonenberg
1200 m / 18′

25 Süllberg
800 m / 12′

MEHR INFORMATIONEN

→ Goßlerhaus www.foerderverein-gosslerhaus.de
→ Horst-Janssen-Bibliothek www.janssen-bibliothek.de
→ Carl Bensel Lubitz, J. (2016): Geformter Raum. Die Hamburger Architekten Bensel, Kamps & Amsinck, München/Hamburg.

25

SÜLLBERG

Treppauf, treppab – nur einige der 5000 Stufen

START & ENDE
Beckers Treppe
Bus 488

74,7 m	23,8 %	221 m	221 m	4520 m	2 h 5′

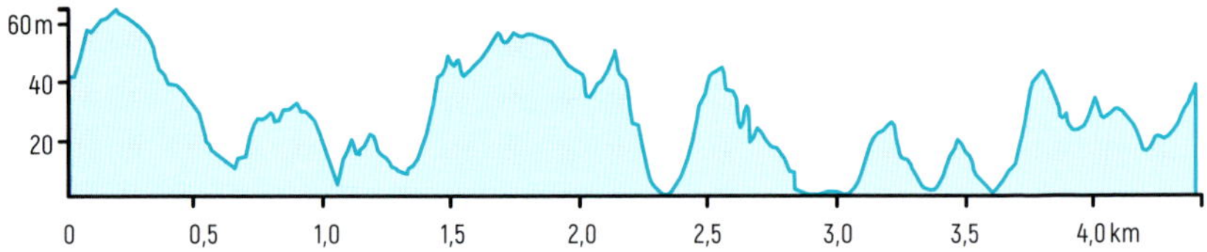

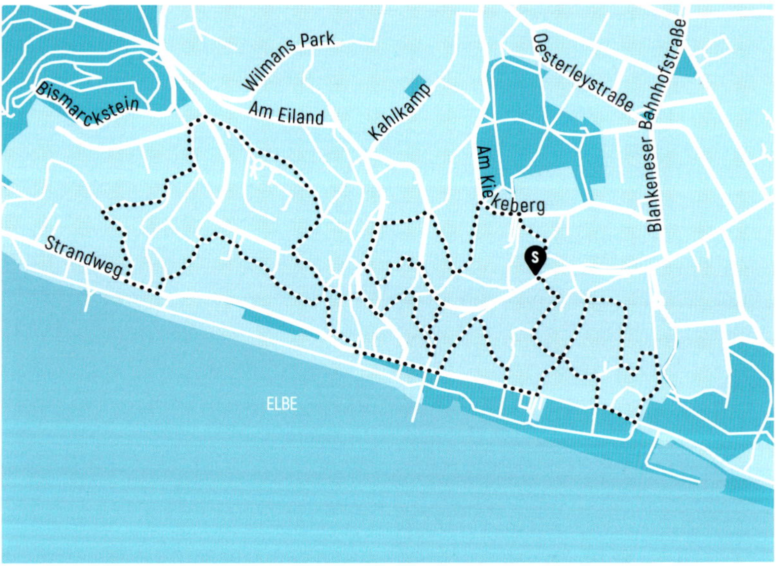

DIE TOUR

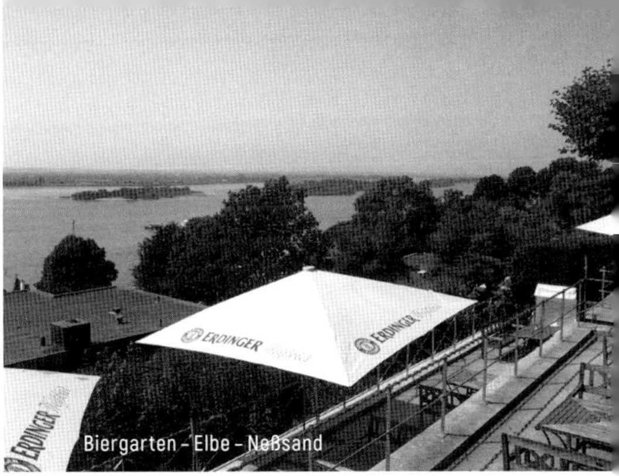
Biergarten - Elbe - Neßsand

Beim Blick auf Karte und Profil sehen wir gleich, dass diese Tour eine Serie von Rechts-/Links-Abbiegen und einem ständigen Auf und Ab ist. Das ist dem Erfordernis geschuldet, viele der 5000 Treppenstufen in eine Rundtour einzubauen. Damit die Tourengänger nicht gefühlte fünfzigmal das Wort »abbiegen« lesen müssen, wird die Tour im Telegrammstil beschrieben, mit der folgenden Legende:

⇧ bergauf
⇩ bergab
⇔ eben
☜ dann links
☞ dann rechts

Beckers Treppe	⇧	☜
Flashoffs Treppe	⇧	☞
Flashoffs Treppe	⇧	☜
Am Kiekeberg	⇧	☜
Steiler Weg	⇩	☞
Op'n Kamp	⇔	☜
Schlagemihls Treppe	⇩	☜
Blankeneser Hauptstraße	⇩	☜
Krögers Treppe	⇧	☜
Brandts Weg	⇧	☞
Mitteltreppe	⇩	☞
Blankeneser Hauptstraße	⇧	☜
Bückelgang	⇧	☞
Hans-Lange-Straße	⇧	☜
Süllbergs-Treppe	⇧	☞
Süllbergsterrasse	⇧	☜
Krumdals Weg	⇩	☜
Krumdal	⇩	☞
[nach Haus Nr. 22]	⇩	☜
Stehrs Treppe	⇩	☜
Strandweg	⇔	☜
Rutsch	⇧	☞

Elbterrasse	⇩	☞
Möllers Treppe	⇩	☜
Hans-Lange-Straße	⇩	☜
Strandweg	⇔	☜
Grube	⇧	☞
Ingwersens Weg	⇩	☞
Am Hang	⇩	☜
Strandweg	⇔	☜
Strandtreppe	⇧	☞
Osterweg	⇩	☞
Osterweg	⇩	☜
Strandweg	⇔	☜
Baurs Weg	⇧	☜
Bröers Treppe	⇩	☞
Breckwoldtstraße	⇧	☜
Strandtreppe	⇩	☞
Paarmanns Weg	⇔	☞
Am Hang	⇧	

25

VARIANTEN Es gibt jede Menge Varianten: Das Blankeneser Treppenviertel ist in Wirklichkeit ein getarnter Irrgarten – mit dem Vorteil, dass sowohl bergab als auch bergauf immer ein Ausweg zu finden ist. Lassen wir uns also treiben, 5000 Stufen warten darauf, betreten zu werden ...

AUSBLICKE

Nicht nur nach Süden auf die Elbe, sondern zwischendurch immer wieder Ausblicke zwischen Häusern auf gegenüberliegende Hänge oder zu den östlich und westlich des Treppenviertels liegenden Bergen

HINTERGRÜNDE

In der Rangfolge der Berge nach Höhe liegt der Süllberg hamburgweit nicht einmal unter den Top 10. Doch gemessen an seiner Bekanntheit steht er ganz weit oben. Aufgrund seiner Lage über dem Häusermeer des Treppenviertels und wegen seiner beiden Türme ist der Süllberg so markant, dass er gelegentlich sogar als »Hausberg Hamburgs« betitelt wird. Ab dem 11. Jahrhundert steht hier oben eine Burg, um die Elbfähre zu schützen. 1837 wird daraus eine »Gastwirtsburg«, fünfzig Jahre später kommt ein Aussichtsturm hinzu, und der Ruf als attraktives Tanzlokal

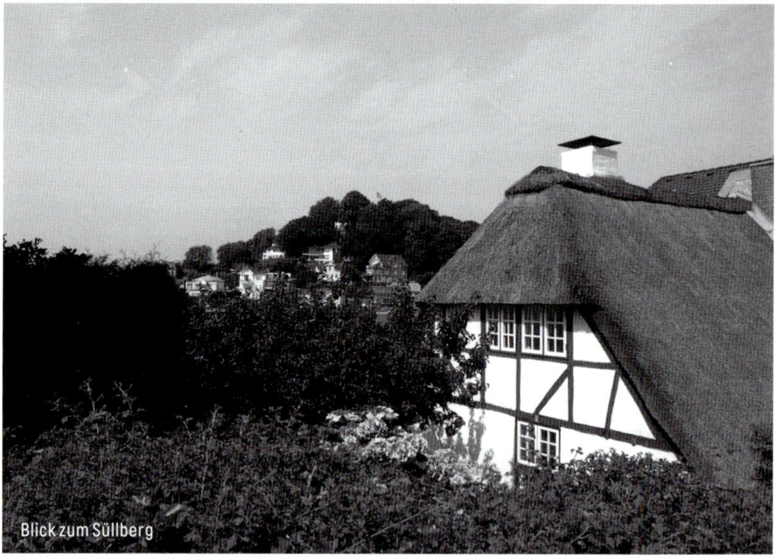

Blick zum Süllberg

währt noch weitere hundert Jahre. Bis 1990 ein Investor alles kauft und das Restaurant vier Jahre später mit der Absicht schließt, alles abzureißen und mehr als sechzig Wohnungen zu bauen – exklusive Lage und unverbaubarer Blick. Gegenwind durch Bürgerinitiativen verhindert das, 2002 wird der Süllberg als Hotel und Restaurant (derzeit mit zwei Sternen) eröffnet.

Blankenese wird 1640 dänisch und zu einem der wichtigsten Häfen für Fischfang, die Fischer leben in den kleinen Häusern mit ihren Reetdächern am Hang des Süllbergs. In der Elbterrasse 6 ist eines dieser Häuser als Museum hergerichtet worden. Nach einem sehr kurzen Intermezzo unter österreichischer(!) Herrschaft wird Blankenese 1866 preußisch. Ein Jahr später fährt die Eisenbahn zwischen Blankenese und Altona – es folgt ein Ausflugs- und Bauboom.

Durch das Treppenviertel gibt es eine bequeme und eine anstrengende Route. Die bequeme Variante besteht darin, sich mit der Buslinie 488 fahren zu lassen, Waseberg (Tour 26) inbegriffen. Die sehr anstrengende ist die Teilnahme an »Bergziege[2]«, einem Rennen als Bestandteil des Blankeneser Heldenlaufs über 6,8 Kilometer. Dabei geht es 590 Treppenstufen und 184 Höhenmeter bergauf und 616 Stufen und 139 Höhenmeter bergab. Die Bestzeit liegt bei unter 28 Minuten.

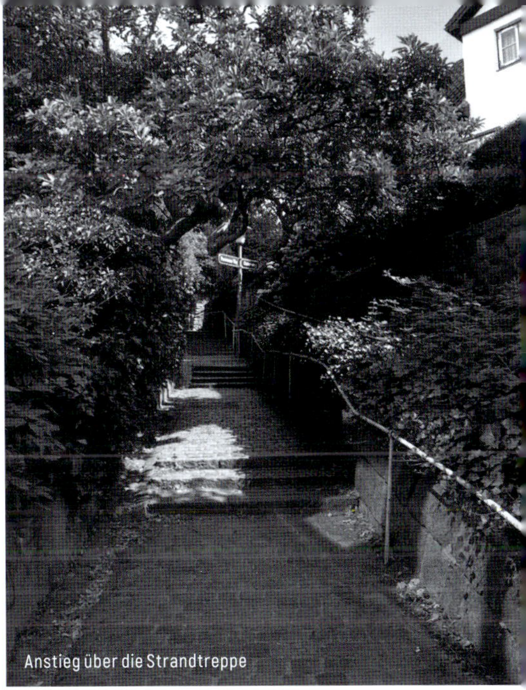

Anstieg über die Strandtreppe

EINKEHRMÖGLICHKEITEN

Mehrere Restaurants im Treppenviertel

KOMBINATIONSMÖGLICHKEITEN

- **23** Kanonenberg 400 m / 6′
- **24** Krähenberg 800 m / 12′
- **26** Waseberg 300 m / 4′

MEHR INFORMATIONEN

→ Heldenlauf www.heldenlauf.de/
→ Treppenviertel www.merian.de/europa/deutschland/hamburg/artikel/edles-treppenviertel-blankenese
→ Hausberg www.welt.de/print-welt/article448236/Endspurt-am-Suellberg-Das-Wahrzeichen-hat-ueberlebt.html

26

WASEBERG

Das Alpe d'Huez des Nordens

START	ENDE
Elbhöhenweg	Waseberg
Bus 488	Bus 488

86,6 m | 22,8 % | 81 m | 35 m | 720 m | 30'

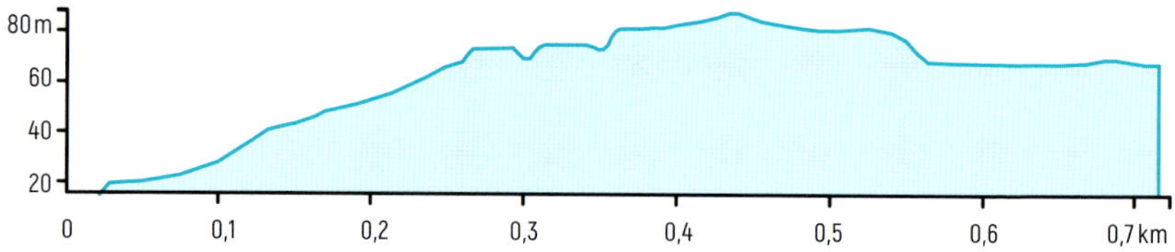

DIE TOUR

AUFSTIEG Die kleine Treppe schräg gegenüber von Haus Nr. 23 steigen wir auf und gehen nach rechts. An der nächsten Wegekreuzung nehmen wir den zweiten Weg, der uns steil nach NNO führt. Die übernächste Möglichkeit nach rechts und wir befinden uns unterhalb einer Terrasse, die wir über eine kurze Treppe erreichen. Viele Bänke stehen für eine Pause zur Verfügung. Wir durchqueren die kleine Anlage und steigen nach NO die Treppe und danach den mäßig ansteigenden Weg zum Waseberg mit seinem stillgelegten Aussichtsturm auf.
ABSTIEG Wir gehen ein kurzes Stück nach Osten und biegen vor der Treppe nach links ab, erreichen eine Treppenanlage, an deren Ende wir nach rechts gehen. Auf einer Höhe bleibend, kommen wir so zum Endpunkt der Tour (der auch das Ende des Aufstiegs für die sich den Waseberg hochquälenden Radfahrer ist).

HINTERGRÜNDE

Der Waseberg ist das Pendant zum gegenüberliegenden Süllberg (Tour 25): Dort die Burg, hier der Galgen. In »wase« steckt »verwesen« (verwalten) – und das geschah auf dem Waseberg. Heute verwest dort eher der baufällige Aussichtsturm aus Ziegelsteinen,

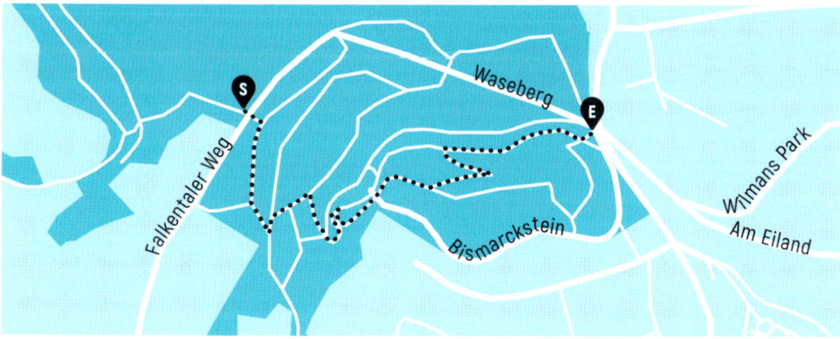

26

vermutlich 1863 erbaut. Anton Julius Richter, Mitbegründer der Holsten-Brauerei, erwirbt 1890 einen Teil des Wasebergs, um hier ein Denkmal für den von ihm verehrten Reichskanzler Bismarck zu errichten. 51 Meter hoch soll es werden, doch wird es nie verwirklicht, denn die Hamburger kommen ihm zuvor, wenn auch nur mit einem 34 Meter hohen Ehrenmal (Tour 1). Als kleinen Trost darf Richter den Waseberg in »Bismarckstein« umbenennen. Der Name hält sich aber nicht lange, und auch das Bismarckstein genannte Denkmal auf der unterhalb des Wasebergs gelegenen Terrasse hat mit Bismarck nichts zu tun. Es wird 1935 zur Erinnerung an gestorbene Marinesoldaten errichtet.

Spätestens seit die Cyclassics vom Ende der 1990er Jahre an über den Waseberg führen, ist dieser in der Radsportszene bekannt. Und er muss dabei den Vergleich mit legendären Bergstrecken des Radsports nicht scheuen: Mit einer durchschnittlichen Steigung von 9,1 Prozent und einer maximalen Steigung von 16 Prozent stellt er sogar die berüchtigte Bergankunft der Tour de France in Alpe d'Huez in den Schatten (Ø 7,9%, max. 14,8%). Und für den Bezwinger des Wasebergs ist das alles ja noch knapp zwanzig Meter höher.

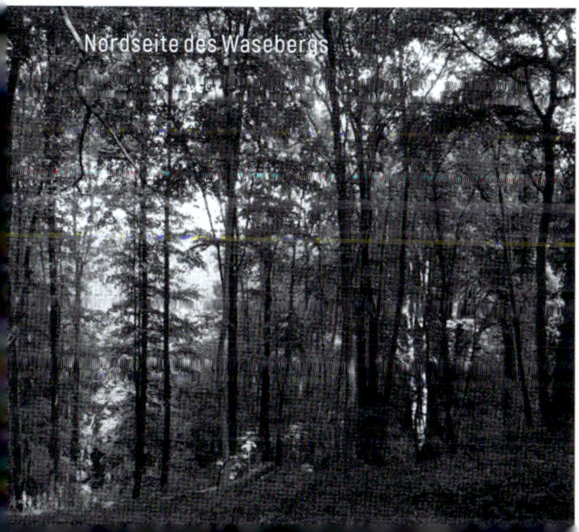
Nordseite des Wasebergs

KOMBINATIONSMÖGLICHKEITEN

25 Süllberg
300 m / 4'

27 Baursberg
900 m / 13'

MEHR INFORMATIONEN

→ Waseberg www.abendblatt.de/hamburg/altona/article108441192/Der-Waseberg-der-alpinste-Berg-der-Stadt.html

27

BAURSBERG 7

Vom Pumpwerk (unten) zum Wasserwerk (oben)

START
Elbhöhenweg
Bus 488

ENDE
Lichtheimweg
Bus 286, 388

91,6 m | 11 % | 159 m | 118 m | 4460 m | 1 h 45′

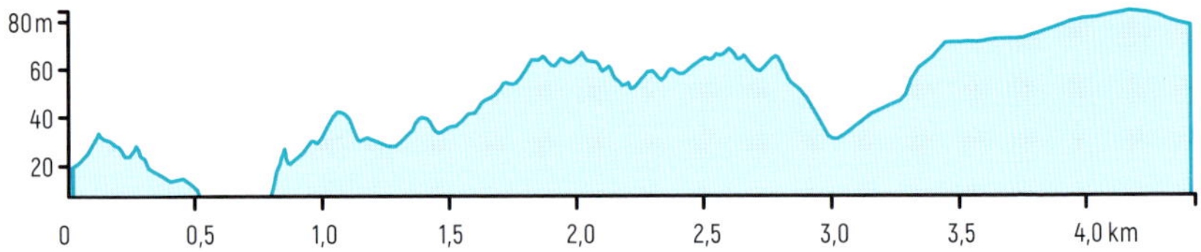

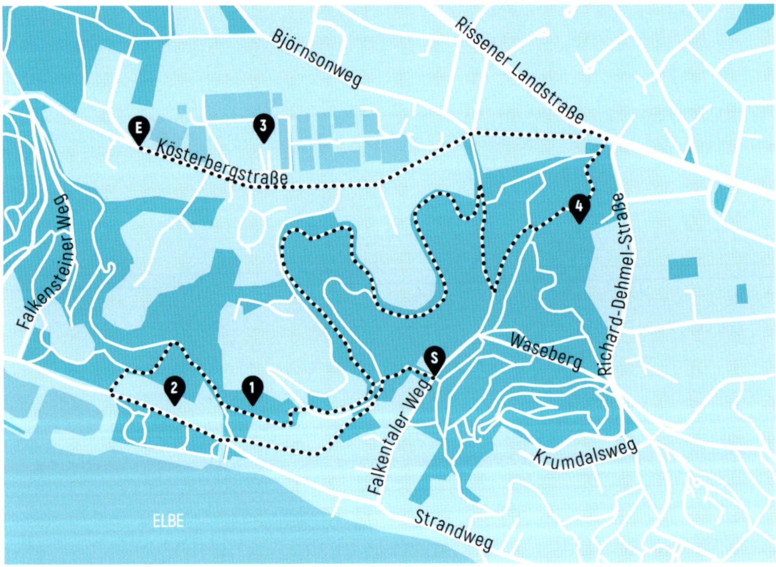

DIE TOUR

ZUSTIEG Zwischen den Häusern Nr. 19 und 23 in westlicher Richtung dem Weg folgen und dann vor den Treppen nach links südlich auf die Stichstraße Falkensteiner Ufer. Dieser folgen wir abwärts und gehen auf dem Falkensteiner Ufer nach Westen.

AUFSTIEG Nach 200 Metern steigen wir hinter dem Pumpwerk Altona nach rechts auf, gehen sofort nach rechts und gewinnen in einem Linksbogen weiter an Höhe. Dann biegen wir nach rechts ab und gelangen nach der ersten Sektion einer nach unten führenden Treppenanlage nach links zum Römischen Garten. Diesen queren wir (rechter Hand das Amphitheater nicht übersehen!) und verlassen ihn an der NO-Ecke des Gartens. Hinter der nun folgenden Brücke gehen wir eine mehr als einen Kilometer lange Abfolge aus drei Links- und zwei Rechtsbögen entlang. Kurz bevor rechts die Bebauung beginnt, führt eine steile und lange Treppe abwärts nach Süden. Über diese Treppe erreichen wir Schinckels Park. Am Ende der Treppe biegen wir scharf nach links ab. Über eine große Wiese steigen wir nach NNO an, bis wir nach einer kleinen Treppenanlage, an der winters Kreekbetrieb stattfindet, die Blankeneser Landstraße erreichen. Dort links, wieder links halten und die

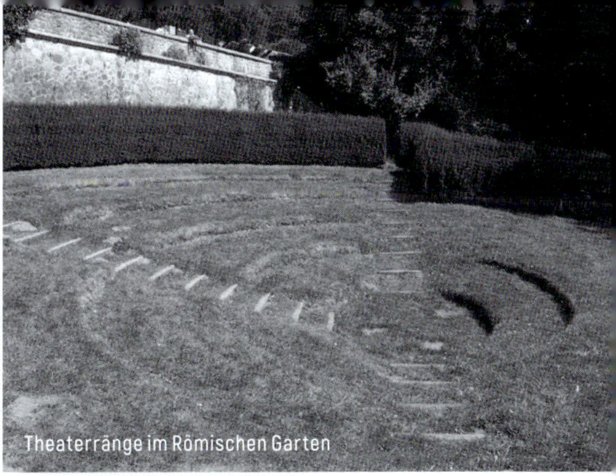

Theaterränge im Römischen Garten

ansteigende Klosterbergstraße ungefähr einen Kilometer nach Westen bis zum Ziel gehen – rechter Hand liegt das große Gelände des Wasserwerks Baursberg. Unmittelbar hinter dem Eingangstor zum Wasserwerk befindet sich der Baursberg – auf dem Gelände und damit nicht öffentlich. Ein Blick über den Zaun auf den baumbewachsenen höchsten Gipfel von Altona muss daher reichen.

AUSBLICKE

Die besten Ausblicke gibt es vom Römischen Garten zur Elbe. Ansonsten versperren Bäume und Gebäude die Panoramen.

HINTERGRÜNDE

1 **RÖMISCHER GARTEN** Dieser am Südhang des Polterbergs gelegene Garten im Jugendstil wird Ende des 19. Jahrhunderts angelegt und zu Beginn der 1920er Jahre um ein Heckenthe-

27

ater erweitert. Das Attribut »römisch« bezieht sich auf die Bepflanzung mit Eiben, Zypressen, Magnolien, Zedern und anderen südländischen Pflanzen.

2 PUMPWERK FALKENSTEINER UFER

Von hier aus wurde seit 1859 hundert Jahre lang Elbwasser fast hundert Meter hoch zum Wasserwerk gepumpt – und seit 1896 zusätzlich in den beiden südlich liegenden Absetzbecken vorgeklärt. Danach kommt Elbwasser nicht mehr zum Einsatz, das Pumpwerk mit seinem riesigen Maschinenraum liegt ebenso wie die Nachbargebäude still. Inzwischen ist wieder Leben im Gebäude: Lofts und Wohnungen entstehen, auch ein Veranstaltungsraum ist geplant.

3 WASSERWERK BAURSBERG

Hier oben braucht's nicht noch einen Wasserturm. Denn aufgrund der die gesamte Umgebung überragenden Höhe kann das Wasser im freien Gefälle zu den Verbrauchern fließen. Die genutzte Höhe hat das an der Elbe liegende Pumpwerk bereits erarbeitet. Von dort also kommt seit 1859 das Elbwasser und wird aufwendig sandfiltriert. Dieser Filtrieraufwand führt dazu, dass das dänische Altona von der 1892 im benachbarten Hamburg grassierenden Cholera-Epidemie weitge-

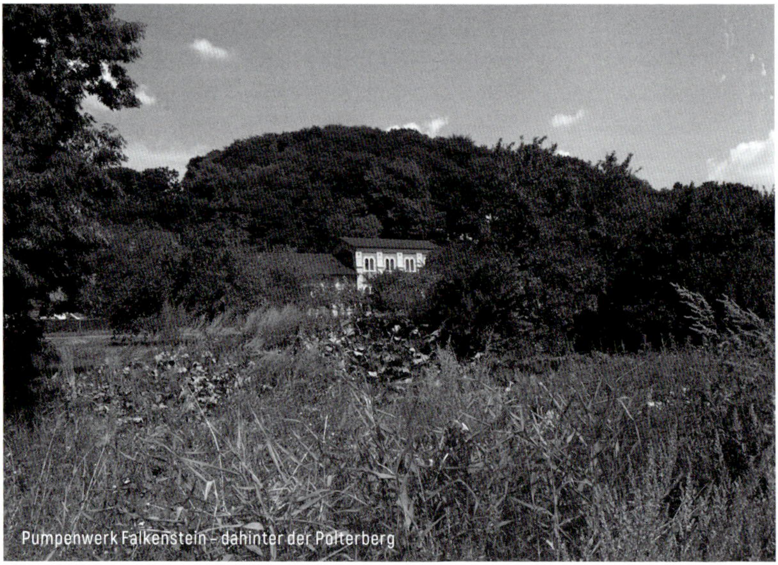

Pumpenwerk Falkenstein – dahinter der Polterberg

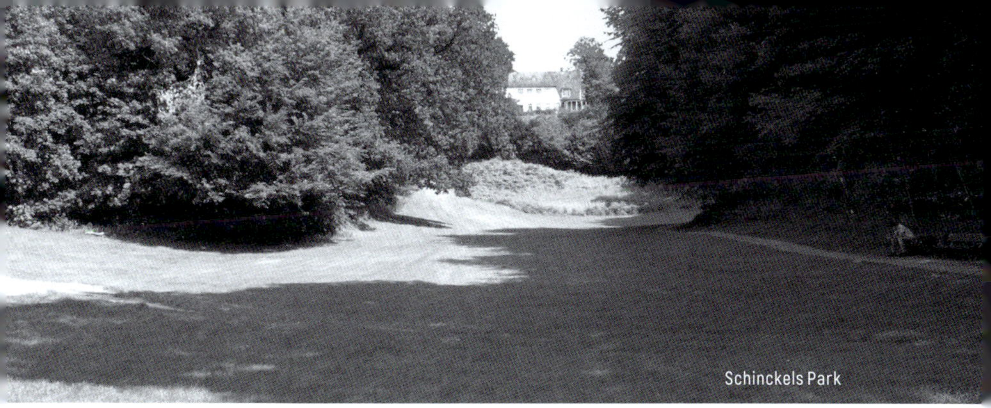

Schinckels Park

hend verschont bleibt. Die Hamburger lernen von dieser »Best Practice« und nehmen bereits ein Jahr später das Filtrierwerk Kaltehofe in Betrieb. Seit 1960 stammt das Wasser auf dem Baursberg nicht mehr aus der Elbe, sondern wird durch elf elektrische Pumpen aus Tiefbrunnen befördert. Die zwölf Millionen Liter pro Tag reichen für mehr als 100 000 Personen. Das repräsentative Hauptgebäude wird 1915 gebaut. Mit Turm und Seitenflügeln sowie den Wasserbecken mutet die Anlage wie ein Schloss an. Doch hier hat alles seine wassertechnische Funktion: Ehemals dienen die Becken der Langsamfiltration, im Turm wird Wasser für die Rückspülung dieser Filter gespeichert. Heute werden aus dem Turm heraus höhergelegene Ortsteile versorgt, die Becken sind zu Biotopen geworden.

4 SCHINCKELS PARK Wenn es denn einmal so viel Winter in Hamburg gibt, dass der Schnee liegen bleibt – dann ist hier Rüschen angesagt. Merke: Für das Rodeln bedient man sich eines Schlittens, für das Rüschen einer Kreek. Die Kreek, ein tiefliegender Kasten auf zwei Kufen, wird durch eine hinterhergezogene, etwa fünf Meter lange Steuerlatte gelenkt. Von der Physik her ist das »Segeln auf Eis« – und wesentlich schneller als Rodeln.

EINKEHRMÖGLICHKEITEN

Zum Falkenstein

KOMBINATIONSMÖGLICHKEITEN

- **26** Waseberg
  900 m / 13′
- **28** Waldpark Marienhöhe
  1300 m / 19′
- **29** Falkenstein
  100 m / 1′

MEHR INFORMATIONEN

→ Wasserwerk www.hamburgwasser.de/privatkunden/service/mein-wasserwerk/wasserwerke/wasserwerk-baursberg-1

→ Kreek www.historischegaerten.de/parks/Altona/Blankenese/SchinckelsWiese/overview.html

28

WALDPARK MARIENHÖHE

Das Update einer Kiesgrube

START
Sülldorfer
Brooksweg
Bus 189, 388

ENDE
Sieversstücken
Bus 1

59,1 m | 10,4 % | 76 m | 77 m | 2750 m | 1 h 05′

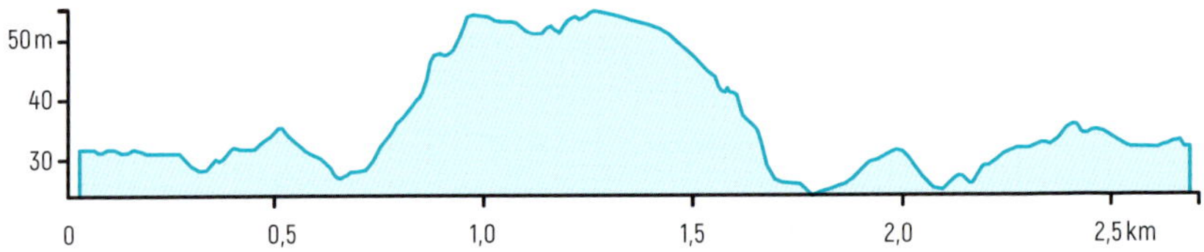

DIE TOUR

ZUSTIEG Den Sülldorfer Brooksweg verlassen wir nach rechts auf das Haus Nr. 182 zu. Vor diesem biegen wir nach links ab, laufen parallel zur Straße und gehen dann nach rechts.

AUFSTIEG An der nächsten Weggabelung geht es nach links zum Spielplatz. Hier biegen wir nach rechts ab und steigen allmählich nach SO an, lassen eine Treppe nach links unbeachtet, nehmen an der nächsten Weggabelung den rechten Weg und halten uns nun geradeaus weiter in südöstlicher Richtung. Die nächste Abzweigung nach links nehmen wir, weiter am links liegenden Hang entlang und nun etwas an Höhe verlierend. Die steil nach unten führende Treppe auf der linken Seite können wir ignorieren und setzen unseren Weg am Hang entlang fort.

ABSTIEG Nach links öffnet sich die Landschaft und wir steigen die Treppe nach links ab, halten uns im Talboden zweimal links und laufen nun unterhalb der Waldpark-Siedlung. Vor dem Erreichen des Parkplatzes biegen wir nach rechts und gehen in einem Schlussanstieg nach NO zum Endpunkt.

VARIANTEN Zum ehemaligen Gutshaus geht es in einem Abstecher vom Beginn des Abstiegs nach SO – den Sülldorfer Mühlenweg überqueren wir – zur Marienhöhe Nr. 30 [15’].

28

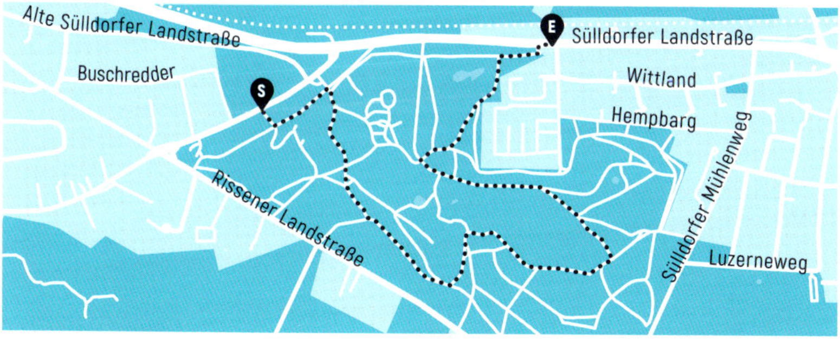

HINTERGRÜNDE

Vierzig Jahre lang besteht hier eine Ziegelei, doch als Simon Heeren 1871 das Gelände kauft, ist es damit vorbei. Er lässt ein Gutshaus bauen (südlich des Freibads), vergrößert den Wald und leistet sich dort ein leicht schrulliges Leben. Zwei Beispiele: Nachdem der Tierarzt eine Kuh mit Rotwein (!) kuriert hat, muss er noch mal kommen, nur um mit dem Besitzer eine weitere Flasche zu leeren. Ein anderes Mal zündet Heeren ein großes Feuer an – um die anrückende Feuerwehr mit einem Festmahl zu bewirten.

1921 kauft Julius Asch das Gutshaus, lässt es umbauen und das Gelände aufforsten und verschönern. Es folgt eine traurige Geschichte: Als er das Haus kauft, ist Asch erfolgreicher Firmenleiter, auch Initiator von Ferienlagern für jüdische Kinder auf seinem Gelände, 1938 erfolgt der »Verkauf« der Marienhöhe, im Januar 1939 nimmt er sich das Leben.

Bis in die 1960er Jahre wird im westlichen Teil Kies abgebaut, dann erfolgt die allmähliche Umgestaltung zu einem Park in einer bereits umgeformten Landschaft: Die Böden der Kiesgruben von gestern sind die Lichtungen von heute.

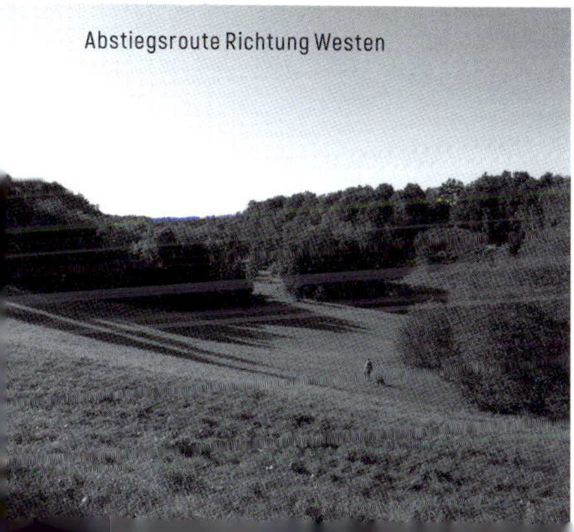
Abstiegsroute Richtung Westen

KOMBINATIONSMÖGLICHKEITEN

27 Baursberg
1300 m / 19'

MEHR INFORMATIONEN

→ Simon Heeren https://epub.sub.uni-hamburg.de/epub/volltexte/2018/83726/pdf/Suelldorf_201808web.pdf

→ Julius Asch www.stolpersteine-hamburg.de/?&MAIN_ID=7&BIO_ID=200

29 FALKENSTEIN

Terrassen, Treppen, Tafelberg

START & ENDE
Falkenstein
Bus 286, 388

79,2 m	16,7 %	127 m	127 m	3900 m	1 h 35′

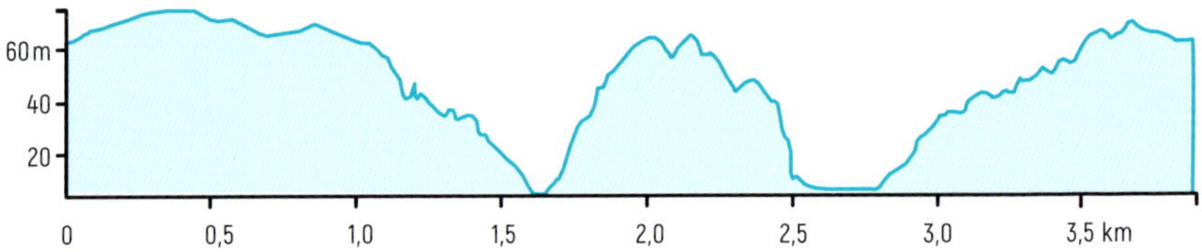

DIE TOUR

ABSTIEG 1 Wir gehen die Straße »Falkenstein« in südlicher Richtung, folgen der Rechtskurve und biegen nach weiteren 200 Metern halblinks (SW) ab. Nun folgen wir weiterhin der Straße, links auf dem Privatgelände von Hausnummer 37 befindet sich der Gipfel des Tafelbergs. Nach der Hausnummer 55 nehmen wir den abwärts führenden Weg nach SW. Dieser Richtung folgen wir weiterhin, auch nachdem wir den Wald erreicht haben. Nun geht es immer weiter abwärts bis zu einer Straße, linker Hand ein Teich.

AUFSTIEG 1 Diesen Weg gehen wir nach links und steigen wenige Meter hinter dem Teich nach links über Treppenstufen auf. An einer Gabelung geht es nach rechts, wir nehmen die nächsten Treppen, danach nach links, es folgen noch mehr Treppen, an deren Ende wir nach rechts (O) gehen. Nach 400 Metern leichtem Auf und Ab gelangen wir wiederum zu einer Treppenanlage, die uns nach SO abwärts führt.

ABSTIEG 2 An deren Ende nach rechts und 150 Meter später nach links – wieder Treppen, wieder abwärts – bis zum Falkensteiner Ufer.

AUFSTIEG 2 Dem folgen wir 250 Meter nach Osten und steigen nach links die Treppen hoch. Oben angekommen, schlagen wir den Siebenweg nach rechts ein und folgen diesem bis zum

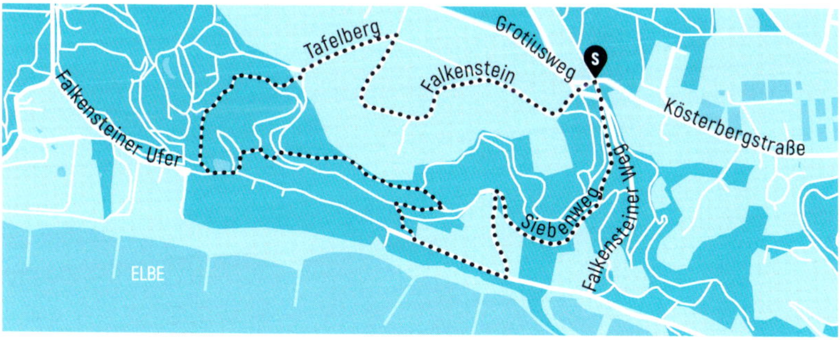

Ausgangspunkt. Wer noch den Falkenstein-Gipfelerfolg will, geht nun den oberen Weg 200 Meter nach Süden, dann die NO-Flanke bis zum Gipfel.

HINTERGRÜNDE

Der Tafelberg hat seinen Namen nicht umsonst, liegt doch sein sich über zehn Hektar erstreckendes Plateau auf einer Höhe von 75±4m NHN. Und auch der für Tafelberge typische Steilhang fehlt nicht, wenn er sich auch nur an einer, der Südseite, zeigt. Der Geesthang war ursprünglich unbewachsen, er wird erst seit 1842 systematisch aufgeforstet.

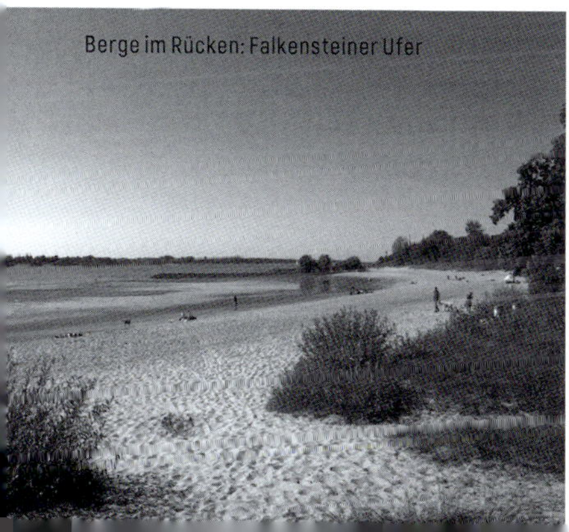
Berge im Rücken: Falkensteiner Ufer

Verantwortlich dafür ist Johan Cesar Godeffroy, Mitglied der ursprünglich aus La Rochelle stammenden Reederfamilie (Tour 22). Erhebliche Investitionen in das aufkommende Südseegeschäft führen 1879 zur Zahlungsunfähigkeit der Dynastie. Tafelberg und Falkenstein fallen an die Gläubiger, die das Areal parzellieren und verkaufen. Ach ja: Das Wappen der Godeffroys führt einen Falken als Helmzier und einen weiteren Falken im Schild. So lässt sich auch der Name des Falkensteins unschwer herleiten.

EINKEHRMÖGLICHKEITEN

Zum Falkenstein

KOMBINATIONSMÖGLICHKEITEN

27 Baursberg
100 m / 1′

30 Luusbarg
400 m / 6′

MEHR INFORMATIONEN

→ Johan Cesar Godeffroy https://daten.digitale-sammlungen.de/~db/ausgaben/zweiseitenansicht.html?fip=193.174.98.30&id=00016322&seite=509

30

LUUSBARG

Zu den Puppen im Landhaus Michaelsen

START
Rissener Ufer
Bus 388

ENDE
Tinsdaler Kirchenweg
Bus 189, 388

47,2 m | 16,8 % | 41 m | 15 m | 1290 m | 30′

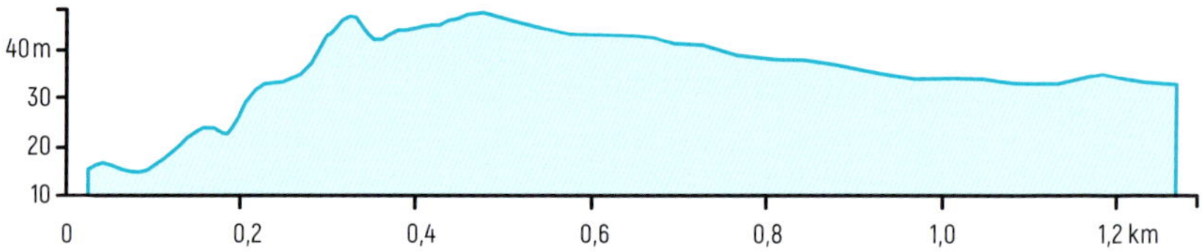

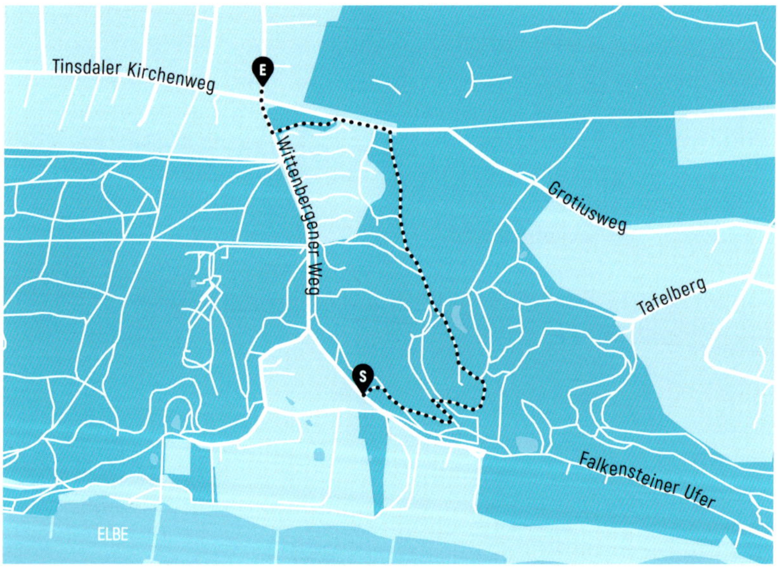

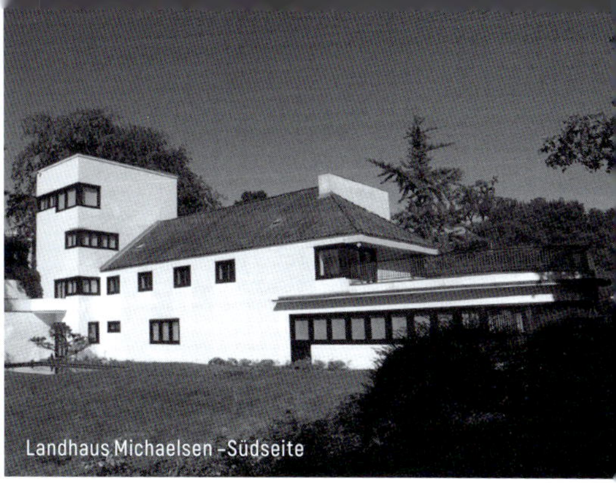

Landhaus Michaelsen -Südseite

DIE TOUR

AUFSTIEG Direkt am Rissener Ufer nehmen wir die wenigen Treppenstufen aufwärts nach NO, folgen dem Weg am Ende der wenigen Stufen nach rechts und biegen nach hundert Metern scharf nach links, kurze Zeit später – nun wird es noch steiler – scharf nach rechts und an der nächsten Gabelung nach links. Kurz danach führt ein Wechsel aus Rampe und Treppe steil bergauf Richtung Osten, die Kante des Geesthangs wird dabei überwunden. Nun noch ein paar Stufen, noch eine steile Rampe ... allmählich wird es heller über uns, Zeichen für das Ende des Anstiegs. Nun haben wir den ebenen Weg, der im Halbrund die weiße Villa auf deren Südseite umfasst, erreicht.

ABSTIEG Auf der Nordseite des Landhauses führt ein befestigter Weg abwärts. Dieser führt nun weiterhin sanft abwärts durch den nördlichen Luuspark zum Tinsdaler Kirchenweg, dem Endpunkt.

HINTERGRÜNDE

Die Villa wird 1923 nach Entwürfen von Karl Schneider für das Ehepaar Michaelsen erbaut und schnell zu einer Ikone der Architektur – gleichbedeutend mit dem Chilehaus. 1955 kauft Axel Springer die Villa, nach zehn Jahren Nutzung will er sie abreißen lassen. Zwei erteilte Genehmigungen werden nicht umgesetzt, das Haus verfällt. 1980 schenkt Springer Park und Villa der Stadt. Das Haus, mittlerweile eine Ruine, wird ab Mitte der 1980er Jahre von Elke Dröscher auf eigene Kosten renoviert. Im Gegenzug kann sie es 75 Jahre nutzen. Heute beherbergt die Villa ihre Puppensammlung – und bietet aus dem Fenster mit der Halbrundscheibe den Blick nach Süden auf die Elbe.

ACHTUNG

Öffnungszeiten des Puppenmuseums

KOMBINATIONSMÖGLICHKEITEN

29 Falkenstein
400 m / 6′

31 Wittenbergener Heide
100 m / 1′

MEHR INFORMATIONEN

→ Puppenmuseum / Landhaus www.elke-droescher.de/architektur/bauwerk

→ Springer / Landhaus www.spiegel.de/kultur/gesellschaft/denkmal-der-architekturmoderne-drama-um-die-weisse-villa-a-762871.html

31 WITTENBERGER HEIDE

Elbblick, Wald und Dünen

START
Rissener Ufer
Bus 388

ENDE
Tinsdaler Kirchenweg
Bus 189, 388

32,8 m | 12 % | 94 m | 69 m | 3380 m | 1 h 15′

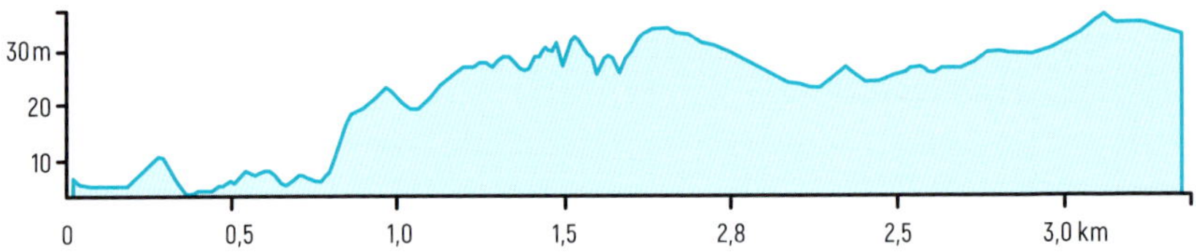

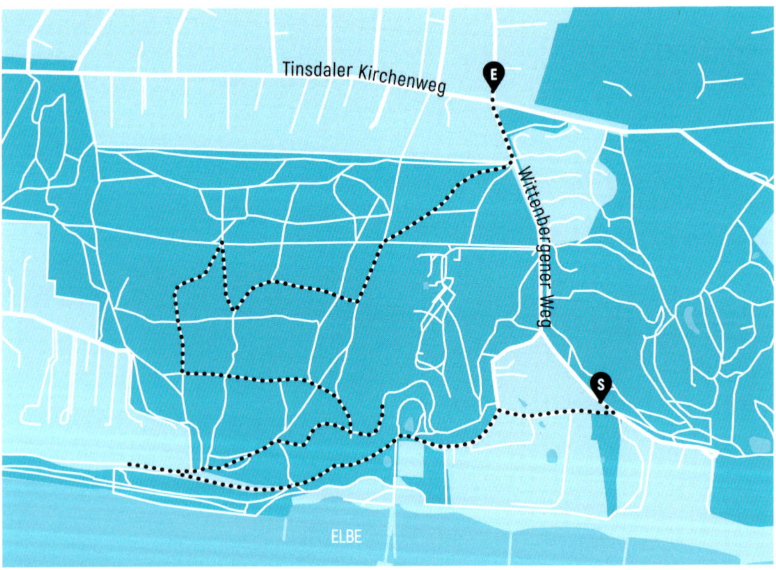

DIE TOUR

ZUSTIEG Die Straße »Rissener Ufer« gehen wir nach Westen und kommen nach 450 Metern zum Parkplatz des Elbstrands.

AUFSTIEG Wir setzen unseren Weg nach Westen fort und nehmen an der Weggabelung auf Höhe des Unterfeuers Wittenbergen den nach rechts abzweigenden Weg, der erst allmählich, dann immer steiler nach oben führt, um dann auf gleicher Höhe parallel zur Elbe weiter nach Westen zu gehen. Dies ist der Beginn des Otto-Schokoll-Höhenwegs, der jedoch nach einigen Metern gesperrt ist. Durch einen Erdrutsch ist er nicht weiter begehbar – ein millionenteurer alternativer Weg ist noch in der Abstimmung. Wir kehren also um, genießen vorab noch den Elbblick und halten uns nach links, steil aufwärts und immer an der Abbruchkante entlang in ONO-Richtung. Nach einem kurzen Blick den Abbruchtrog hinunter gehen wir wenige Meter zurück, biegen dann nach rechts ab und queren eine erste Sand- und Heidefläche bis zu einer Wegekreuzung mit einem markanten Baumstumpf. Hier biegen wir nach rechts und gelangen zu einer großen Dünenlandschaft.

ABSTIEG In der SO-Ecke dieses Dünengebiets steht ein mehrstämmiger Baum – den lassen wir links liegen, gehen Richtung SO und biegen den nächsten Weg nach links ab. Ein weiteres Heidegebiet durchkreuzen wir und folgen dem Weg nach Osten bis zum Zaun der Freiluftschule. Hier wenden wir uns nach links, nehmen bald den Weg nach halbrechts und kommen so zum Wittenbergener Weg.

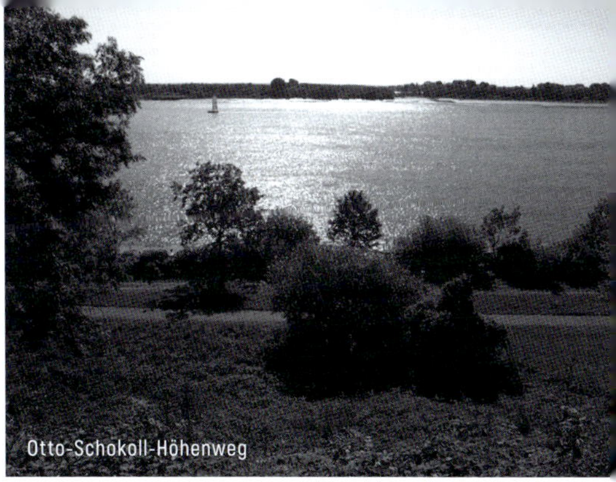

Otto-Schokoll-Höhenweg

HINTERGRÜNDE

Typisch für die Wittenbergener Heide sind die mehrstämmigen Bäume, »Kratts« genannt. Sie wurden zur Gewinnung von Brennholz immer wieder gestutzt, weil sie durch Wind und kargen Sandboden eine übliche Höhe sowieso nicht hätten erreichen können.

KOMBINATIONSMÖGLICHKEITEN

30 Luusbarg
100 m / 1'

MEHR INFORMATIONEN

→ Heide https://stadtlandstudio.com/2018/08/21/belebung-der-wittenbergener-heide

→ Otto-Schokoll-Höhenweg www.hamburg.de/pressemeldungen-bezirke/13266128/ausstellung-otto-schokoll-hoehenweg

32 KLÖVENSTEEN
Sandberge weit im Westen

START & ENDE
Rissen
S 1 - Bus 1, 388

15,5 m | 1,6 % | 8 m | 8 m | 1070 m | 20′

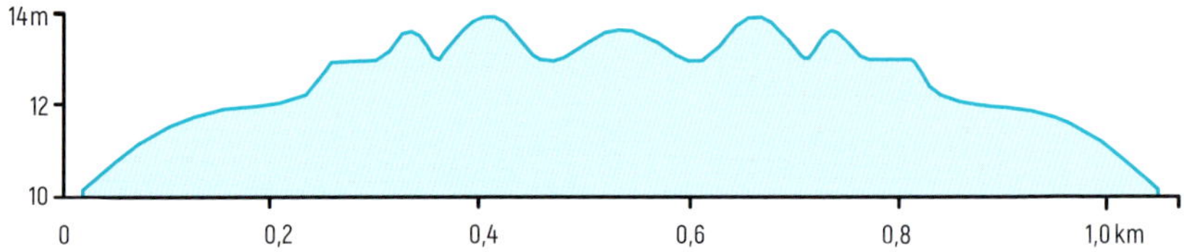

DIE TOUR

ZUSTIEG Der Gudrunstraße folgen wir 700 Meter nach Norden bis zur Grot Sahl. Dann rechts und sofort wieder links auf den Klövensteenweg abbiegen. Am Ende der Bebauung überqueren wir die Wedeler Au und gehen von hier aus 230 Meter weiter nach Norden.

AUFSTIEG Hinter der Einfahrt zum Haus Nr. 169 ist nach rechts ein Reitweg ausgeschildert. Gegenüber führt ein kleiner Weg nach Osten. Diesem folgen wir in einer leichten Rechtskurve und vor uns öffnet sich das Areal mit den Klövensteener Dünen. Die höchste Erhebung ist die Düne gleich vorn in der SO-Ecke.

ABSTIEG Wie Aufstieg. Oder dem Weg südlich der Dünen nach Westen folgen und an der nächsten Wegekreuzung die Rüdigerau nach SSW nehmen. Diese mündet in den Sanddornweg, der nach weiteren 700 Metern nach SSO am Ausgangspunkt endet.

HINTERGRÜNDE

Die letzte große Kaltzeit vor ungefähr 20 000 Jahren reicht auch bis in dieses Gebiet. Am Nordrand des Urstromtals – das da schon seit 120 000 Jahren existiert – werden die nun trocken liegenden Sandflächen aufgeweht. So entstehen die Dünen in einem

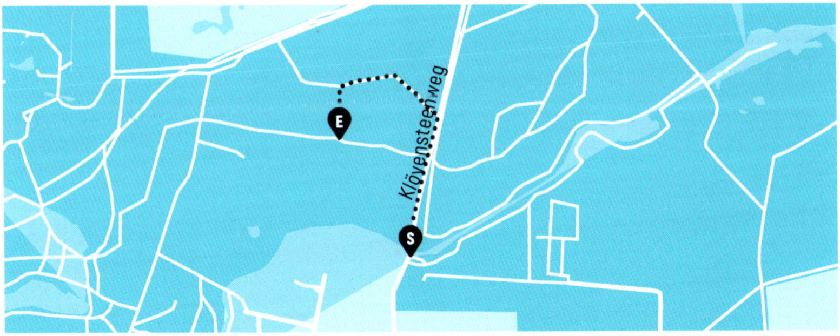

32

Bogen von Wittenbergen (Tour 31) bis nach Elmshorn. Die nächstgelegenen Dünengeschwister sind die sechs Kilometer westlich gelegenen Holmer Sandberge.

Diese Dünen sind ein kleines Bollwerk für das aus Norden kommende Wasser, das sich eigentlich seinen Weg gen Elbe sucht. Durch diesen natürlichen Stau entstehen direkt nördlich immer wieder kleine Moorflächen. Diese reichen nicht allzu tief, höchstens bis zu einem Meter. Doch gerade die Mischung aus Dünen, Heiden, Trockenrasen, Feuchtwiesen, Mooren, Bruchwäldern und weiten Kiefer- und Eichenwäldern ist typisch für diese Landschaft. Wobei die letztgenannten Wälder Ergebnis von Aufforstungen seit Beginn des 19. Jahrhunderts sind.

Das Wildgehege Klövensteen ist eine Einrichtung des Bezirks Altona, in der elf Arten leben. Für seine Umweltbildungsarbeit wird es 2018 als »Tiergarten mit Bildungssiegel« der höchsten Stufe ausgezeichnet. Die im selben Jahr angeregte Erweiterung zu einem Wildtierzoo wird nach kurzer und heftiger Diskussion verworfen.

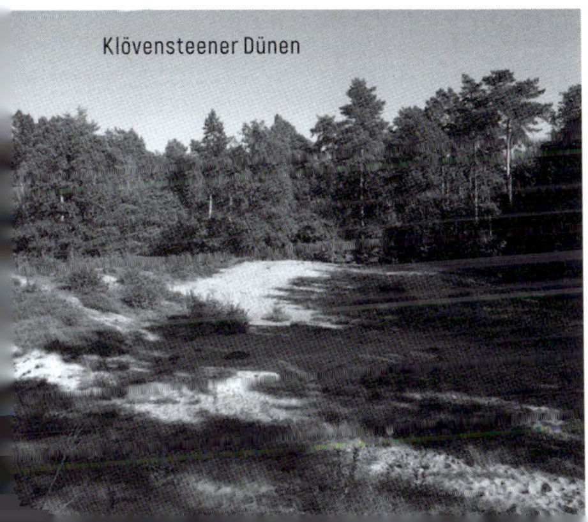
Klövensteener Dünen

ACHTUNG

Der Weg zwischen dem S-Bahnhof Rissen und dem Startpunkt (und zurück) ist nicht einkalkuliert.

MEHR INFORMATIONEN

→ Geologie www.hamburg.de/geotourismus-geologie/144928/duenen-kloevensteen-start
→ Wildgehege www.hamburg.de/altona/wildgehege-kloevensteen
→ Masterplan Naturwildpark https://rissen.de/images/Martin/Rissener_Runde_Downloads/18-02-20_Kl%C3%B6vensteen_Masterplan.pdf

33 MÄHNENSPRINGERFELSEN

Auf Augenhöhe mit den Bergspezialisten im Tierpark Hagenbeck

START & ENDE
Hagenbecks Tierpark
U 2 - Bus 181, 281, 391, 392

44,5 m | HC | 25 m | 25 m | 1770 m | 35′

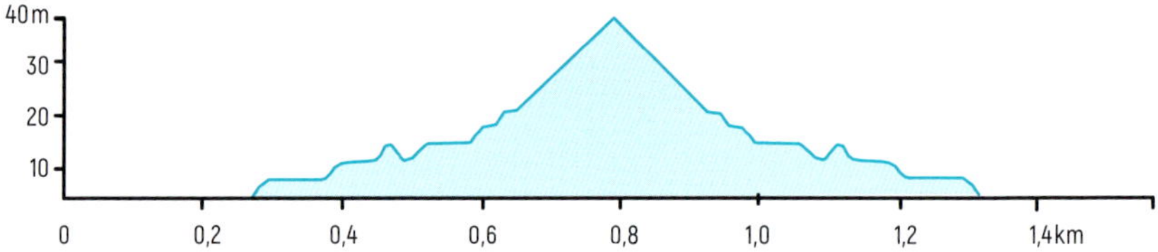

DIE TOUR

ZUSTIEG Wir betreten den Tierpark durch seinen Haupteingang. Auf der Höhe des Elefantenhauses geht es nach links, dann sofort nach rechts und an der Weggabelung, an der die meisten anderen Besucher nach rechts zu den Elefanten gehen, wieder nach links. Die übernächste Möglichkeit rechts ab (N) und bis zum Südufer des Sees mit der Japanischen Insel gehen.
AUFSTIEG Links türmen sich die Mähnenspringerfelsen vor uns auf. Durch deren Ostflanke geht eine steile Treppenanlage nach oben, nach knapp zwanzig Höhenmetern sind wir oben angekommen. Für Zweibeiner ist hier Schluss, die über uns liegenden Meter bis zur Spitze bleiben Mähnenspringern und Tahrs überlassen.
ABSTIEG Wie Aufstieg.
VARIANTEN Nicht nur um den imposanten Felsen zu bestaunen, den wir eben hochgestiegen sind, sondern vor allem, um das berühmte Afrika-Panorama zu genießen: nach dem Abstieg vor dem See nach links, dann sofort wieder nach links. Nachdem wir das rechts liegende Giraffengehege passiert haben, gehen wir halbrechts (W) und dann nach links. Unterhalb ist das große Restaurant zu sehen. Vor diesem wenden wir uns nach links und haben die Stelle für das Afrika-Panorama erreicht. An der Südseite des

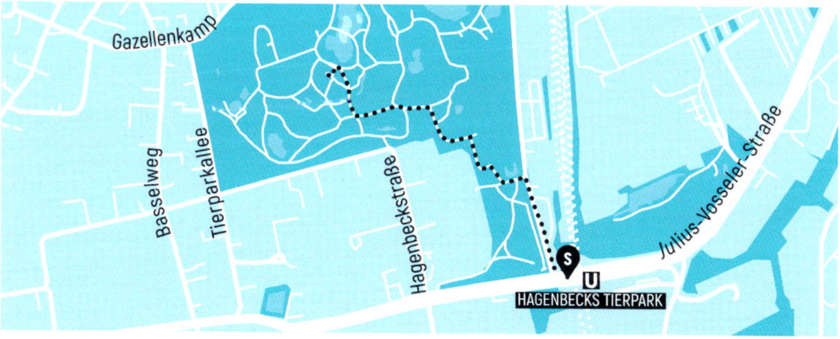

33

Tierparks entlang geht es zum Ausgang – oder wir besuchen noch einige weitere der über 1800 Tiere [5'].

AUSBLICKE

S Das Afrika-Panorama aus einer erhöhten Perspektive

HINTERGRÜNDE

Ein Zoo ohne Gitteranlagen, das ist die Idee von Carl Hagenbeck im Jahr 1896. Elf Jahre später realisiert er diese Idee im neu erbauten Zoo in Stellingen. Nur durch Gräben von den Tieren getrennt, bekommen die Besucher einen unmittelbareren Eindruck. Diese Art der Tierpräsentation ist heute weltweiter Standard. Mit dem Afrika-Panorama wird das Konzept vervielfältigt. Hier geht der Blick über vier Gehege, die wie ein einziges erscheinen: Flamingos vor Straußen und Zebras vor Löwen vor Mähnenspringern und Tahrs. Den Abschluss dieses Panoramas bildet das dreigipfelige Felsmassiv mit einer Höhe von 22,5 Metern über Grund.

Berge im Afrika-Panorama

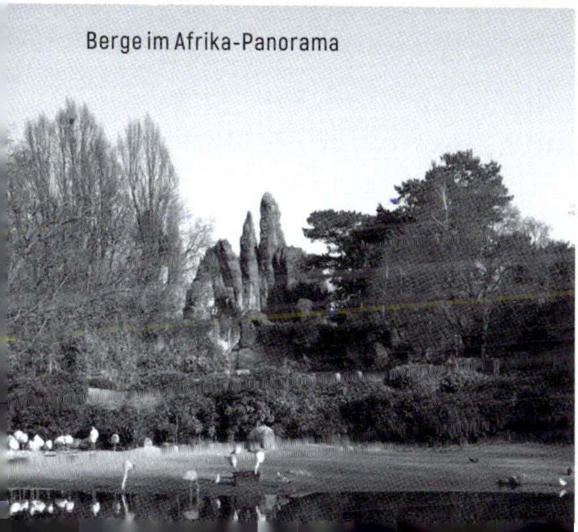

EINKEHRMÖGLICHKEITEN

Mehrere Möglichkeiten im Tierpark

ACHTUNG

Öffnungszeiten – Eintritt

KOMBINATIONSMÖGLICHKEITEN

34 Amsinckpark
800 m / 12'

35 Kletterturm des DAV
1200 m / 18'

MEHR INFORMATIONEN

→ Tierpark Hagenbeck www.hagenbeck.de/de/tierpark/tiere/tierwelten.php

34 AMSINCKPARK

Die Kita thront über dem Park

START & ENDE
Hagendeel
U 2

22,8 m | 5,6 % | 27 m | 27 m | 1570 m | 35′

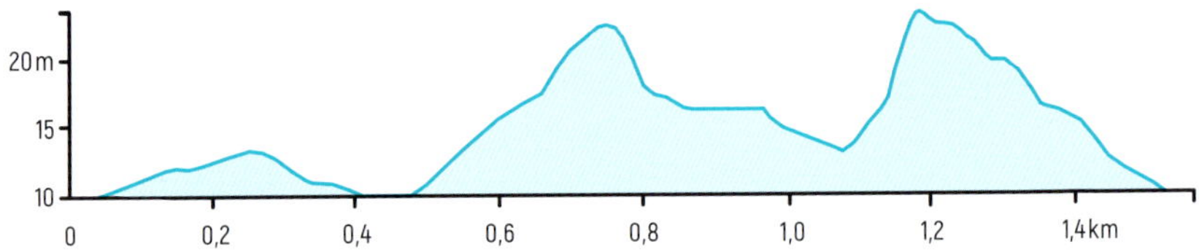

DIE TOUR

ZUSTIEG Gegenüber der U-Bahn-Station liegt die Schule »Hinter der Lieth«. Diese lassen wir links liegen und gehen im Park parallel zur Straße »Hinter der Lieth« Richtung Westen. Auf der linken Seite ist oberhalb bereits die Villa Amsinck auf dem Gipfel zu sehen. Den Deelwisch überqueren wir und gelangen fast gegenüber in die Stellinger Schweiz, dann geht es weiter westwärts. Nach 150 Metern links, nach weiteren 250 Metern halblinks abbiegen, bis wir an die Kreuzung Deelwisch/Gazellenkamp kommen. An seiner SW-Ecke den Amsinckpark betreten.

AUFSTIEG Den Zaun rechter Hand, geht es in einem leichten Linksbogen gut hundert Meter bis zu der Stelle, an der der Steilaufstieg Richtung NO ansteht. Nach einem kurzen und knackigen Anstieg auf asphaltiertem Weg warten oben einige Bänke zur Rast. Die Villa kann umrundet, aber nicht besichtigt werden.

ABSTIEG Auf der Nordseite der Villa beginnt der Abstieg Richtung NNO, zunächst am rechten Rand der Wiese, später nach links abbiegend auf den Weg, der zur U-Bahn-Station zurückführt.

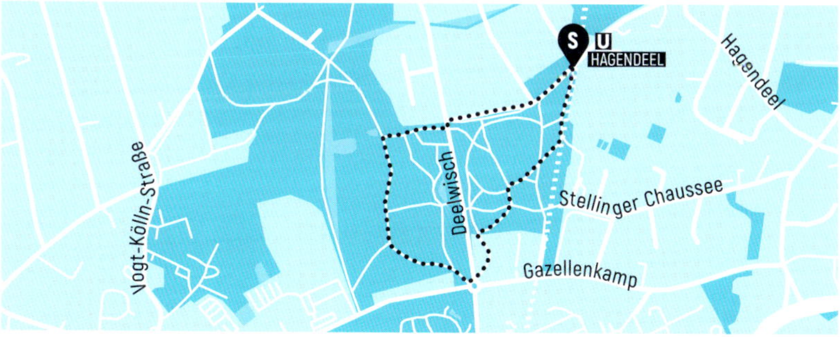

34

HINTERGRÜNDE

1868 kauft Wilhelm Amsinck (1821–1909) das Gelände und lässt die Villa errichten. Er ist Enkel des gleichnamigen Hamburger Bürgermeisters. Sie stammen aus einer niederländischen Patrizierfamilie, die Ende des 16. Jahrhunderts ihres Glaubens wegen nach Hamburg geflüchtet ist. Auch Wilhelm Amsinck ist Kaufmann, doch sein Interesse gilt vor allem sicheren Geld-, Pfand- und Kreditgeschäften. 1856 gründet er die Hamburger Vereinsbank mit, die heute Teil der Hypovereinsbank und damit der Unicredit ist.

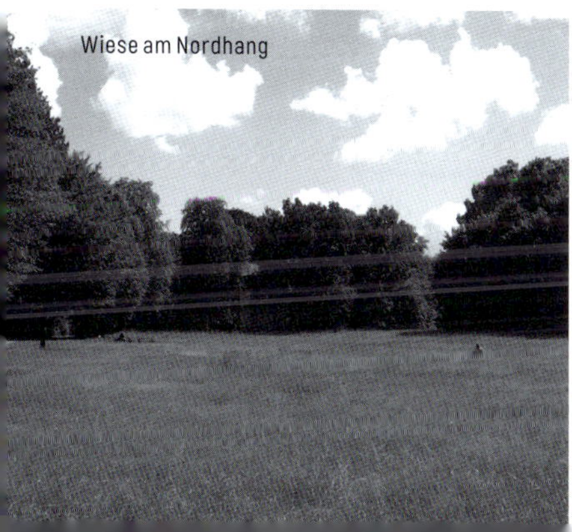
Wiese am Nordhang

Die neoklassizistische Villa wird von Martin Haller entworfen, der auch Architekt des Hamburger Rathauses und der Laeiszhalle ist. Sie dient als Sommerresidenz der Familie, der Park wird bis 1870 als Landschaftsgarten im englischen Stil angelegt.

1956 erwirbt die Stadt den Park, wandelt Flächen im Ostteil zu Baugebiet und gibt ihn für die Öffentlichkeit frei. Die Villa steht über viele Jahre leer, heute residiert dort eine Kindertagesstätte. Acht farbige Metallskulpturen von Arthur Boltze (1932–2005) werden 1991 am Weg zur U-Bahn-Station aufgestellt. Park und Villa stehen seit 1993 unter Denkmalschutz.

KOMBINATIONSMÖGLICHKEITEN

33 Mähnenspringerfelsen
000 m / 12'

35 Kletterturm des DAV
1000 m / 15'

MEHR INFORMATIONEN

→ Amsinck-Villa www.rudolf-ballin-stiftung.de/kita/amsinck-villa [v. a. einige Fotos des Treppenhauses]

35 KLETTERTURM DES DEUTSCHEN ALPENVEREINS

3. Grad aufwärts

START & ENDE
Oddernskamp
Bus 22, 281, 391, 392

Höhe	Schwierigkeit	Aufstieg	Abstieg	Strecke	Dauer
25,4 m	HC	15,5 m	15,5 m	360 m	10′

DIE TOUR

ZUSTIEG Die Döhrnstraße geht es 140 Meter nach SSO und kurz nach der Überquerung der Schillingsbek nach rechts zum Kletterzentrum der Sektion Hamburg und Niederelbe des Deutschen Alpenvereins. Ausrüstung, soweit nicht selbst mitgebracht, kann ausgeliehen werden. Das Eingangsgebäude verlassen wir auf der SW-Seite und stehen vor dem Kletterturm.
VORAB Klettern dürfen im Kletterzentrum alle – nur das Sichern ist ausschließlich solchen Menschen gestattet, die das auch können. Diese müssen daher am Empfang bestätigen, dass sie das Sichern beherrschen. Von dieser Kompetenz hängt schließlich das Leben der Person ab, die womöglich stürzt und dann hoffentlich sicher im Seil hängt.
ANSTIEG Die einfachste Route ist meistens eine mit der Schwierigkeit 3 (UIAA-Skala), sie befindet sich häufig an der Ostseite des Turms links oder rechts vom Eingang zum Turminneren. Falls nicht, gehen wir einfach um den Turm herum, am Einstieg jeder Route sind Name und Schwierigkeit angegeben. Bei dieser Umrundung unbedingt auf herabfallende Kletterer und hochkonzentrierte Sicherungspartner achten. Sobald wir unsere Route gefunden haben, führen wir einen Partnercheck durch und klettern dann – egal ob Toprope oder im Vorstieg – die gewählte Route. Bei Routen an der NO-Seite haben wir die Möglichkeit, von einem Steg hinter dem Umlenkgeländer die Aussicht zu genießen.
ABSTIEG Wie Aufstieg – und nun auch viel schneller, wenn der Sichernde genügend Seil zum Ablassen lässt.
VARIANTEN Sehr viele – allein an diesem Turm gibt es etwa sechzig verschiedene Routen.

HINTERGRÜNDE

Das Kletterzentrum ist mit 3800 Quadratmetern Kletterfläche und mehr als 450 Routen die größte Kletteranlage in Norddeutschland. Die

Routen werden immer mal wieder verändert, »umgeschraubt«, so dass sich neue Herausforderungen ergeben. Die meisten bewegen sich im Schwierigskeitsbereich zwischen 5 und 6 – danach kommt schon das Überhangklettern.

Die verschiedenen Farben der Griffe haben keine ästhetische, sondern eine praktische Funktion. Jede Farbe markiert eine eigenständige Route. Griffe mit anderen Farben als die der gewählten Route existieren folglich nicht … und wenn wir »bunt klettern«, mögen wir zwar oben ankommen, das Naserümpfen der anderen Kletterer ist uns jedoch gewiss.

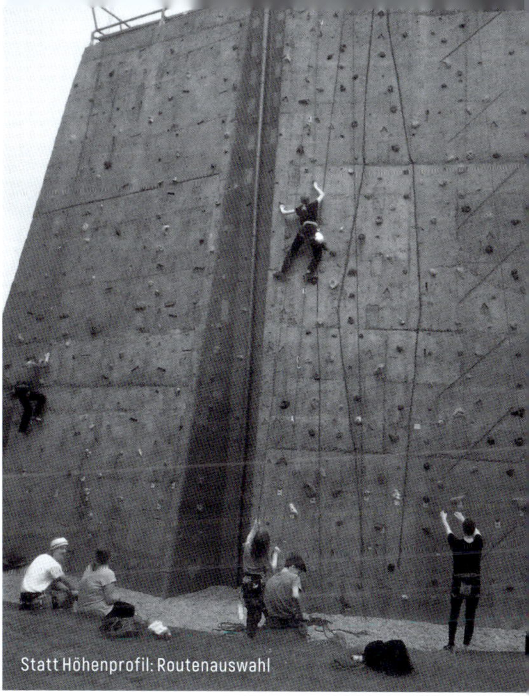
Statt Höhenprofil: Routenauswahl

EINKEHRMÖGLICHKEITEN

Café-Restaurant Refugium

ACHTUNG

Öffnungszeiten – Eintritt – und eine Person mit Erfahrung im Sichern

KOMBINATIONSMÖGLICHKEITEN

33 Mähnenspringerfelsen
1200 m / 18′

34 Amsinckpark
1000 m / 15′

MEHR INFORMATIONEN

→ Kletterzentrum des DAV www.dav-hamburg.de/kletterzentrum

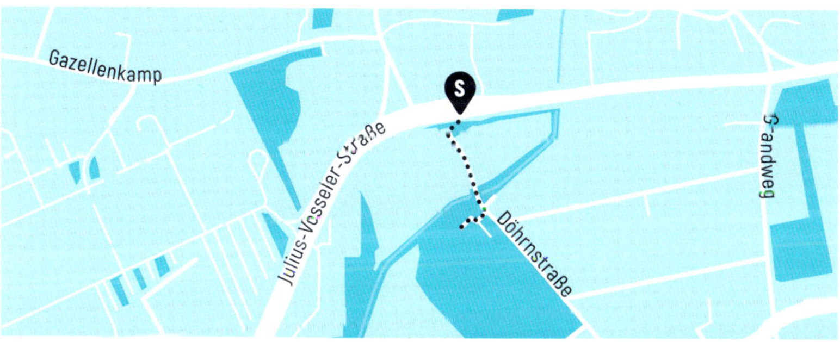

36

ANSCHARHÖHE

Im Garten Alma de l'Aigle

START & ENDE
Nedderfeld
(Anscharhöhe)
Bus 281

16,2 m | 8,6 % | 9 m | 9 m | 840 m | 15'

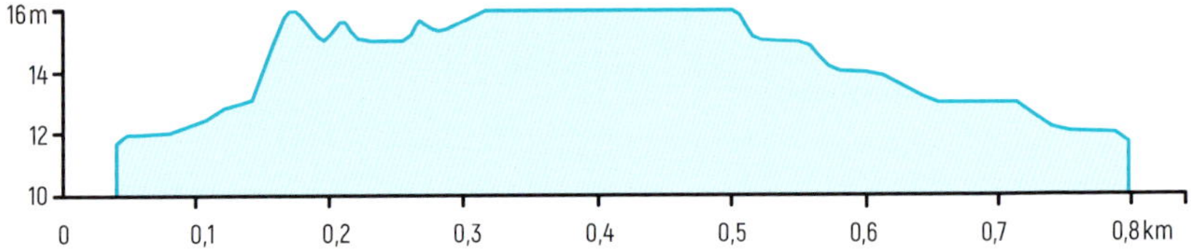

DIE TOUR

ANSTIEG Auf dem Gelände der Anscharhöhe gehen wir in südlicher Richtung und steigen vor dem Haus am Anscharpark (110 K) rechts auf. Vor der nun auftauchenden Turnhalle wenden wir uns nach links und betreten den Garten Alma de l'Aigle an seiner NO-Ecke. Vor uns befindet sich der kleine Garten, also das, was vom großen Garten übrig geblieben ist – immerhin. An den linker Hand angelegten Beeten und den Informationstafeln geht es vorbei und in einem Rechtsbogen schon zum SW-Ausgang des Gartens. Nun nehmen wir entweder denselben Weg durch den Garten zurück – oder um ihn herum bis zur bekannten NO-Ecke. Dort steigen wir nach SO, einen Spielplatz querend und rechts am Haus Emmaus 1 vorbei, ab. An der nächsten Wegekreuzung nach links (N) abbiegen und zurück zur Straße.

AUSBLICKE

Keine Ausblicke, dafür Anblicke der Nutz- und Zierpflanzen – ganz abhängig von der Jahreszeit

HINTERGRÜNDE

Auf der Anscharhöhe gibt es seit über 150 Jahren eine Stiftung der Diakonie

36

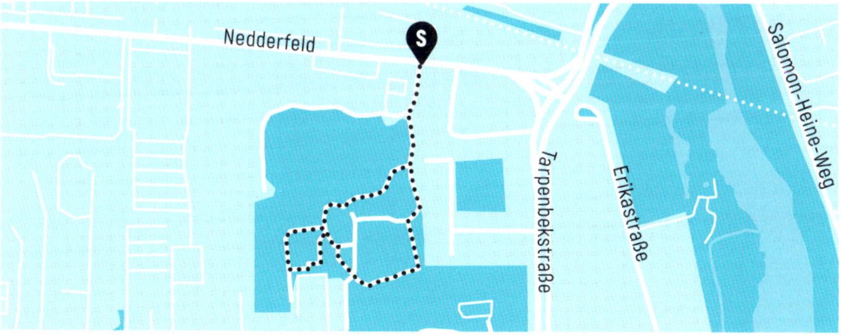

mit vielfältigen Angeboten für Kinder, Alte und Menschen mit Behinderung. Das Gelände westlich der Anscharhöhe kauft Ende des 19. Jahrhunderts ein Jurist, der rund um sein kleines Haus einen Nutzgarten mit Obst und Gemüse sowie einen Rosengarten anlegt. Seine Tochter, Alma de l'Aigle (1889–1959), findet Interesse an der Gärtnerei und macht aus dem Garten nach und nach ein Juwel. Das Interesse an den Pflanzen, besonders an Rosen, mündet in ein Buch – »Begegnung mit Rosen«. Der Verlag verlangt, Passagen zu streichen, die der Autorin sehr wichtig sind – daraufhin zieht sie das Manuskript zurück und nimmt Schulden auf, um es selbst zu verlegen. Die Sonderschulpädagogin setzt sich für die Förderung Lernbehinderter ein, engagiert sich als Jungsozialistin und ist 1953 Mitbegründerin des Kinderschutzbundes. Nach ihrem Tod 1959 verwildert der Garten und gerät in Vergessenheit – bis 1991 auf dem Grundstück gebaut werden soll. Bei einer Lesung des de-l'Aigle-Buches »Der Garten« erfahren drei Frauen von der Dornröschen-Existenz des Gartens und von dem Bauvorhaben, für das es bereits eine Genehmigung gibt. Sie gründen eine Bürgerinitiative, und es gelingt ihnen, einen Teil des 8000 Quadratmeter großen Gartens zu erhalten.

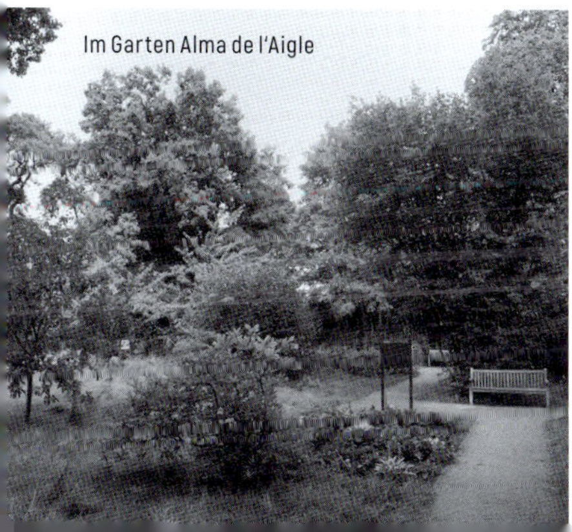

Im Garten Alma de l'Aigle

EINKEHRMÖGLICHKEITEN

Coffee & More (im Gemeindehaus)

MEHR INFORMATIONEN

→ Garten https://denkmalstiftung.de/docs/isi_doc/STD_Flyer_Alma_120818.pdf?PHPSESSID=84af01c476o3cf0ab94925efaafdaeb2

37 STADTPARK

Spiel, Sport, Lagern – Musik, Kunst, Blumen

START
Alte Wöhr
(Stadtpark)
S 1, 5 - Bus 23

ENDE
Ohlsdorfer Straße
(Planetarium)
Bus 20, 179

22,6 m | 3,2 % | 37 m | 23 m | 3590 m | 1 h 5′

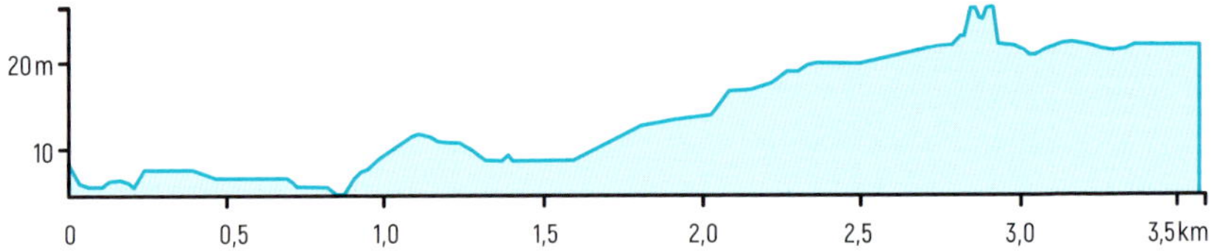

DIE TOUR

ANSTIEG Die S-Bahngleise unterqueren wir Richtung Westen und gehen die Alte Wöhr bis zur Saarlandstraße, die wir überqueren, um dann den Stadtpark zu betreten. Nach gut 200 Metern biegen wir nach links zum Rosengarten ab und gehen an dessen Ende nach halbrechts, um oberhalb des Stadtparksees an das untere Ende der großen Wiese zu gelangen. An deren nördlichem Rand gehen wir einige Schritte entlang und biegen alsbald nach rechts zum großen Spielplatz ab. Diesen umgehen wir an dessen Nordseite, kommen zum Café am Planschbecken, umrunden das Planschbecken nördlich und biegen, kurz nachdem wir rechts die Skulptur »Wasserspeier« passiert haben, nach links ab. Die nächste Möglichkeit wiederum nach links führt ansteigend durch Baumbestand, den wir kurz vor dessen Ende nach links verlassen. Nun überqueren wir eine (Grill-)Wiese – links unterhalb das Planschbecken – und kommen zur großen Wiese, die wir nach NW hochgehen. Weiter geht es aufwärts, über die Otto-Wels-Straße und den schmaler werdenden Wiesenteil auf das Planetarium zu. Dieses umrunden wir gegen den Uhrzeigersinn und biegen an seiner SW-Seite nach rechts ab, dann geht es weitere zwei Male nach rechts und wir sind am Linnering angekommen.

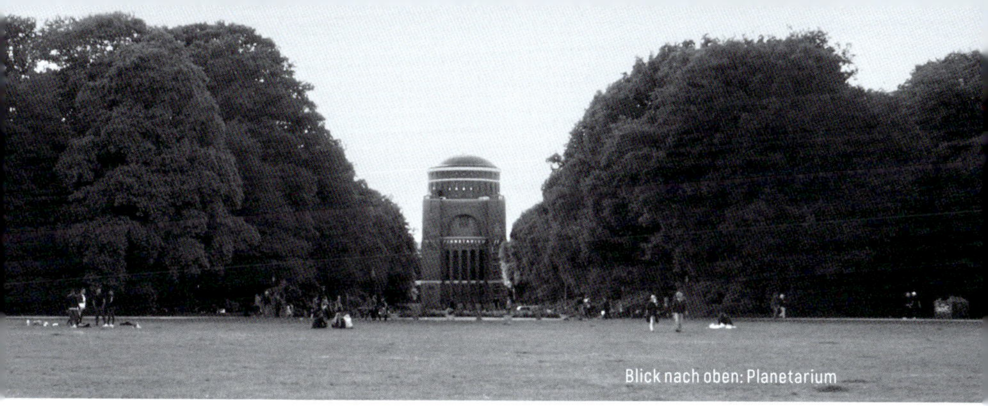

Blick nach oben: Planetarium

HINTERGRÜNDE

Um 1900 wird die Bebauung Hamburgs immer dichter, die Frage nach einer lebenswerten Stadt drängender. Nördlich von Winterhude eröffnet 1914 der Stadtpark, entworfen von Fritz Schumacher und Otto Linne. Ersterer ist für Konzeption und Gebäudeentwürfe zuständig, zweiterer für die Gartengestaltung. Von den Schumacherschen Gebäuden sind nur noch die Trinkhalle und das Landhaus Walter erhalten.

Wahrzeichen ist das Planetarium, das meistbesuchte in Deutschland. Nur zehn Jahre lang Wasserturm, wird es 1930 eröffnet.

EINKEHRMÖGLICHKEITEN

Lesecafé, Café und Imbiss am Planschbecken, Landhaus Walter, Parkvilla, Café Nordstern, Café Cloudette

ACHTUNG

Öffnungszeiten des Planetariums

KOMBINATIONSMÖGLICHKEITEN

38 Giraffenberg
1400 m / 21′

MEHR INFORMATIONEN

→ Stadtparkverein https://stadtparkverein.de

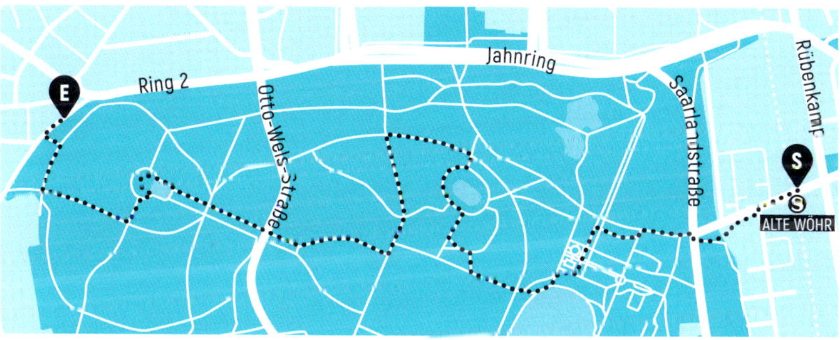

38

GIRAFFENBERG

Wo Steilshoop besonders steil ist

START	ENDE						
Hebebrandstraße Bus 26, 172, 218	Einkaufszentrum Steilshoop Bus 7, 177, 218	23,2 m	15,4 %	31 m	25 m	3560 m	1 h 5′

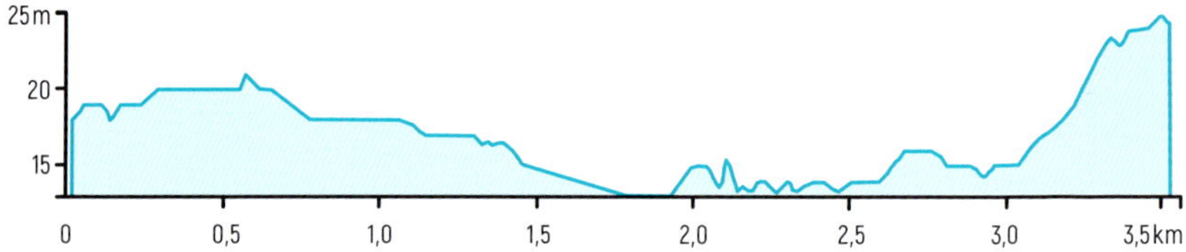

DIE TOUR

ZUSTIEG 1 Die Fuhlsbüttler Straße geht es auf der östlichen Seite nach Süden und am Ende des Parkplatzes nach links, dann bei der übernächsten Möglichkeit nach rechts abbiegen. Die Meister-Bertram-Straße gehen wir bis zum östlichen Ende, dann nach rechts und sofort nach links in die Schmachthäger Straße. Diese verlassen wir vor dem Haus Nr. 35 nach links auf den Noldering und gehen 150 Meter nach ONO, bis wir abermals auf den Noldering treffen. Diesem folgen wir nach Süden und biegen hinter den Häusern 12 nach links ab. An der Wegekreuzung nach 150 Metern biegen wir nach rechts (SO) ab und gelangen so zum nördlichen Bereich des Spielplatzes.

AUFSTIEG Hier steigen wir nach Osten auf einen Wall, der – gespickt mit Balancierübungen – zum NW-Anstieg auf den Giraffenberg führt. Diesen haben wir nach einem kurzen Steilaufschwung erreicht.

ABSTIEG Die Qual der Wahl: Standesgemäß per Rutsche nach NW, parallel zur Rutsche den Hang hinunter oder den Südhang, die kürzeste Variante.

ZUSTIEG 2 Den Spielplatz an der SO-Seite verlassen und auf der gegenüberliegenden Seite der Steilshooper Straße den Weg durch die Gärten des Kleingartenvereins »Drei Wege« bis zu einer Gabelung gehen, an der wir

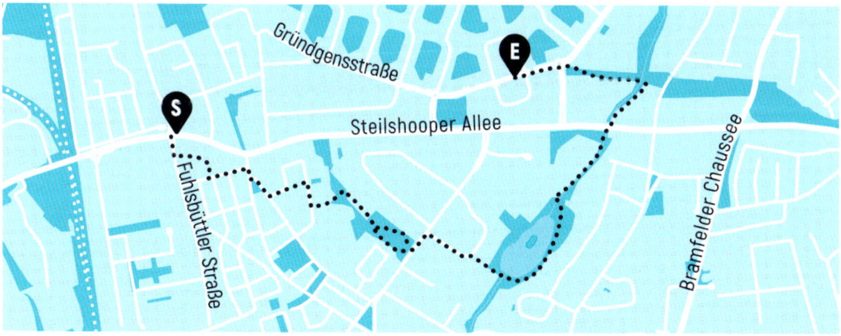

uns nach links wenden. Den Appelhoffweiher können wir an seinem NW- oder am SO-Ufer entlanggehen, nehmen am Ende des Weihers allerdings den NW-Uferweg der Seebek, um – die Steilshooper Allee überquerend – diesen Bach entlang weiter nach NNO zu gehen.

ANSTIEG An der nächsten Wegekreuzung (nach rechts führt eine Brücke) biegen wir nach links ab und steigen zur Gründgensstraße hoch, die uns nach Westen zum Endpunkt an der Martin-Luther-King-Kirche führt.

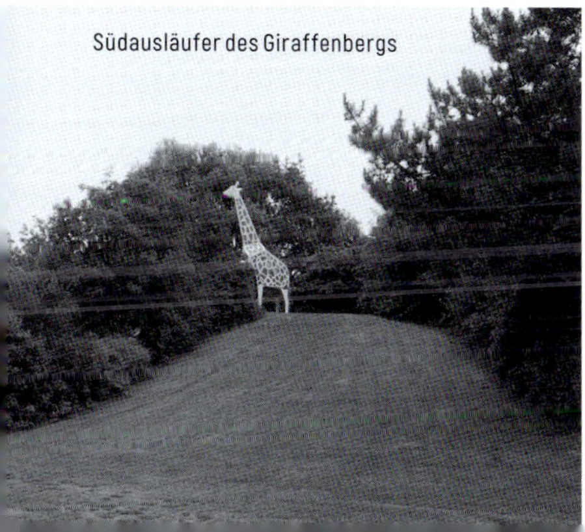

Südausläufer des Giraffenbergs

HINTERGRÜNDE

Warum »Steilshoop« so heißt, wie es heißt, dürften wir auf den letzten Metern dieser Tour erfahren haben. Von SW her, also aus der Innenstadt kommend, ist Steilshoop die erste Erhebung von über zwanzig Metern NHN, deren Wahrnehmung durch den Einschnitt der Seebek noch verstärkt wird. Dieser Bach wird seit mehr als 15 Jahren renaturiert, und das Ziel, hier den Eisvogel heimisch werden zu lassen, ist bereits erreicht.

EINKEHRMÖGLICHKEITEN

Imbisse im City Center Steilshoop

KOMBINATIONSMÖGLICHKEITEN

37 Stadtpark
1400 m / 21'

MEHR INFORMATIONEN

→ Eisvogel https://hamburg.nabu.de/natur-und-landschaft/gewaesser/seebek/index.html

→ Martin-Luther-Kirche https://kiz-hamburg.de/static/b6e1cacd961def74b68ff1e28faace6f/347d33adb8ddbdc80daf8c51cbf5a574.pdf

39

FRIEDRICHSBERGER PARK

Der Elfriede-Lohse-Wächtler-Rosengarten

START & ENDE
Friedrichsberg
S 1, 5 - Bus 16

13,3 m | 5 % | 17 m | 17 m | 2110 m | 40′

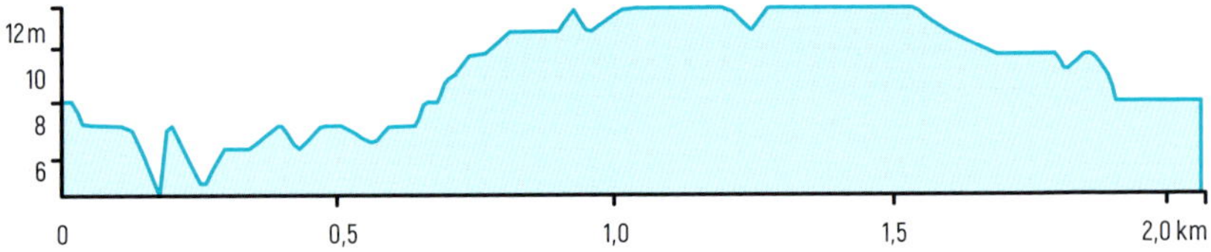

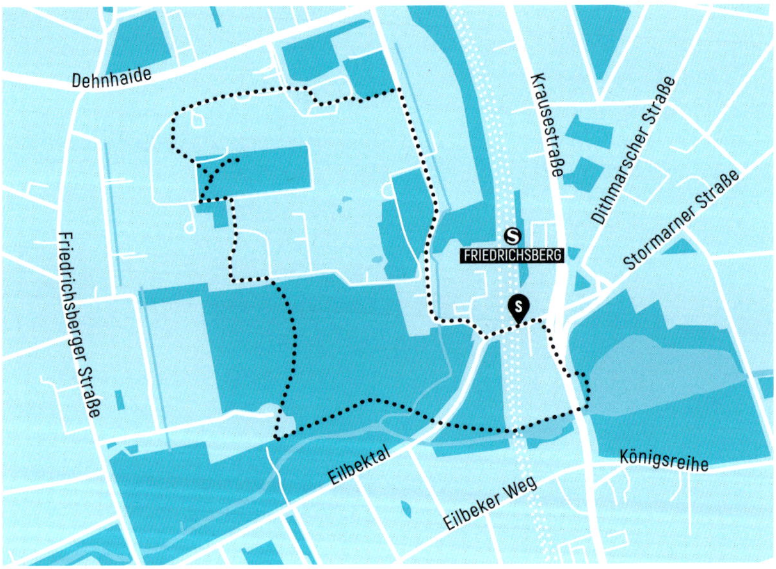

DIE TOUR

ZUSTIEG Von der S-Bahn-Station wenden wir uns nach SO und gehen zum Mühlenteich. An dessen Westufer geht's bis zur Mühlenbrücke, unter dieser hindurch auf einem schmalen Weg nach Westen, wir überqueren die Straße »Eilbektal« und gehen im Friedrichsberger Park hundert Meter bis zum Hauptweg nach NW weiter. Diesen Hauptweg nehmen wir Richtung WSW (links) und gehen nach weiteren 130 Metern den Weg nach rechts, der zwischen zwei Häusern nach NNO führt. Dann eine kurze Rechts-links-Kombination und wir haben den Beginn des Anstiegs erreicht.
AUFSTIEG An der Ost- oder Westseite der Wiese aufsteigen. Oben gehen wir vor Haus 3 der Schön Kliniken nach Norden und haben bald den Elfriede-Lohse-Wächtler-Rosengarten erreicht.
ABSTIEG Zwischen Haus 8 und Haus 10 nach Norden, dann zwischen Parkplatz und Zentralgebäude der Klinik nach Osten gehen. Weiter östlich halten bis zum Grete-Zabe-Weg, den wir nach rechts gehen und ihm bis zu seiner Einmündung auf das Eilbektal folgen.

HINTERGRÜNDE

Ein Teil der Gebäude der Schön Kliniken ist mehr als 150 Jahre alt. In der »Irren-, Heil- und Pflegeanstalt

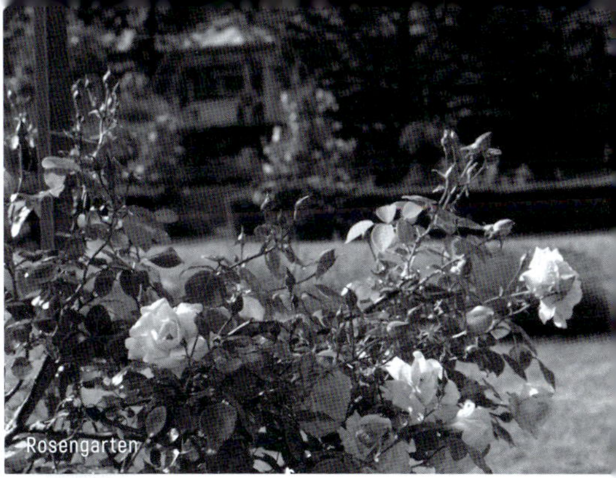
Rosengarten

Friedrichsberg« werden Mitte des 19. Jahrhunderts psychisch Erkrankte ohne Zwangsbehandlung und physische Gewalt behandelt – eine Neuerung in Deutschland. In den zwei Monaten ihres Aufenthalts in der Klinik fertigt Elfriede Lohse-Wächtler sechzig Zeichnungen an, die meisten sind Porträts von anderen Patienten. Diese »Friedrichsberger Köpfe« wie auch andere Werke der Künstlerin werden in der NS-Zeit als »entartet« beschlagnahmt und größtenteils vernichtet. Elfriede Lohse-Wächtler wird 1940 vergast, zur Erinnerung an sie 2004 der Rosengarten angelegt.

EINKEHRMÖGLICHKEITEN

Schön Bistro und Café

MEHR INFORMATIONEN

→ Anstalt Friedrichsberg www.abendblatt.de/hamburg/article209638781/Medizingeschichte-Hamburgs-modernstes-Irrenhaus.html

→ Selbstbildnis Elfriede Lohse-Wächtler www.hamburger-kunsthalle.de/sammlung-online/elfriede-lohse-waechtler/selbstbildnis-mit-zigarette

40

SCHLITTENBERG 7

Ein Berg mit Pistenblick

START
Sperlingsweg
Bus 24, 191

ENDE
Niendorf-Markt
U 2 - Bus 5, 23, 24, 391

24,2 m | 4,6 % | 35 m | 31 m | 5420 m | 1 h 30′

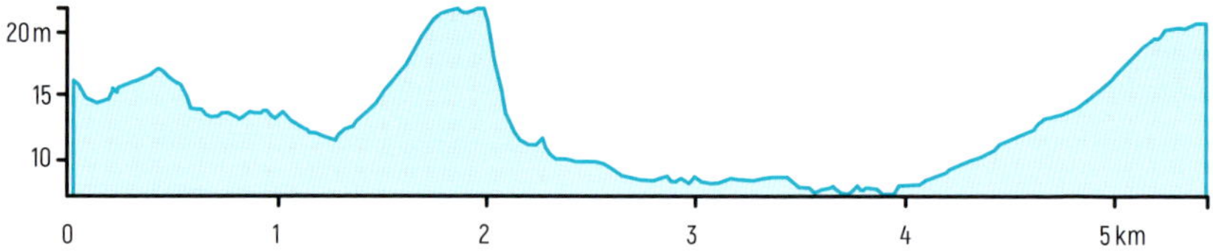

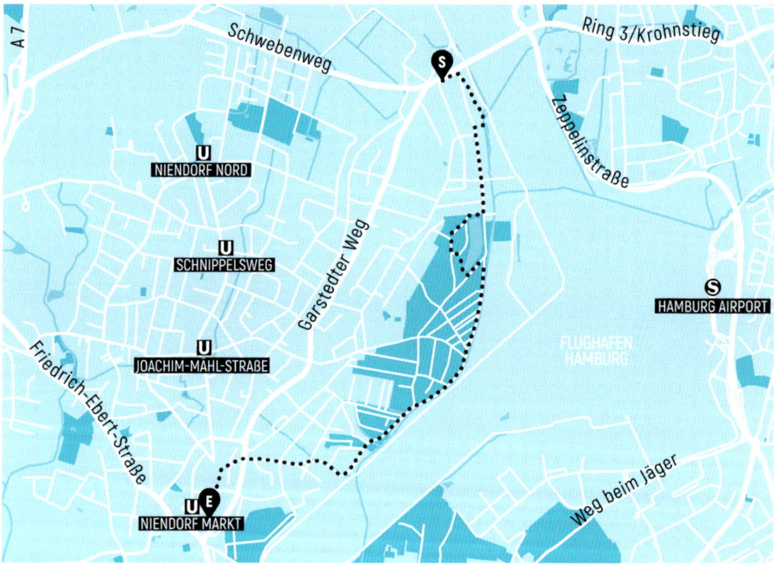

DIE TOUR

ZUSTIEG Am SW-Ende des Krohnstiegs gehen wir eine Rampe aufwärts und dann weiter auf dem Bayernweg nach NO. In der Rechtskurve betreten wir den nun links vom Bayernweg liegenden Weg. Dieser führt am Zaun des Flughafens entlang zunächst aufwärts zu einem Aussichtspunkt auf die NW-Start- und Landebahn. Als eigenständiger Gipfel kommt diese kleine Anhöhe selbstverständlich nicht infrage. Wir gehen nun leicht bergab, nehmen die Brücke über die Tarpenbek und folgen dem Weg in südliche Richtung. Nachdem wir den Ostfalenweg gequert haben, kommt kurz danach eine Brücke über den Raakmoorgraben. Dahinter biegen wir rechts ab und dann noch mal nach rechts über die Tarpenbekbrücke.
AUFSTIEG Nach 200 Metern eröffnet sich uns auf der linken Seite der Blick auf die Nordflanke des Schlittenbergs. Einen zunächst befestigten Weg geht es steil aufwärts bis zum Gipfel. Oben ein paar Spielgeräte und Sitzgelegenheiten – doch der nächste Gipfel wartet schon. Wir gehen mit nur wenig Höhenverlust nach SSW und biegen an der Wegekreuzung nach SSO. Wenige Meter später führt ein Weg hoch zum Rahberg, den wir mit der Routenwahl über seine schwache Seite, den Westanstieg, erreichen. Zu allen anderen

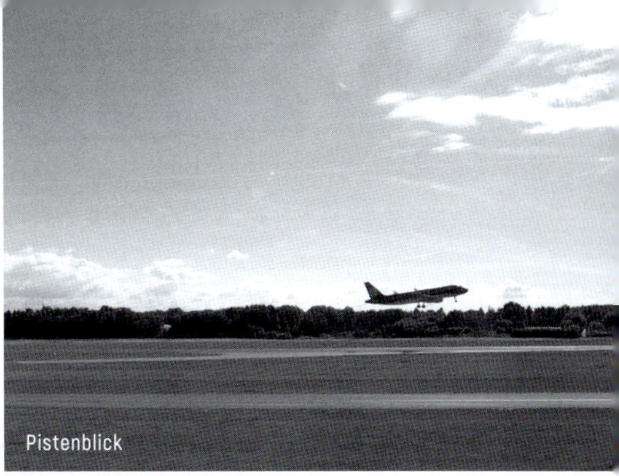

Pistenblick

Seiten fällt er dagegen steil ab.
ABSTIEG Vorsichtig nehmen wir den SO-Grat und folgen dieser Richtung weiter abwärts, bis wir hinter dem Südufer des Rahwegsees nach links abbiegen. Nach wenigen Metern am Seeufer entlang nehmen wir die nächste Gelegenheit, um nach rechts abzubiegen. Der Weg führt uns zum Flughafenzaun und zur Tarpenbek – der wir 1,8 Kilometer folgen. Dort, wo der lange Zeit rechter Hand liegende Engernweg endet, biegen wir nach rechts auf den Hainholz und folgen diesem in westliche Richtung aufwärts bis zum Garstedter Weg. Auf der gegenüberliegenden Seite liegt die Fußgängerzone Tibarg mit der U-Bahn-Station als Endpunkt.

EINKEHRMÖGLICHKEITEN

Am Niendorfer Markt

MEHR INFORMATIONEN

→ Planespotting www.hamburg.de/flughafen/2314550/planespotting-fuhlsbuettel

41

RODELBERG 7

Erhebung über dem Diekmoor

START
Kiwittsmoor
U 1

ENDE
Langenhorn Nord
U 1 - Bus 192

28,6 m | 6,2 % | 19 m | 18 m | 1970 m | 35′

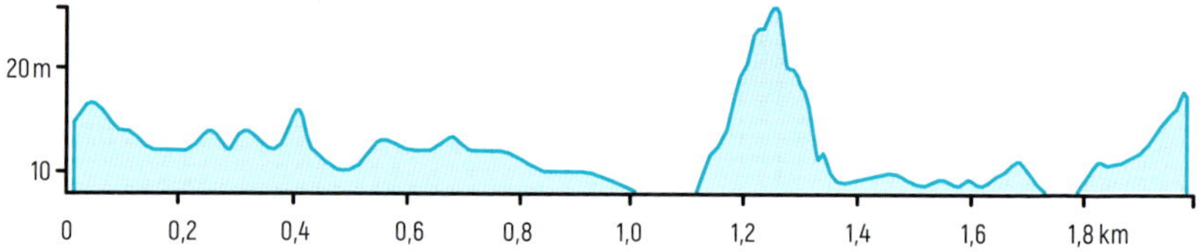

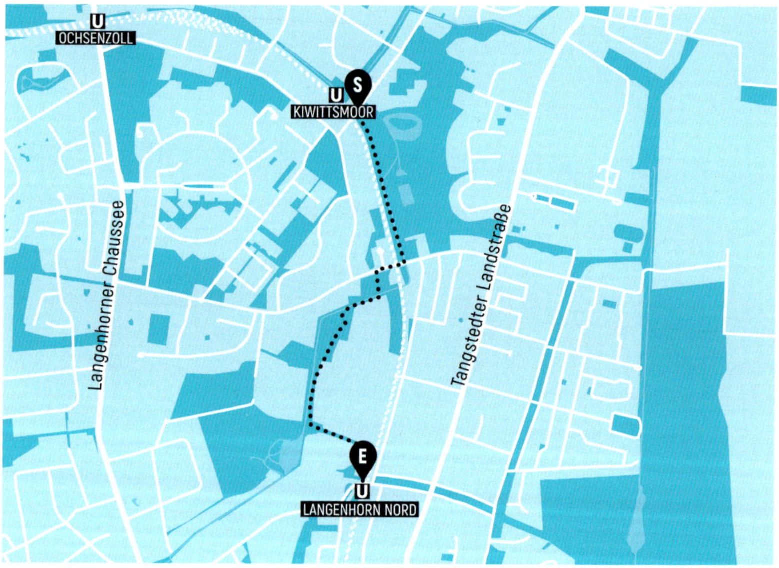

DIE TOUR

ZUSTIEG Wir überqueren die Straße »Kiwittsmoor«– links das Schröderstift (Tour 6) – und gehen an der Ostseite des U-Bahn-Damms Richtung SSO entlang. Den Bornbach überqueren wir auf der Brücke (der Weg am Westufer des Bachs ist häufig rutschig) und halten uns weiter Richtung SSO. Linker Hand erscheint das Naturbad Kiwittsmoor – allseits nur »Kiwi« genannt. Die Straße, die wir nun bald erreichen, gehen wir nach rechts, unterqueren die U-Bahn-Trasse und gehen den Neuberger Weg wenige Meter nach Westen. Hinter der Freiwilligen Feuerwehr Langenhorn-Nord schlagen wir links den kleinen Weg ein und überqueren den Bornbach abermals auf der Brücke. Hinter der Brücke geht es nach rechts und nach 200 Metern nach halblinks.

AUFSTIEG An einem einzeln stehenden Baum vorbei und danach teilweise weglos in die Nordflanke des Rodelbergs. Diese Flanke aufsteigen, gegebenenfalls dabei MTB-Trails nutzen. Kurz vor dem Gipfel erwartet uns ein etwas steilerer Aufschwung – und schon sind wir oben. Im Südosten liegt der Kleingartenverein »Diekmoor«. Derzeit gibt es hitzige Diskussionen, ob, wann und wo genau hier Wohnungen gebaut werden sollen.

ABSTIEG Den Gipfel nach Westen über eine steil abfallende Rampe verlassen

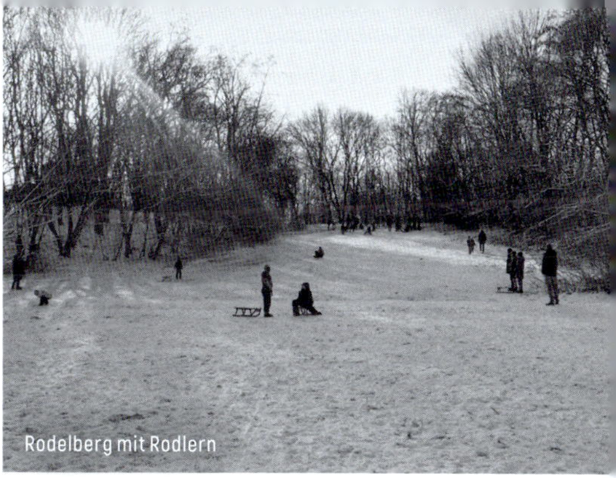

Rodelberg mit Rodlern

und am Weg unten nach links gehen. Linker Hand ragen die Abhänge des Plateauberges mit den Parzellen der Kleingartenvereine »Am Weinberg« und »Diekmoor«. Nach 250 Metern tauchen rechts vor uns Brücken auf. Hier gehen wir nach links (OSO) einen befestigten Weg, nehmen die nächste Möglichkeit nach rechts und auf Höhe des Vereinsheims nach links den Weg 396. Kurz danach sind wir am Endpunkt am Foorthkamp.

VARIANTEN Bei der Feuerwehr den Neubergerweg knapp 400 Meter weiter in westlicher Richtung bis zum Wohnhaus von Loki und Helmut Schmidt, Haus Nr. 80.

ACHTUNG

Führungen im Wohnhaus von Loki und Helmut Schmidt nur nach vorheriger Anmeldung möglich

MEHR INFORMATIONEN

→ Wohnhaus der Schmidts www.helmut-schmidt.de/helmut-schmidt/archiv-langenhorn

42 MÜLLBERG HUMMELSBÜTTEL 7

Südsteilhang und Westrücken der höchsten Erhebung von Wandsbek

START & ENDE
Heimgarten
Bus 178

Höhe	Steigung	Aufstieg	Abstieg	Strecke	Dauer
78,8 m	22,2 %	86 m	86 m	2120 m	55′

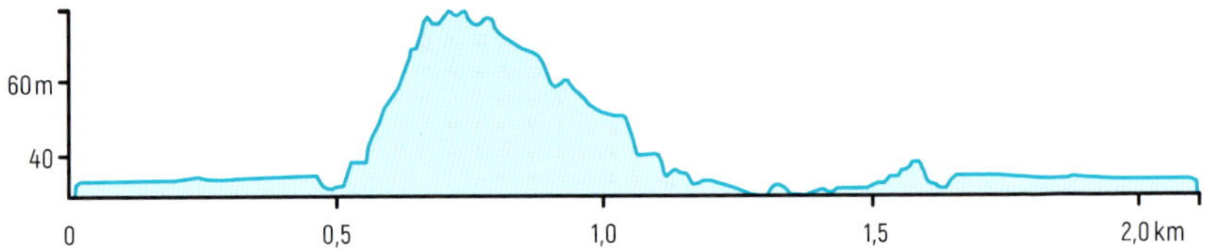

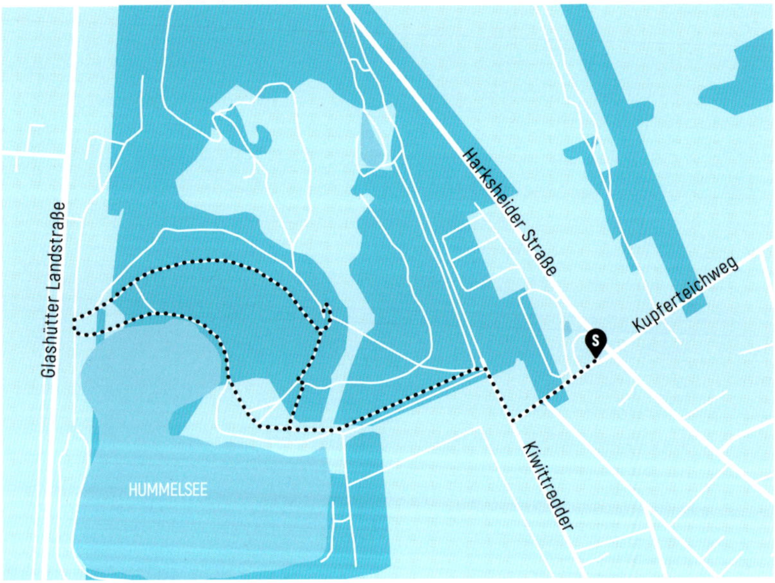

DIE TOUR

ZUSTIEG Von der HVV-Haltestelle geht es 200 Meter den Kupferteichweg Richtung SSW, dann nach rechts hundert Meter den Kiwittredder entlang, bis ein Weg nach links abbiegt. Diesem Weg folgen wir 300 Meter, auf der linken Seite taucht das Nordufer des Hummelsees auf.

AUFSTIEG Nun steigen wir die erste Möglichkeit nach rechts auf – dies ist die Direttissima durch den Südsteilhang. Nach ungefähr der Hälfte des Anstiegs lichten sich die Bäume und Sträucher, die Vegetation wird spärlicher, der Anstieg noch steiler. Kurz nachdem der Normalweg von links auf unsere Route stößt, ist der Gipfel erreicht. Dort bieten einige Steine eine gute Gelegenheit zur Rast – und zu einem Ausblick vor allem nach Süden auf die Skyline der Stadt.

ABSTIEG Vom Gipfel über einige Buckel Richtung Nordwesten und dort halten wir uns links, um über den Westrücken zum Parkplatz an der Glashütter Landstraße zu gelangen. Am Nordufer des Hummelsees entlang zum Ausgangspunkt zurück.

VARIANTEN (1) Der Abstieg auf der Aufstiegsroute ist vor allem bei Nässe nicht zu empfehlen, er erfordert gute Trittsicherheit; (2) Vom Gipfel über den SO-Rücken direkt zurück zum Kiwittredder [total: 30']; (3) Über den Nordrücken bis zur Poppenbütteler Straße, dann an der Ostseite des Müllbergs zurück zum Kiwittredder [total: 40'].

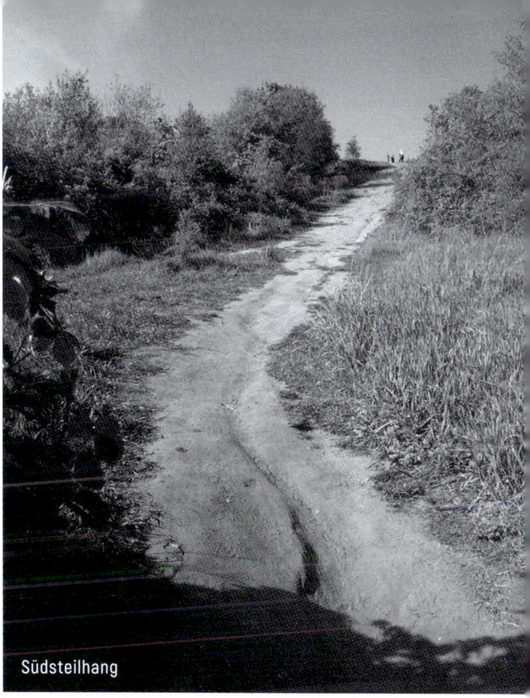

Südsteilhang

AUSBLICKE

N Hinter der Nordkuppe des Müllbergs das Gewerbegebiet Glashütte, etwas westlich davon der Norderstedter Stadtparksee

O Viel Landschaft – der nahegelegene Kupferteich, viele Pferdekoppeln, dahinter Wohldorf-Ohlstedt

S Der Blick der meisten Gipfelstürmer geht Richtung Hamburger Skyline – von Süd nach Südwest: Sendemast

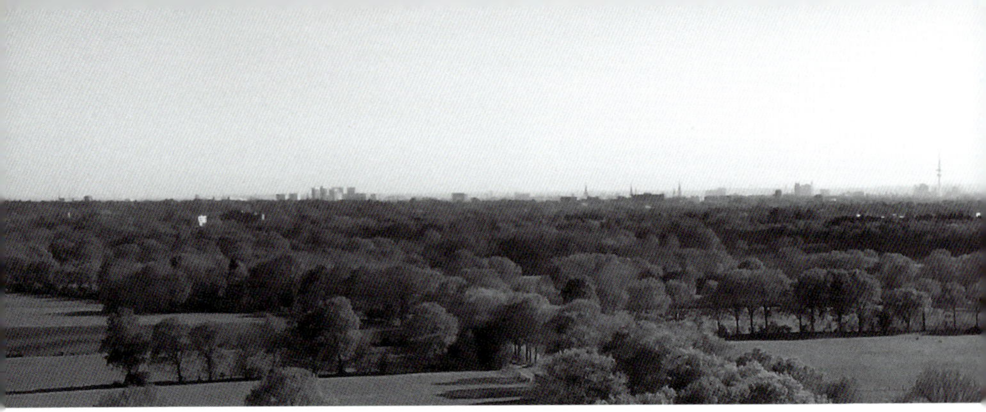

Billwerder, Mundsburg-Türme, Berliner Tor Center, Kirchtürme mit davor liegender City Nord, Elbphilharmonie, Planetarium und Michel fast in einer Linie, Fernsehturm, Hafenkräne und -anlagen bis zum Airbusgelände **W** Im Westen Langenhorn mit dem Wasserturm auf dem Klinikgelände Ochsenzoll, etwas nördlich das Herold-Center in Garstedt

HINTERGRÜNDE

In den 1960er Jahren geht es zunächst nach unten statt nach oben. Zu der Zeit wird westlich des Kiwittredders Sand abgebaut – bis knapp über den Grundwasserspiegel. 1967 wird die Sandgrube mit Müll gefüllt. Hausmüll, ölhaltige oder chemische Stoffe dürfen hier nicht entsorgt werden, sondern Gartenabfälle, Verpackungsmaterial oder Möbel. Sonnabends können auch Privatpersonen hier ihren Müll abliefern. Damit wird erfolgreich vermieden, dass immer mehr Abfälle irgendwo in der Landschaft landen. Es gibt noch ein zweites Motiv für die Verfüllung der Sandgrube, denn so entsteht eine große Fläche, die für ein Gewerbegebiet geeignet ist. Damit kann man in Konkurrenz treten zu dem in unmittelbarer Nachbarschaft gerade entstandenen Gewerbegebiet in Glashütte. Doch die Naturschutzbehörde setzt sich durch, indem sie nach dem Verfüllen auch ein Aufschütten genehmigt, um damit eine spätere Bebauung unmöglich zu machen. Klingt paradox: Aus ökologischen Gründen entsteht ein Müllberg.

Anfang der 1970er Jahre wird nicht nur mit dem »Bergbau« begonnen, zusätzlich werden zwei weitere Sandgruben erlaubt – im Norden und im Westen des ersten Bergs. Anfang der 1970er Jahre weisen Kontrollen nach, dass viel Unerlaubtes hier abgeladen wurde: Kühlschränke, Autowracks, Arzneimittel oder Chemikalienbehälter. So recht verwundert das niemanden, ist es doch im Hamburger Nor-

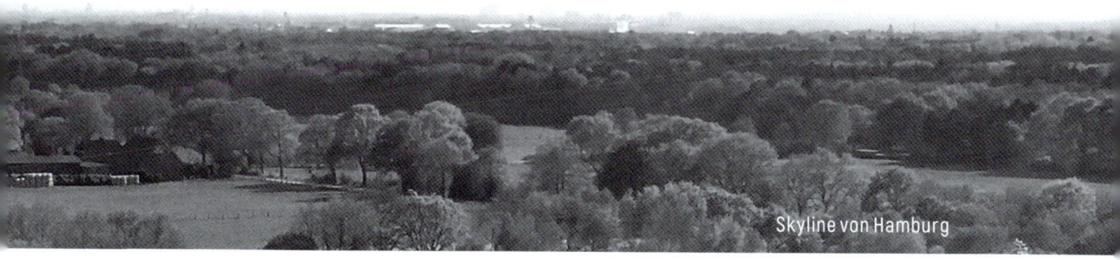

Skyline von Hamburg

den ein offenes Geheimnis, dass die Deponie auch illegale Zugänge hat und die Kontrollen des Müllguts nicht allzu streng sind. 1974 wird die private Müllentsorgung untersagt. Ein Jahr später sind die beiden Sandgruben voll, auch hier wird aufgeschüttet, nun mit kontrollierterem Müll. Der südliche Teil der Westgrube wird jedoch nicht verfüllt – hier entsteht später der Hummelsee.

1982 stehen nunmehr drei Müllberge in Hummelsbüttel, jeder etwa vierzig Meter hoch. Doch es gibt weiterhin Entsorgungsbedarf, also beginnt man, den Zwischenraum zu verfüllen. Erstmals wird eine einen Meter mächtige Dichtungsschicht aus Lehm aufgebracht, um Versickerungen zu verhindern. Diese Maßnahme geschieht nicht ohne Anlass. Denn 1986 gibt es den Trinkwasserbrunnenskandal. Wasserproben weisen eine so hohe Schadstoffbelastung auf, dass die Nutzung der Trinkwasserbrunnen untersagt wird. Ein Zusammenhang mit der Deponie wird seitens der zuständigen Baubehörde verneint. Doch bereits wenige Monate später weist ein Gutachten nach, dass die Deponie Verursacher ist, und fordert, »daß jede weitere Deponieanlage nur abgelehnt werden kann«.

Das wiederum führt 1991 – die Zwischenräume sind mittlerweile verfüllt, Müll gibt es weiterhin – zu der Idee, nicht eine weitere(!) Deponieanlage zu bauen, sondern die bestehende nach oben auszudehnen. Anfallender Müll wird also weiter auf den verfüllten, ursprünglich dreigipfligen Berg gekippt. Diese »Aufsattelung« lässt den Berg um weitere dreißig Meter wachsen – nun unter verschärften Umweltauflagen. 2004 hat der »Monte Müll« seine heutige Form und Höhe erreicht.

MEHR INFORMATIONEN

→ Müllberg http://muellberge-hummelsbuettel.de/startseite/muellberge/chronologie

43

PANZERBERG

Ausblicke auf das Wittmoor

START	ENDE						
Bökenbarg	Mesterbrooksweg	41,6 m	2,6 %	19 m	25 m	5420 m	1 h 30′
Bus 176, 276, 474	Bus 176, 276, 474						

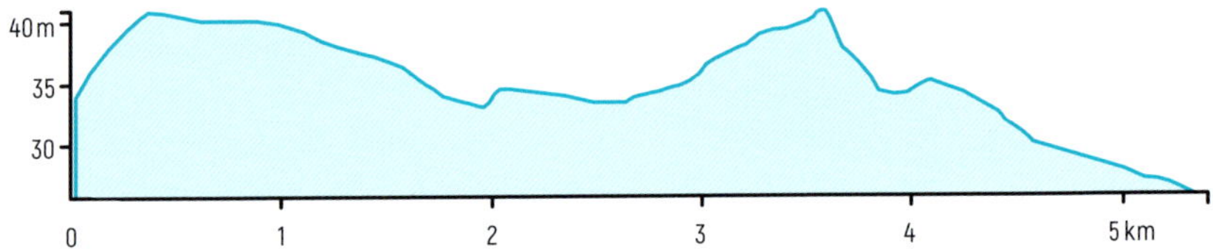

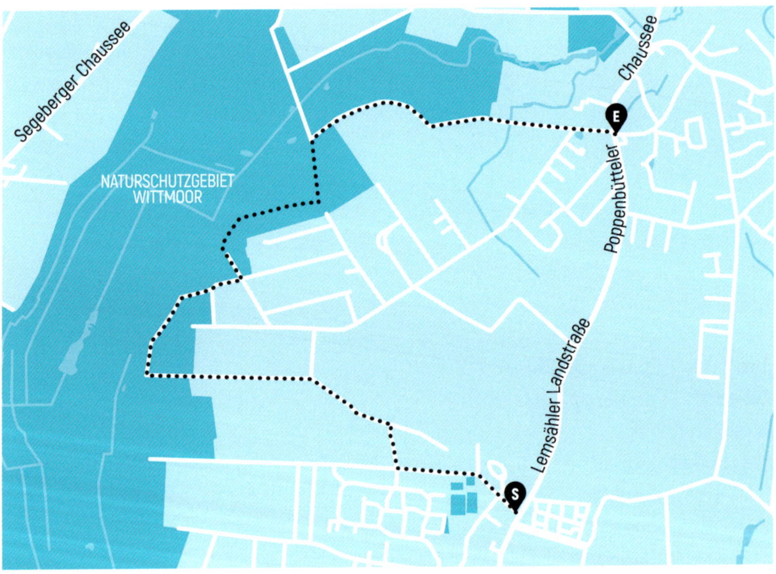

DIE TOUR

ZUSTIEG Den Fiesbarg steigen wir zunächst nach NW auf. Nach rechts geht es in den Hinsenkamp, dann nach links auf den Muusbarg – nun wird es flacher. Dem Muusbarg folgen wir nach Westen bis an dessen Ende an einer Weggabelung. Dort halten wir uns rechts und folgen dem Weg leicht abwärts in nordöstlicher Richtung, bis wir zur Ecke Parkberg/Wildstieg kommen.
AUFSTIEG Hier wenden wir uns nach links und gehen aufwärts über eine Randmoräne durch eine Gras- und Birkenlandschaft. An der nächsten Wegekreuzung geht es nach rechts, dann steigen wir weiter nach NO auf. Linker Hand eine savannenartige Landschaft, erreichen wir einen kleinen Wald. Sowohl die SW-Seite als auch die NW-Seite weisen den Weg zum Gipfel.
ABSTIEG Nach NNW absteigen, rechts unterhalb liegt eine Streuobstwiese, und alsbald nach rechts abbiegen. In einem Rechtsbogen geht es weiter abwärts, an der Weggabelung nach links (O) und bald erreichen wir den Mesterbrooksweg, der steil auf die Poppenbütteler Chaussee herunterführt.

HINTERGRÜNDE

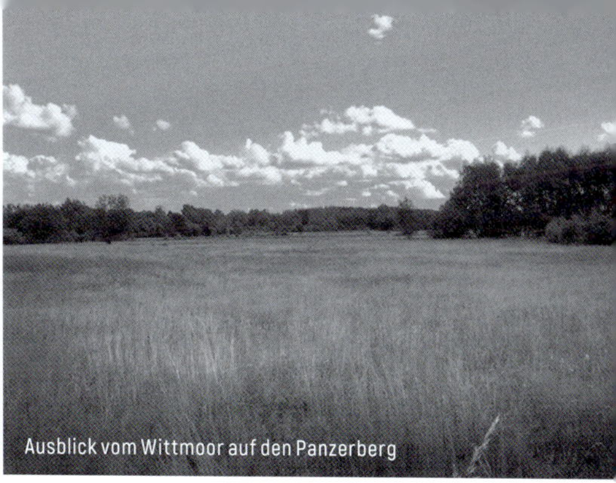
Ausblick vom Wittmoor auf den Panzerberg

Bis 1978 wird im Wittmoor Torf abgebaut, der Hamburger Teil des Moores ist nahezu vollständig abgetorft, auf schleswig-holsteinischer Seite ist es mittlerweile wieder intakter. Denn mit der Ausweisung als länderübergreifendes Naturschutzgebiet im Jahr 1978 werden die Entwässerungsgräben geschlossen, es bilden sich zwei Hochmoorseen. Nach und nach regeneriert sich das Moor, und die typischen Pflanzen und Tiere kommen wieder zurück: Glockenheide und Wollgras, Mooreidechsen und Grasfrösche. Zur Geschichte des Ortes gehört auch das KZ Wittmoor, eines der ersten Konzentrationslager in Deutschland. Es besteht zwischen April und Oktober 1933, hauptsächlich politische Gegner sollen hier durch die harte Arbeit der Torfgewinnung »umerzogen« werden.

MEHR INFORMATIONEN

→ Wittmoor https://hamburg.nabu.de/wir-ueber-uns/stadtteilgruppen/alstertal/betreute-gebiete/06507.html
→ KZ Wittmoor www.ndr.de/geschichte/schauplaetze/KZ-Wittmoor-Wo-die-Nazis-auf-Umerziehung-setzten,wittmoor104.html

44 MELLINGBURGER RUNDE

Alsterschleife und Hohenbuchenpark

START & ENDE
Treudelberg
Bus 176, 276

27,3 m	17,4 %	125 m	125 m	3260 m	1 h 25′

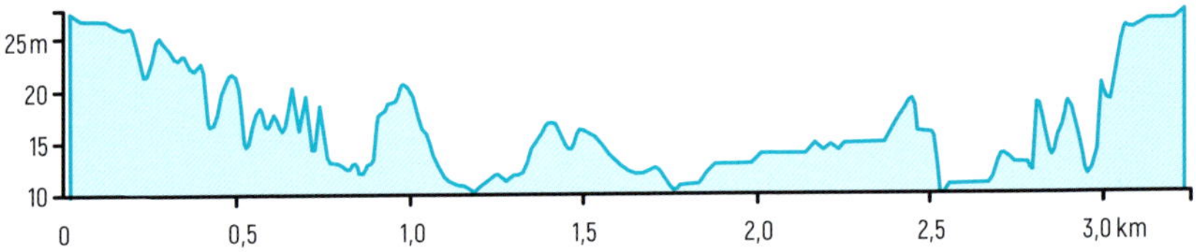

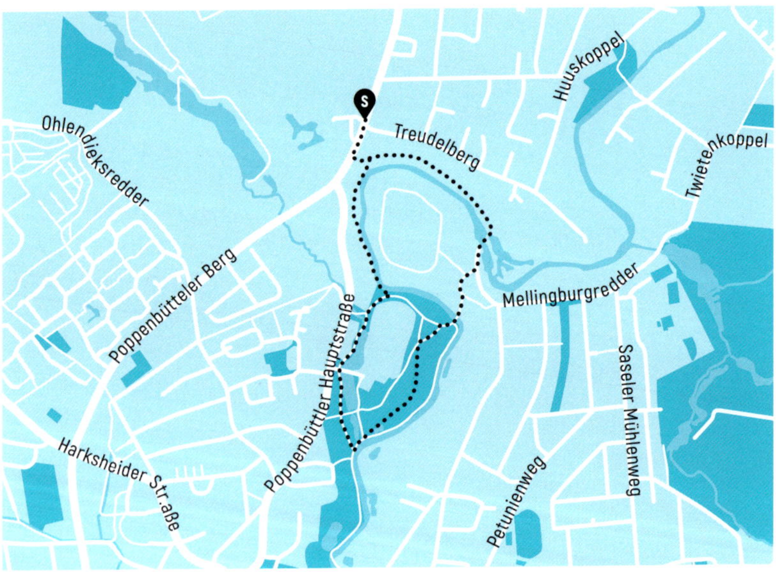

DIE TOUR

ANSTIEGE Die Lemsahler Landstraße gehen wir kurz nach Süden und biegen auf den Weg nach links ab, der nun bergab entlang des Steilufers der Alster führt. Auf Alsterniveau angekommen, geht es nach rechts und wir nehmen die Brücke der Schleusenanlage, danach führt unser Weg links am Hotel und Restaurantgebäude vorbei steil aufwärts. Nach Parkplatz und Tenne gehen wir nach rechts und hinter der Kuppe die Treppen und Rampen steil nach unten. Nun abermals die Alster queren und wir sind im Hohenbuchenpark angekommen. Am rechten (westl.) Ufer der Alster gehen wir in Richtung SSW, rechter Hand der Blick auf die Parkfläche mit dem dahinterliegenden Gutshofgebäude. Nach der Brücke über die Mellingbek, die hier in die Alster fließt, biegen wir nicht sofort nach rechts ab, sondern erst nach weiteren siebzig Metern. Am westlichen Ufer der Mellingbek geht es nun nach Norden, rechts liegen die Hohenbuchenteiche und die Auffahrt zum Gutshof. Hinter der Brücke über die Mellingbek steigen wir in nördlicher Richtung auf, bis wir nach einem kurzen steilen Wegstück bergab auf die Alster treffen. Hier wenden wir uns nach links (NW) und gehen am Ufer der Alster weiter. Nun erwartet uns ein sehr steiler Anstieg – oben

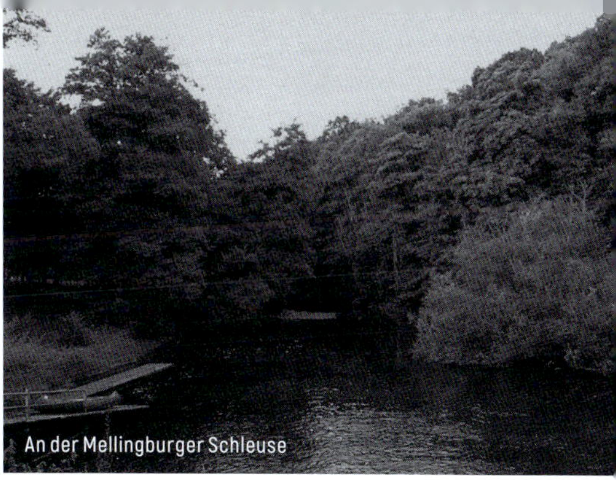

An der Mellingburger Schleuse

angekommen, geht es nach links und auf der vom Hinweg bekannten Route zurück zum Ausgangspunkt.

HINTERGRÜNDE

Von der Mellingburg ist heute nichts mehr zu sehen. Diese Erdhügelburg auf der Erhöhung in der fast einen Kilometer langen Alsterschleife dient vor 1300 Jahren zum Schutz gegen Überfälle der Normannen, wenig später gegen Dänen und Slawen. Seit Beginn des 18. Jahrhunderts steht hier ein Gasthaus, das in erster Linie den Treidelschiffern auf der Alster für Pause und Übernachtung dient. Heute sind es die Wassersportler, die hier aussteigen und die Stelle als Ein- und Aussetzpunkt nutzen.

EINKEHRMÖGLICHKEITEN

Kleinhus, Steigenberger Treudelberg

MEHR INFORMATIONEN

→ Hohenbuchen www.hohenbuchenlernortnatur.de

45 WELLINGSBÜTTELER ALSTERTAL

Alstersteilhänge, Herrenhaus und Knasterberg

START
Poppenbüttel
S 1 - Bus 8, 24, 174, 176, 178, 179, 276, 374

ENDE
Wellingsbüttel
S 1 - Bus 27, 168, 368

27,6 m | 6,2 % | 98 m | 97 m | 4560 m | 1 h 35′

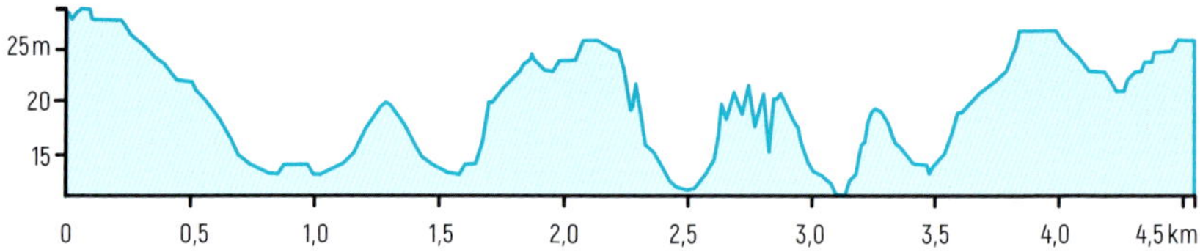

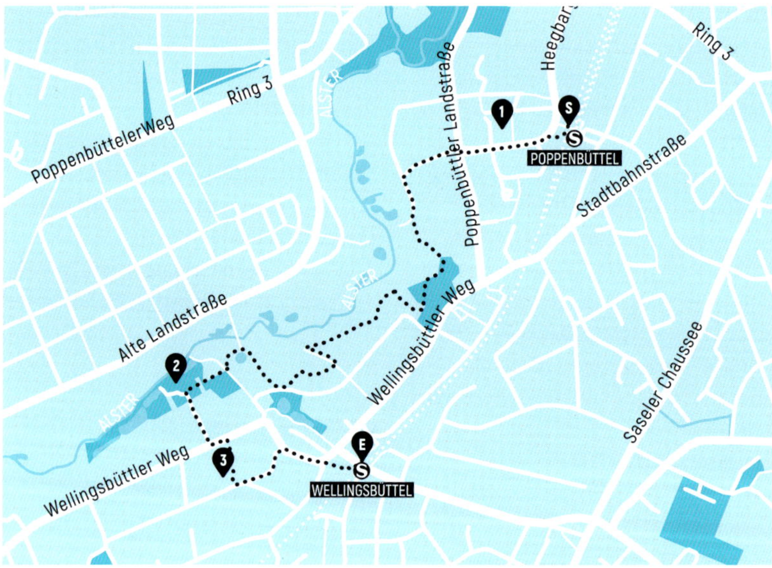

DIE TOUR

ZUSTIEG Den S-Bahnhof verlassen wir zur westlichen Seite hin und gehen am Antje-Brunnen (das Tierpark-/ NDR-Walross) in den Kritenbarg. Wir passieren das »Plattenhaus Poppenbüttel« (Nr. 8), überqueren die Poppenbüttler Landstraße und folgen dem Kritenbarg in seinem Linksbogen abwärts. Südlich des Wendehammers betreten wir das Waldgelände und halten uns sofort nach links, um steil hinauf zu einigen Grabhügeln zu gehen. Ein kurzer Abstecher zur Abbruchkante über dem Alstertal ist hier möglich. Wieder zurück, halten wir uns nach Süden und gehen unterhalb der Anlage der Tennisgesellschaft Alstertal am oberen Grabenbruch entlang der Abbruchkante zunächst nach NW, dann nach SW. An der bald folgenden Wegekreuzung biegen wir nach links und gehen ein Stück abwärts. Kurz nachdem der Alsterwanderweg von rechts auf unseren Weg gestoßen ist, biegen wir scharf nach links und steigen steil nach oben, bis wir einen Querweg erreichen. Diesen gehen wir nach rechts und halten jetzt weitgehend die Höhe, bis wir nur kurz die Friedrich-Kirsten-Straße nutzen, um sofort nach rechts zur Alster abzusteigen. Vor der Brücke wenden wir uns nach links und steigen zum Torhaus hoch. Durch

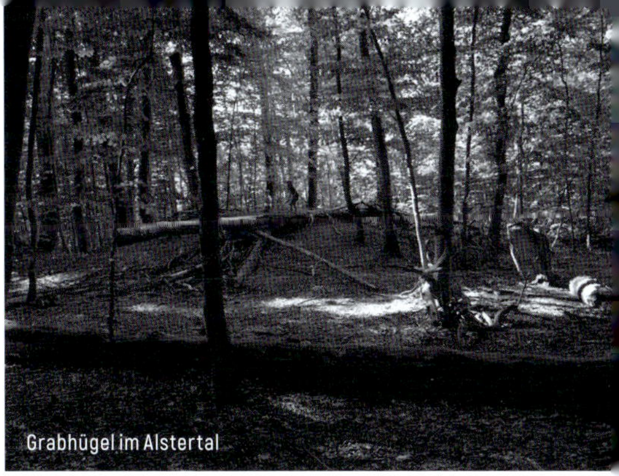

Grabhügel im Alstertal

dieses gehen wir durch, besuchen noch das Herrenhaus und schlagen dann den Wellingsbüttler Weg nach SSO ein.

AUFSTIEG Die Hauptstraße überqueren wir und steigen auf den unter Bäumen liegenden Knasterberg auf der Nordseite der Lutherkirche.

ABSTIEG Westlich an der Kirche vorbei erreichen wir die Straße Up de Worth, der wir nach links bis zum Wellingsbüttler Weg folgen. Diesem folgen wir nach rechts und dann nicht der Linkskurve, sondern gehen geradeaus und rechts am Supermarkt vorbei über einen Parkplatz bis zum S-Bahnhof.

VARIANTEN Hinter dem Wendehammer den Alsterwanderweg entlang nahezu topfeben bis zum Wellingsbütteler Herrenhaus.

AUSBLICKE

Immer wieder auf die tief unten fließende Alster

45

HINTERGRÜNDE

1 GEDENKSTÄTTE PLATTENHAUS POPPENBÜTTEL An der Stelle des heutigen AEZ stehen ab 1944 Behelfsheimwohnungen für ausgebombte Hamburger. Errichtet werden sie von weiblichen KZ-Häftlingen aus dem Außenlager Sasel. Eines dieser Plattenhäuser existiert noch, neben einer Ausstellung ist eine original eingerichtete Wohnung zu sehen.

Das **2 GUT WELLINGSBÜTTEL** fällt nach dem Dreißigjährigen Krieg an Schweden, 25 Jahre später kaufen es die von Kurtzrocks, die 1750 das Herrenhaus bauen lassen. 1806 besetzen die Dänen das Gut und übertragen es vier Jahre später in den Besitz von Friedrich Carl Ludwig von Schleswig-Holstein-Sonderburg-Beck, Herzog und Vorfahr fast aller europäischen Königsfamilien. 1846 ersteigert die Familie Jauch das Anwesen – als Holzgroßhändler profitierten sie vom Hamburger Brand im Mai 1842. Danach wechseln die Besitzer noch häufiger, heute ist das Herrenhaus Teil eines Senioren-Pflegedomizils.

Das Alstertal-Museum, das im rechten Flügel des Torhauses seine Räume hat, zeigt die wechselvolle Geschichte von Wellingsbüttel, aus der Frühzeit

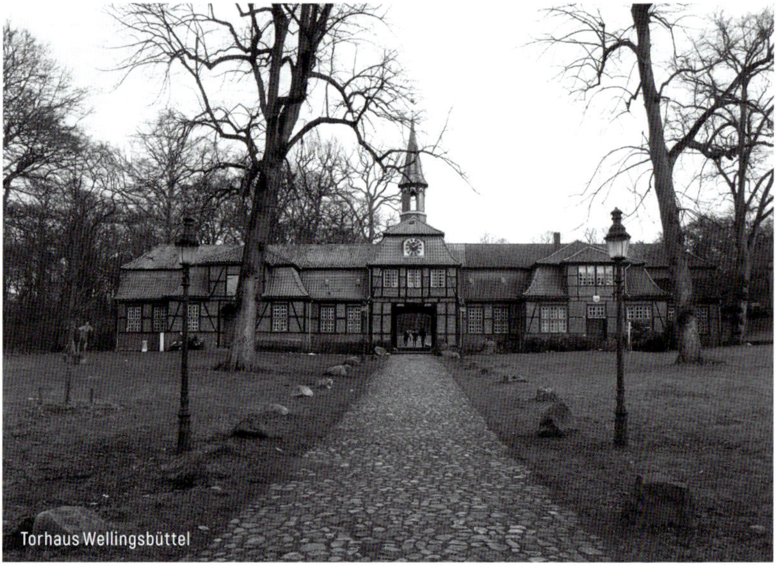

Torhaus Wellingsbüttel

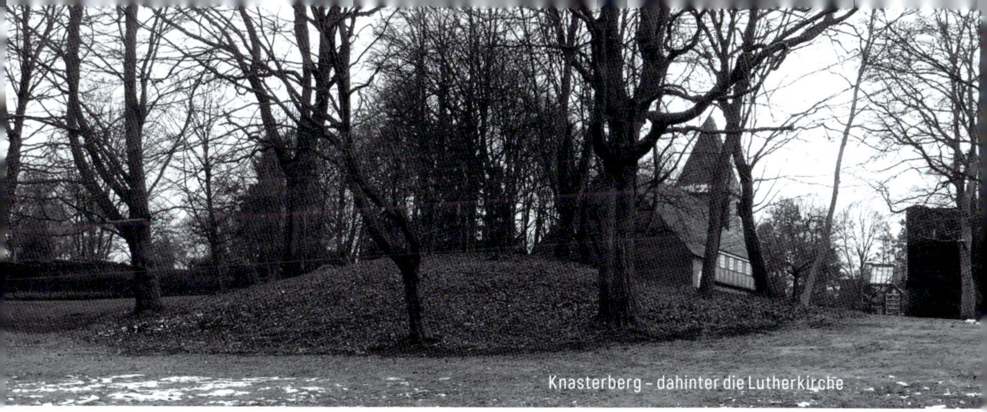

Knasterberg – dahinter die Lutherkirche

auch Schnittmodelle von Hügelgräbern im Maßstab 1:1.

Der 3 **KNASTERBERG** ist ein solches Hügelgrab, 300 Meter vom Museum entfernt. Das Grab stammt aus der Bronzezeit und liegt am Nordrand einer Erhöhung über dem Alstertal.

In geschichtsträchtiger Nähe zum Hügelgrab wird 1937 die Lutherkirche gebaut, als typisch norddeutscher Backsteinbau mit Fachwerkelementen. Das Kirchenäußere ist bis heute nahezu unverändert, was dazu führt, dass auch die damaligen Ziersetzungen noch erhalten sind. Auf der Westseite sind es Kreuz, (Lebens-)Rune, Auge Gottes, Dreizack und Hakenkreuz. Kratzspuren zeugen von Versuchen, das NSDAP-Kennzeichen zu entfernen, zum 50. Jubiläum wird das Thema heruntergespielt: Unter den Runenzeichen »befindet sich auch ein Hakenkreuz, das man nicht als ein ›Parteiabzeichen‹ gesehen hat, sondern als ein germanisches Heilszeichen«. 25 Jahre später wird im Rahmen eines Geschichtsprojekts eine Bronzetafel in den Boden eingelassen. Im Innern der Kirche ist das Adler-Lesepult von Gerhard Marcks sehens- und die Schuke-Orgel hörenswert. Letztere wird 1962 errichtet und ermöglicht es Gerd Zacher, Komponist avantgardistischer Orgelwerke und von 1957 bis 1970 Organist an der Lutherkirche, diese zu einem Ort moderner Orgelmusik mit zahlreichen Uraufführungen zu machen.

EINKEHRMÖGLICHKEITEN

Café im Herrenhaus, an den S-Bahnhöfen

MEHR INFORMATIONEN

- → Plattenhaus https://poppenbuettel.gedenkstaetten-hamburg.de/de
- → Wellingsbüttel Fiege, H. (1982): Geschichte Wellingsbüttels. Vom holsteinischen Dorf und Gut zum hamburgischen Stadtteil. Neumünster.
- → Lutherkirche www.kirche-wellingsbuettel.de/fileadmin/gemeinden/kirchengemeinde-wellingsbuettel/Dateien/Geschichtsprojekt/Inhaltsverz_Kartusche_2012.pdf

46

MELLENBERG

Wandsbeks höchste natürliche Erhebung – ein eiszeitlicher Grillplatz

START & ENDE
Ringstraße
Bus 24

63 m | 8 % | 19 m | 19 m | 2380 m | 45′

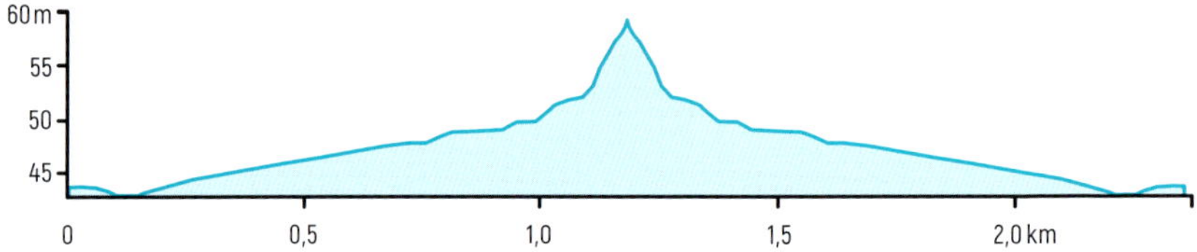

DIE TOUR

ZUSTIEG Den Meiendorfer Weg wenige Meter nach NNW gehen, dann rechts in den Wald abbiegen und dem Weg ungefähr 800 Meter in östliche Richtung folgen. Links taucht nun der Mellenberg auf.
AUFSTIEG Die steilen Meter auf dem Weg nach oben steigen. Wegen der vielen Mountainbike-Strecken dürfte es schwerfallen, den eigentlichen Weg zu finden. Das wiederum gibt uns Gelegenheit, den Mellenberg auf vielen Varianten zu besteigen und zu überschreiten – solange wir auf den Wegen bleiben. Auf dem Gipfel lädt ein kleiner Findling zur Rast.
ABSTIEG Wie Aufstieg.
VARIANTEN Vom Fuß des Mellenbergs gegen den Uhrzeigersinn durch den Volksdorfer Wald zurück zum Ausgangspunkt [total: 60′].

AUSBLICKE

Wegen des Baumbestands keine Ausblicke, bei denen man mehr sehen würde als den Wald vor lauter Bäumen

HINTERGRÜNDE

Wenn der Müll nicht wäre, dann gäbe es den Hummelsbütteler Müllberg nicht und der Mellenberg wäre der höchste Gipfel in Wandsbek. Nun,

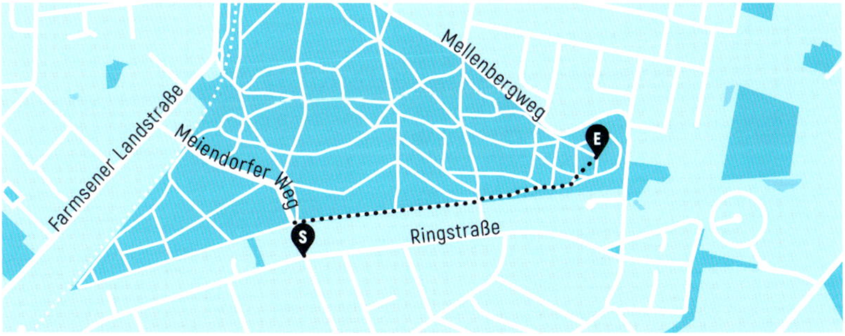

und wenn es die Eiszeit nicht gegeben hätte, dann gäbe es den Mellenberg nicht … Der Mellenberg besteht aus Sand und Kies und ist eine Satzendmoräne der Weichsel-Kaltzeit. Bei einer Satzendmoräne schiebt der Gletscher das Gesteinsmaterial nicht vor sich hoch (dann wäre es eine Stauchendmoräne), sondern wir befinden uns an genau der Stelle, an der Abschmelzen einerseits und Nachschieben andererseits sich die Waage halten. Der Gletscher hat sich »zur Ruhe« gesetzt. Nun wird durch das Nachschieben im Eis weiterhin Material nach vorn transportiert, bis zum Abschmelzpunkt, wo sich das Material dann absetzt. Auf dem Mellenberg befinden wir uns also an der Endstation der Weichsel-Kaltzeit vor knapp 12 000 Jahren. Der Berg ist ein guter Aussichtspunkt für die Jäger während und nach der Kaltzeit. So verwundert es kaum, dass am Gipfel Rentierknochen gefunden wurden, die auf einen sehr alten Grillplatz schließen lassen. Die Tradition als Aussichtspunkt wird um 1900 herum durch einen Aussichtsturm auf dem Gipfel fortgesetzt, von dem heute nicht einmal mehr Überreste zu sehen sind. Auch taugt der Berg mangels Schnee kaum mehr zum Rodeln, zum Leidwesen des Revierförsters allerdings als beliebte Mountainbike-Abfahrstrecke. Die vielen Sprunghügel und die Spuren am Hang zerstören die Vegetation und führen zu Erosion und zu nicht sehr standfesten Bäumen, die beim nächsten Sturm umzustürzen drohen.

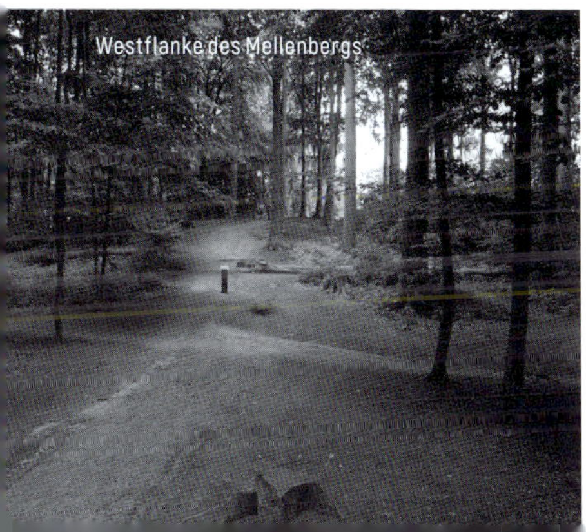
Westflanke des Mellenbergs

47

HÖLTIGBAUM

Zwei Unbesteigbare im Naturschutzgebiet

START & ENDE
Naturschutzgebiet
Höltigbaum
Bus 29

47,7 m | 2 % | 35 m | 35 m | 5450 m | 1 h 35′

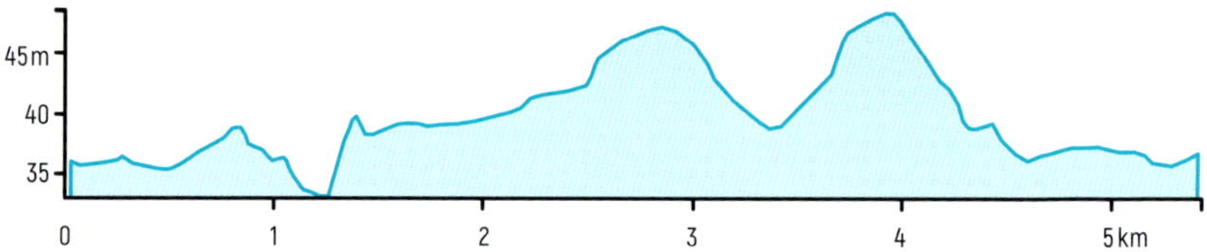

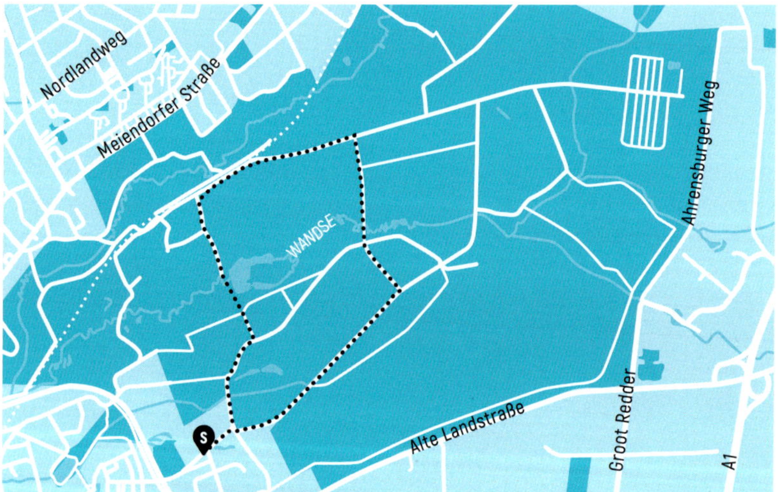

DIE TOUR

ZUSTIEG Den Neuen Höltigbaum gehen wir in nördlicher Richtung bis an die östliche Ecke des Bürokomplexes. Dort wenden wir uns nach Norden und haben nach insgesamt 600 Metern das Haus der Wilden Weiden erreicht. Hier gehen wir nach NNO, am Ende des Picknickbereichs nach links und folgen der nun eingeschlagenen NNW-Richtung: Zunächst an einem Regenrückhaltebecken vorbei, dahinter erscheint auf der rechten Seite der Zaun zum dahinterliegenden Müllberg. Dann geht es abwärts und sofort steil bergauf auf eine Kuppe, den Faltsbarg. Diesen verlassen wir auf der Nordseite und wenden uns, kurz nachdem wir Asphalt unter die Füße bekommen haben, nach rechts. Den Hagenweg gehen wir nach NW, linker Hand die Eisenbahnlinie nach Lübeck, rechter Hand die Müllberge. Nach einem Kilometer biegen wir nach rechts, wenig später öffnet sich nach rechts die Aussicht. Von dieser SO-Seite sind die Müllberge besser einsehbar – dass sie parkähnlich sind, ist schon wahrnehmbar. Hier steht der 250 Meter hohe Sendemast Hamburg-Rahlstedt. Weiter nach Süden gelangen wir zu einer Kreuzung: Nach links geht es in den östlichen Teil des Naturschutzgebiets mit vielen Weiden, nach rechts führt der kürzeste Weg zurück zum »Haus in den Weiden«.

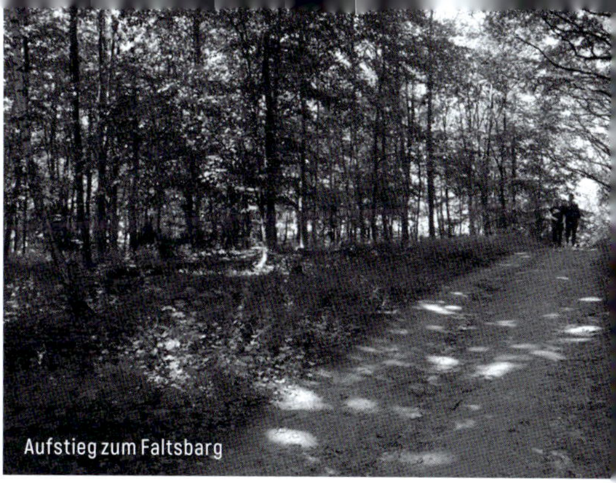

Aufstieg zum Faltsbarg

AUFSTIEG Wir gehen geradeaus, rechter Hand eine abgezäunte Weide, auf der häufig Galloway-Rinder stehen. Entlang dieser Weide führt der Weg stetig ansteigend nach SO, dem Zaun folgend biegen wir rechts nach SW ab, bis wir zu einem erhöhten Aussichtspunkt auf die Galloway-Weide kommen. Auch wenn auf der anderen Zaunseite ein 1,7 Meter höherer Berg ist – wir bleiben lieber diesseits.

ABSTIEG Den Zaun rechter Hand, gehen wir abwärts nach SW, zwischendurch immer wieder Aussichtspunkte mit Blick auf die Galloway-Rinder. Der Weg führt direkt auf den Bürokomplex zu – den weiteren kurzen Weg zum Ausgangspunkt kennen wir bereits.

HINTERGRÜNDE

Was von außen aussieht wie ein Müllerg, sind in Wirklichkeit zwei. Denn in NO-SW-Richtung verläuft eine Hochspannungsleitung, unter

47

der ein zwanzig Meter tiefes Mülltal entlangführt und aus einem Berg eben zwei macht. Doch zunächst in die ferne Vergangenheit: Zur Weichsel-Kaltzeit entsteht hier ein sogenanntes Tunneltal: Schmelzwasser sickert durch Risse im Gletscher, fließt untereisig weiter und gräbt sich dort ein Tal – das Tunneltal unter dem Gletscher. Viel später, vor ungefähr 2000 Jahren, entstehen Siedlungen im Bereich des heutigen Hagenwegs. Öfen und Keramikgefäße, die man hier gefunden hat, weisen darauf hin.

Versetzen wir uns in die 1970er Jahre: Am Ostrand wird Müll aufgetürmt, im westlichen Teil fahren Panzer. Beides hinterlässt bis heute Spuren: die beiden Müllberge, von denen der SO-Gipfel mit über 79 Metern NHN der höchste Berg von Wandsbek ist. Doch der Doppelberg ist für die Öffentlichkeit gesperrt, weil immer noch Gase entweichen. Die Planungen für die Öffnung als Naherholungsgebiet stocken – und solange es nicht weitergeht, gilt der Gipfel als unbesteigbar. Was die Panzer angeht, so ist das Gelände seit 1936 Standortübungsplatz. Weil keinerlei Bewirtschaftung stattfindet, kein Dünger in den Boden kommt und weil – zumindest bis 1968 – ständig Panzer durch das gesamte Gelände fahren, kann

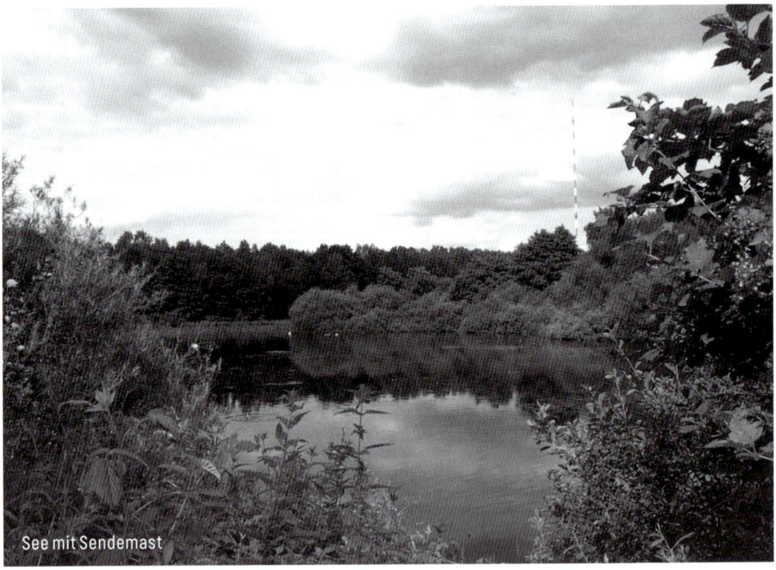

See mit Sendemast

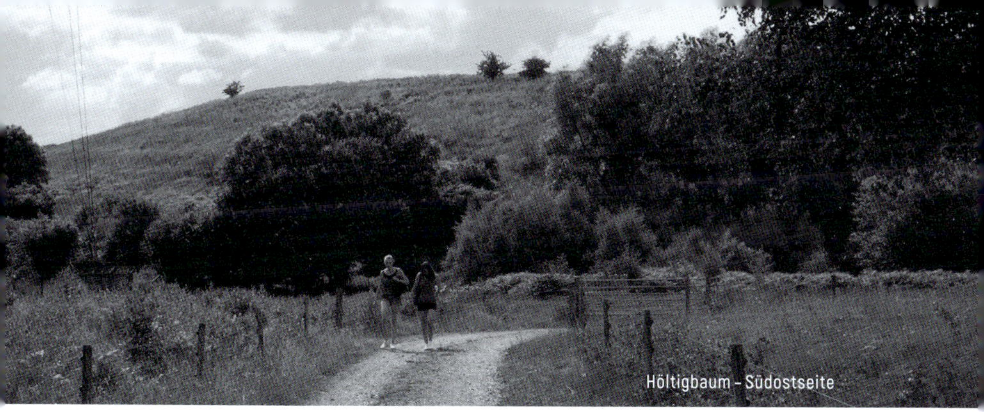

Höltigbaum – Südostseite

sich keine üppige Vegetation entfalten. Ergebnis: Panzerstraßen (Betonplatten) ab den 1970er Jahren, um den Panzerverkehr ein wenig zu kanalisieren, ansonsten savannenartige Landschaft. In den 1980er Jahren wird klar, dass die Bundeswehr mittelfristig den Übungsplatz aufgeben wird. Die Planungen für die Nutzung des Geländes sind vielfältig, sie reichen von Wohnungen über Sportanlagen bis zu einem Gefängnis. Das alles scheitert zunächst am »Sprengwäldchen«. Das ist ein kleiner Bereich im Höltigbaum, in dem nach dem Zweiten Weltkrieg Blindgänger abgeladen, gesprengt und mit Erde zugedeckt werden. Doch nun stellt sich heraus, dass einige Blindgänger noch scharf sind. An Bebauung, mit was auch immer, ist nicht zu denken. Und als dann Ende der 1990er Jahre alles munitionsfrei ist, gibt es seit 1997 auf schleswig-holsteinischer Seite ein Naturschutzgebiet, das direkt an das Hamburger Gebiet angrenzt. Da Natur keine Landesgrenzen kennt, ist es nur schwer vermittelbar, das Schutzgebiet nicht auf den Hamburger Teil auszudehnen. So wird der »Haltebaum« (plattdeutsch »Höltigbaum«) ein panzerfreies Naturidyll mit Müllberg, in dem heute ungefähr achtzig Tier- und sechzig Pflanzenarten vorkommen, die auf der Roten Liste stehen.

Das Gebiet wird durch Heidschnucken und Galloway-Rinder extensiv bewirtschaftet. So kann die Landschaft erhalten werden – für Gipfelsammler allerdings mit dem bedauerlichen Nebeneffekt, dass ein weiterer Berg »unbesteigbar« ist, da er auf einer Rinderweide liegt. Mögen die Galloways noch so friedlich grasen – wir verzichten lieber auf den Gipfel …

EINKEHRMÖGLICHKEITEN

Haus der Wilden Weiden

MEHR INFORMATIONEN

→ Höltigbaum www.hoeltigbaum.de/startseite
→ Standortübungsplatz https://pzgrendiv6.de/pzgrendiv6/standorte/stouebpl-hoeltigbaum.html

48 BERNER-AU-BERG

Süd-Nord-Überschreitung mit »Berner Schloss«

START	ENDE
Berner Heerweg	Berne
Bus 168, 368	U 1

Höhe	Steigung	Aufstieg	Abstieg	Länge	Dauer
36,6 m	12,7 %	38 m	29 m	2520 m	50′

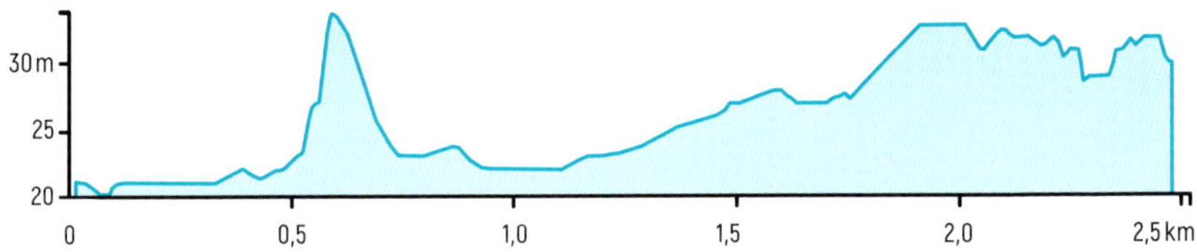

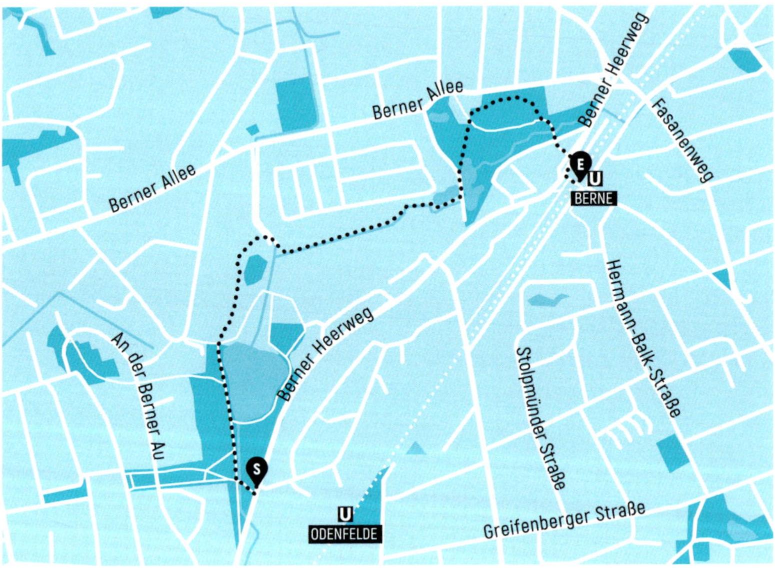

DIE TOUR

ZUSTIEG Wir gehen entlang der Berner Au Richtung Norden, bis rechts das Rückhaltebecken erscheint. Dieses auf seiner Westseite passieren, kurz danach beginnt es, waldiger zu werden.
AUFSTIEG Nun nicht (!) eher flach Richtung Osten, sondern – sofort Höhe gewinnend – nach NNO gehen. Der Weg nimmt mehr Steigung auf, ist teilweise nur wenig fest, viele Baumwurzeln liegen im Weg. Nach 200 Metern Anstrengung sind wir oben.
ABSTIEG Durch die beeindruckende Grünschneise gehen wir nach Norden: Links und rechts hohe Bäume und dazwischen – leicht absteigend – hohes Gras und dichte Farne. Nach 150 oder 250 Metern nach rechts steigen wir in östlicher Richtung weiter ab und biegen hinter der Brücke über die Berner Au nach rechts ab. Hundert Meter später nehmen wir abermals eine Brücke, diesmal die über den Deepenhorngraben, und gehen dahinter nach links Richtung ONO – 500 Meter und wir haben den Berner Gutspark erreicht. Durch diesen gehen wir nach Norden zum Gutshaus Berne und in einem Rechtsbogen nach Osten, dann nach SSO bis zur Straße »Zum Gutspark«. Direkt gegenüber nehmen wir den Plattenfoort, um kurz danach am U-Bahnhof Berne anzukommen.

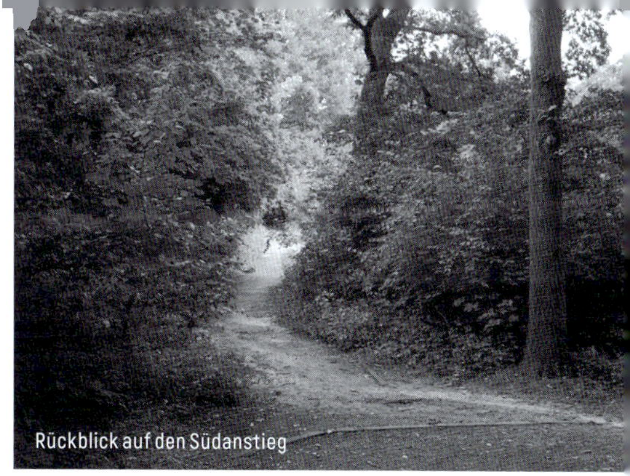
Rückblick auf den Südanstieg

HINTERGRÜNDE

Das Gutshaus Berne, »Berner Schloss« genannt, entsteht Ende des 19. Jahrhunderts auf dem zum Gut Berne gehörenden Gelände. Auf dem nördlich der Berner Allee liegenden Gutsgelände wird in der Weimarer Zeit die Gartenstadt Berne gebaut. Das Gutshaus Berne dient bis 1999 dreißig Jahre lang als Kindertagesstätte, danach steht es für einige Zeit leer und droht zu verfallen. Die Wohnungsbaugenossenschaft Gartenstadt kann das »Schloss« 2001 kaufen – genau die Gemeinschaft also, die achtzig Jahre zuvor mit der Bebauung des nördlichen Gutsgeländes begonnen hatte. Heute finden in dem Gebäude Veranstaltungen statt.

EINKEHRMÖGLICHKEITEN

Im U-Bahnhof Berne sowie am Berner Markt

MEHR INFORMATIONEN

→ Berner Schloss www.gartenstadt-hamburg.de/mehr-als-wohnen/berner-schloss/infos-und-bilder

49

BOBERGER DÜNEN

Von der Boberger Niederung zum »Mümmelmanns Berg«

START
Boberger Furtweg
Bus 221

ENDE
Mümmelmannsberg
U 2 - Bus 29, 32, 233, 332

5,5 m	4,8 %	37 m	13 m	4330 m	1 h 15′

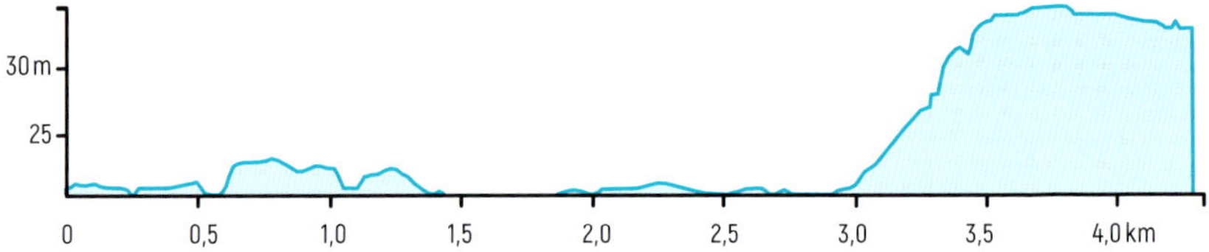

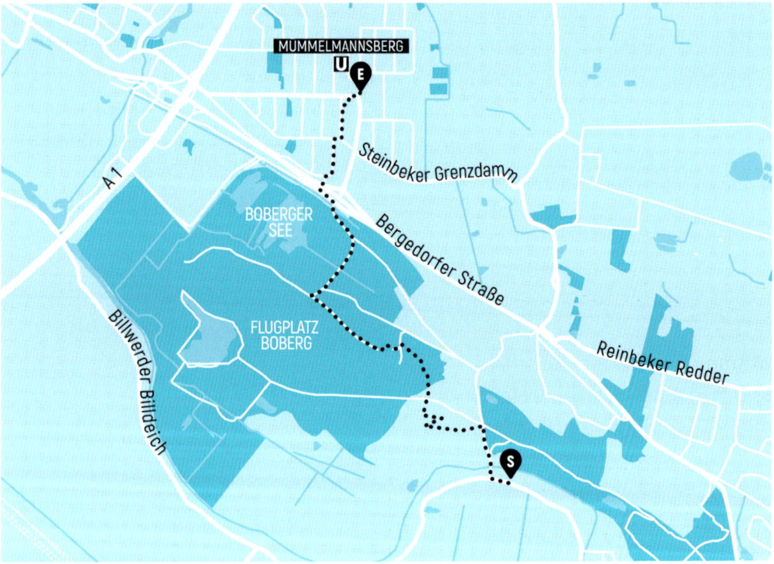

DIE TOUR

ZUSTIEG 1 Nach Westen und wenige Meter später nach rechts auf die Boberger Furt abbiegen. Nach 400 Metern nach links Richtung SW gehen.
AUFSTIEG 1 Die Boberger Dünen türmen sich vor uns auf. Alle Berge können bestiegen werden, ein wenig »Strandurlaub« mit Ausruhen ist ebenso möglich wie selbstgewählte Überschreitungen, Flankenanstiege oder Gratbegehungen.
ZUSTIEG 2 Von der NW-Ecke des Dünengeländes nach Norden und dann nach Westen zu den Gebäuden der Segelflugvereine. Diese lassen wir links liegen und gehen weiter nach SW zur Start- und Landebahn. Nun 400 Meter nach WNW – rechts eine weitere Düne, die es wegen zu geringer Schartenhöhe nicht als eigenständiger Gipfel in diesen Bergführer geschafft hat – und dann nach rechts abbiegen, durch Weiden- und Schürmoor auf die Straße »Untersberg«.
AUFSTIEG 2 Dieser Straße nach links folgen und alsbald die B5 unterqueren. Spätestens jetzt wird klar, warum der Mümmelmannsberg Berg heißt. Nach rechts auf die Steinbeker Hauptstraße, an deren Ende in einer Rechts-links-Kombination auf die Paul-Klee-Straße und wiederum an deren Ende nach rechts zum Ziel dieser Tour.

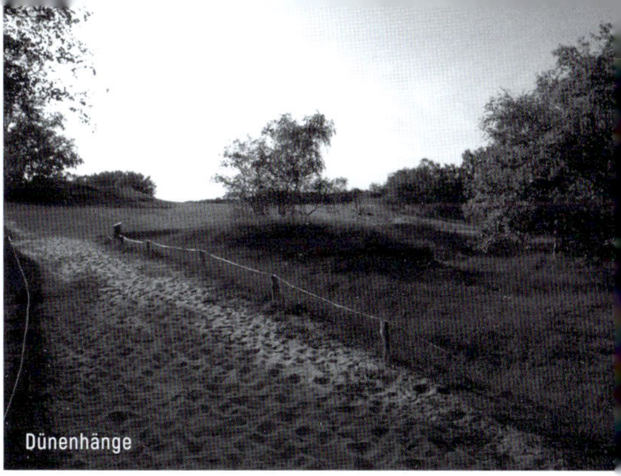
Dünenhänge

HINTERGRÜNDE

Wie kommt eine Wanderdüne hierher? Nach dem Ende der Weichsel-Kaltzeit bringen Flüsse aus dem NO nicht nur Steine, Kies und Mergel mit, sondern spülen auch Sand den in der Saale-Kaltzeit geformten Geesthang herunter. Dieser verweht und verwirbelt sich vor dem Geesthang – die Dünen entstehen, eine Kette aus Sandbergen, dreißig bis fünfzig Meter hoch. Dass heute diese Höhe längst nicht mehr erreicht wird, liegt an der Sandnutzung für aufgeschüttete Bahntrassen nach 1840 und anderen Maßnahmen wie dem Hochwasserschutz. Der Sandabbau endet 1927, weil sich die Beteiligten nicht auf einen Sandpreis einigen können.

EINKEHRMÖGLICHKEITEN

Dorfkrug Boberg, Deniz Grill (Mümmelmannsberg)

MEHR INFORMATIONEN

→ Ökologie https://loki-schmidt-stiftung.de/mitmachen-und-erleben/boberger-duenen-haus/nsg-boberger-niederung.html

50 SANDER TANNEN

Besuch beim Dickkopp

START	ENDE						
Riehlstraße Bus 332	Richard-Linde-Weg Bus 134, 234	36,2 m	9,5 %	16 m	18 m	1115 m	25′

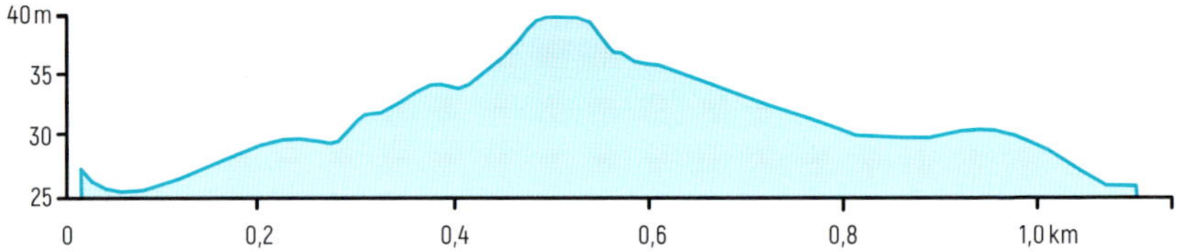

DIE TOUR

ZUSTIEG Die Riehlstraße gehen wir wenige Meter nach SSW und biegen vor der St. Christopherus-Kirche nach rechts auf den Walter-Hammer-Weg.
AUFSTIEG Die nächsten 250 Meter geht es leicht bergauf bis zu einer Wegekreuzung, an der wir uns rechts halten. Wir folgen dem Weg nach Norden, bis auf der linken Seite ein Wasserturm hinter hohen Bäumen auftaucht. Nach wenigen Metern erreichen wir einen befestigten Weg, gehen diesen nach links und stehen vor dem Wasserturm, dem Sander Dickkopp.
ABSTIEG Nach wenigen Metern Richtung SW nach links gehen und den Fernmeldeturm Hamburg-Lohbrügge rechter Hand liegen lassen. An der nächsten Weggabelung nach rechts, dann wieder nach rechts und den Walter-Hammer-Wanderweg nach NW bis zum Ladenbeker Furtweg gehen. Wenige Meter nach rechts bis zum Endpunkt.

AUSBLICKE

Zu viele Bäume = zu wenig Aussicht. Es sei denn, der Dickkopp hat geöffnet. Dann gibt's eine hervorragende Aussicht über die Vierlande, nach Wilhelmsburg und rüber zur Hamburger City.

HINTERGRÜNDE

Auf dieser Tour können wir das Phänomen des Geesthangs sehr gut sehen: In der Marsch an der Bille tiefliegendes, flaches, baumloses Land. Dann auf nur 500 Metern Luftlinie eine Höhendifferenz von dreißig Metern. Und oben der Geestrücken mit Wald und Binnendünen. Auf einer dieser Geestkuppen steht der Sander Dickkopp, von 1907 bis 1972 in Funktion als Wasserturm mit einem ausgeprägten Kopf, in dem schlankeren Schaft sind damals Wohnungen, für lange Zeit unten eine Gastwirtschaft untergebracht. Seit 1994 ist das Wahrzeichen von Lohbrügge in Privatbesitz, neue Gastronomie kann nicht so richtig Fuß fassen. So bewaldet wie heute waren die Sander Tannen nicht immer. Vor hundert Jahren ragt der Dickkopp weit über die niedrigen Bäume hinaus, 1945 wird alles abgeholzt, es bleibt eine riesige Düne. Die Aufforstung erfolgt ungefähr zehn Jahre später, heute werden die Bäume wenigstens so weit gekürzt, dass ein Blick vom Dickkopp möglich ist.

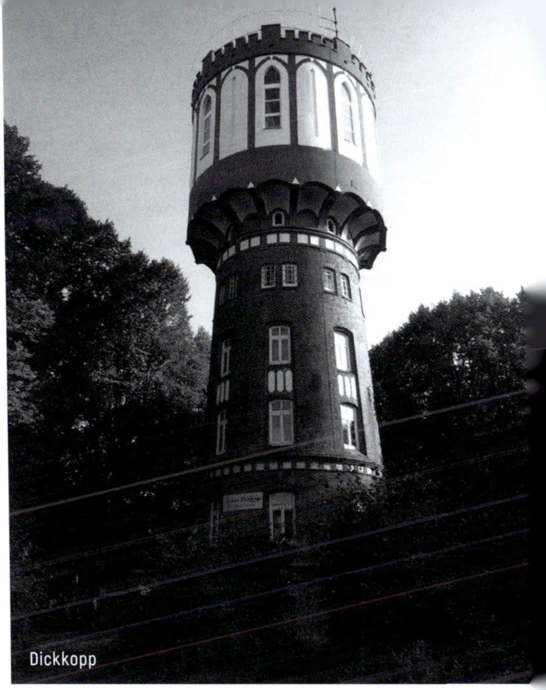
Dickkopp

MEHR INFORMATIONEN

→ Dickkopp https://lohbruegge.de/der-wasserturm

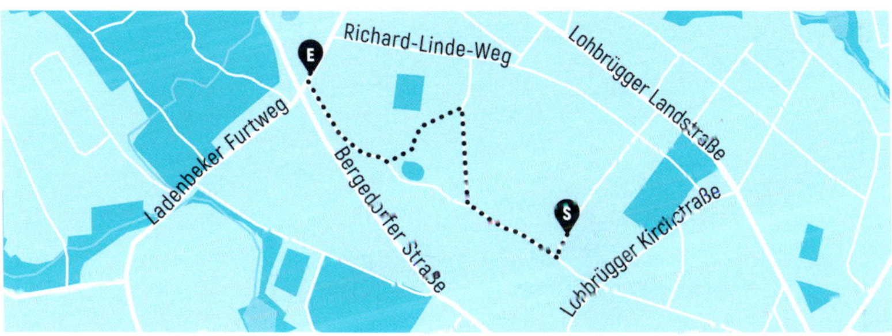

51

HIRTENLAND

Zum höchsten Punkt von Bergedorf

START
Bergedorf
S 2 - Bus (jede Menge)

ENDE
Haempten
Bus 32, 234, 332

Höhe	Steigung	Aufstieg	Abstieg	Strecke	Dauer
51,4 m	1,6 %	59 m	17 m	4790 m	1 h 25′

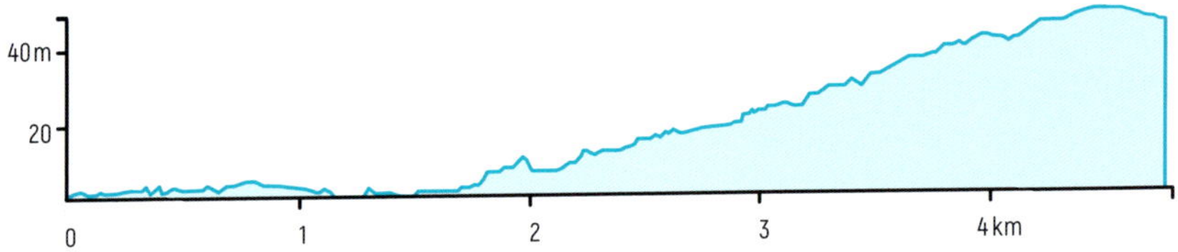

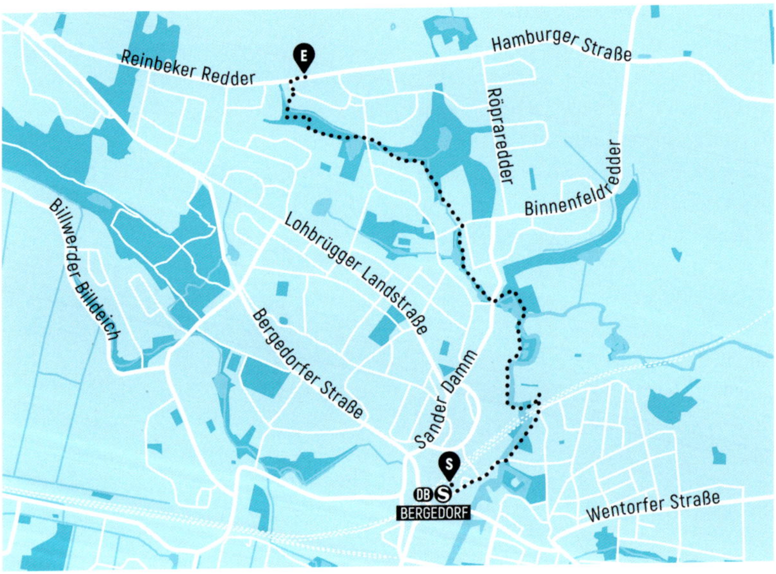

DIE TOUR

ZUSTIEG Den S-Bahnhof verlassen wir auf der SO-Seite und wenden uns nach links. Weidenbaumsweg und Ernst-Mantius-Straße gehen wir nun bis zur gleichnamigen Brücke und über diese zum Schillerufer. Dieses entlang der Bille führt der Weg nach NO, hinter dem Bootshaus Bergedorf den Tunnel unter den Bahngleisen hindurch, die anschließende Chrysanderstraße biegen wir nach Norden und am Spielplatz hinter Haus Nr. 105 nach links ab. Nach der nächsten Brücke gehen wir nach rechts und folgen der Bille bis zur nächsten Brücke. Hinter dieser Brücke gehen wir nach NNW und folgen dem Weg nach links bis zur Habermannstraße. Diese überqueren wir, und die nächsten zwei Kilometer geht's stetig bergauf: Im gegenüberliegenden Park folgen wir dem Bornmühlenbach und gehen nach NW. Den folgenden Teich umrunden wir links oder rechts und gehen hinter dem Binnenfeldredder weiter am Bach entlang in nördlicher Richtung bis zur Voliere im Grünen Zentrum. Hier halten wir uns links, um nach WNW zu kommen. Rechts am Teich vorbei und weiter nach NW. Der Weg weist kurze Zeit später nach Norden und wir erreichen den Reinbeker Redder.

AUFSTIEG Auf der gegenüberliegenden Seite ist ein Bolzplatz, dahinter die Anhöhe auf 51,4 Metern NHN. Der Aufstieg ist weglos, oben ist dichtes Gestrüpp, nur wenige Pfade sind zu erkennen. Ob wir die letzten Meter noch hochmüssen, entscheiden wir nach Tagesform.

ABSTIEG Wie Aufstieg.

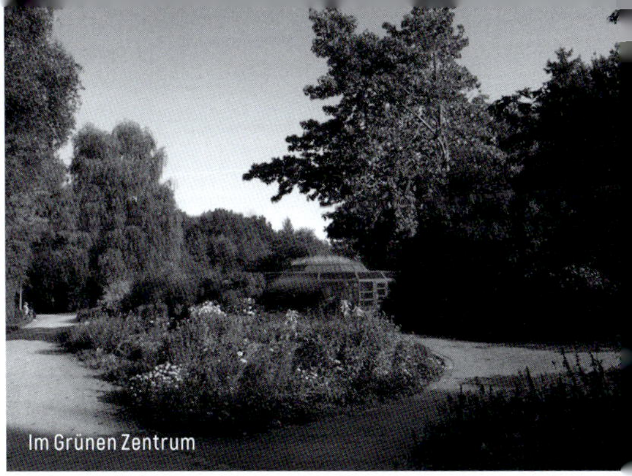
Im Grünen Zentrum

HINTERGRÜNDE

Das grüne Band entlang des Bornmühlenbachs entsteht in den 1960er Jahren im Zuge der Errichtung der großen Wohnanlagen in der Gartenstadt Lohbrügge. Ungefähr in der Mitte dieses Bandes liegt das Grüne Zentrum, der Mittelpunkt für Freizeitaktivitäten des Viertels.

EINKEHRMÖGLICHKEITEN

Im und am Bergedorfer Bahnhof, Café Meinz, Locanda Riva, Alt Lohbrügger Hof

KOMBINATIONSMÖGLICHKEITEN

52 Schneckenberg
600 m / 9′

52

SCHNECKENBERG

Blick auf das einzige erhaltene Schloss im Hamburger Stadtgebiet

START	ENDE						
Bergedorf S 2 - Bus (jede Menge)	Augustastraße Bus 135	9,8 m	7,9 %	8 m	5 m	1100 m	20′

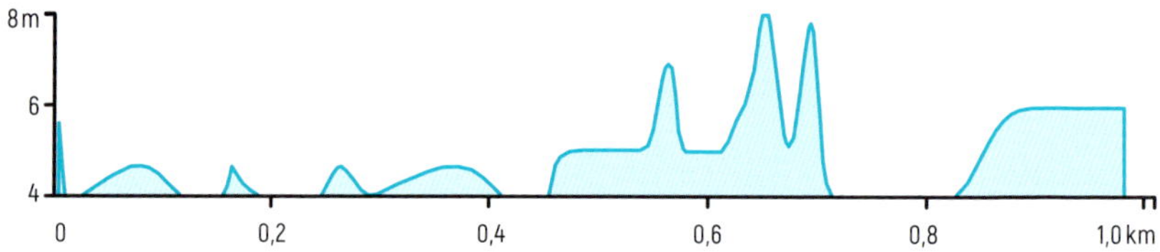

DIE TOUR

ZUSTIEG Wir verlassen den S-Bahnhof auf der SO-Seite und wenden uns sofort nach links auf den Weidenbaumsweg. Diesen verlassen wir nach rechts, um über die Serrahnbrücke und die Alte Holstenstraße zur Kirche St. Petri und Paul zu gelangen. Hinter der Ostseite dieser Kirche führt uns eine Brücke zur Schlossinsel, deren Rundweg wir gegen den Uhrzeigersinn einschlagen. Die bald nach links zum Schloss führende Brücke nutzen wir nicht, sondern gehen geradewegs auf den Schneckenberg zu.

AUFSTIEG Eine Treppenanlage mit teilweise weit ausladenden Trittstufen führt auf der SW-Seite auf den höchsten Punkt dieses Aussichtsbergs.

ABSTIEG Der Abstieg erfolgt über die NW-Seite. Dazu gehen wir die Treppen hinunter und wenden uns nach rechts, lassen die gegenüberliegende Brücke unbenutzt (es sei denn, wir möchten zum Museum) und nehmen die nächste Brücke, die uns in den Schlossgarten führt. Auf dem weiter geradeaus verlaufenden Arndtweg kommen wir zur Chrysanderstraße. Auf diese biegen wir nach links ab und erreichen hinter der Querung der Augustastraße unseren Endpunkt.

VARIANTEN Ein Rundgang über die Schlossinsel – und einer durch den Schlosspark.

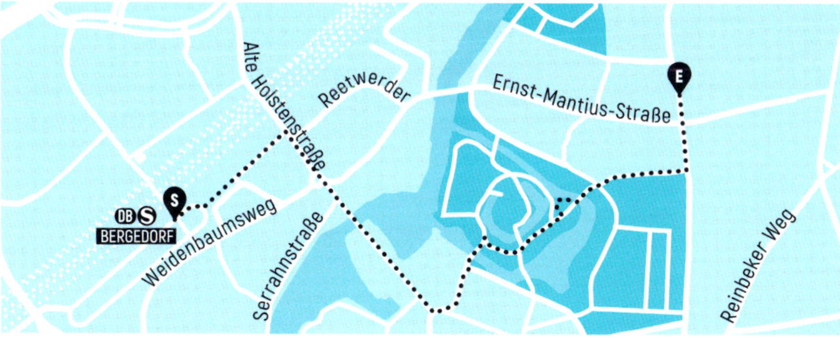

52

HINTERGRÜNDE

Zu Beginn des 13. Jahrhunderts geschehen entscheidende Dinge in Bergedorf: Die Bille wird aufgestaut, eine Wassermühle gebaut – unterhalb entsteht ein Hafen, der Serrahn, und auf dem linken Billeufer eine Wasserburg. Die wird ab dem 16. Jahrhundert nach und nach zu einem richtigen Schloss umgebaut, geschützt durch Wassergräben und die doppelte Wallanlage. Als diese Art des Schutzes nach 1800 nicht mehr wirksam ist, werden die Gräben mit den Wällen zugeschüttet. So entstehen der Schlosspark zur Bille hin und der Schlossgarten auf der Ostseite. Doch nicht alles wird geschliffen: Aus einer Bastion entsteht der Schneckenberg, der Gipfel ist also der übrig gebliebene Teil des Festungswalls. Im Schloss, dem einzigen erhaltenen in Hamburg, ist heute das Museum für Bergedorf und die Vierlande untergebracht. Und wer nun noch nach Adel in Bergedorf sucht: Könige, Prinzessinnen und dergleichen gab es nie – das Schloss ist seit jeher ein Verwaltungsgebäude.

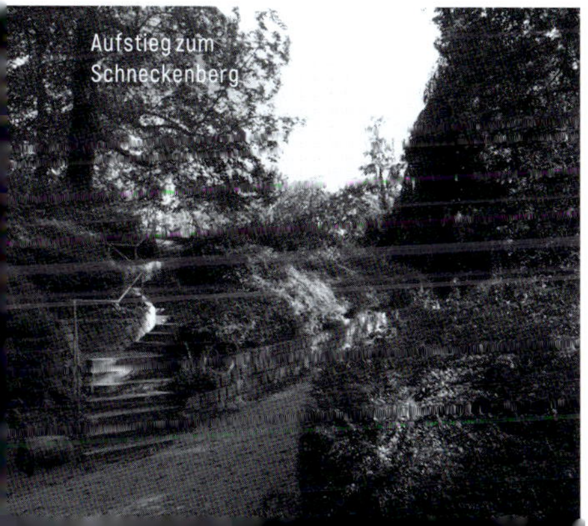

Aufstieg zum Schneckenberg

EINKEHRMÖGLICHKEITEN

Café Greco, Schlosscafé, Café Chrysander

KOMBINATIONSMÖGLICHKEITEN

- 51 Hirtenland
  600 m / 9'
- 53 Doktorberg
  1400 m / 10'
- 54 Gojenberg
  700 m / 10'

MEHR INFORMATIONEN

→ Schloss www.bergedorfer-museumslandschaft.de/ueber-uns/schloss

53 DOKTORBERG 7

Rodel- und Crosshang in Bergedorf

START	ENDE						
Hermann-Distel-Straße Bus 135	Wentorfer Straße (Ost) Bus 135, 235, 335	43,1 m	3,8 %	43 m	22 m	1940 m	40′

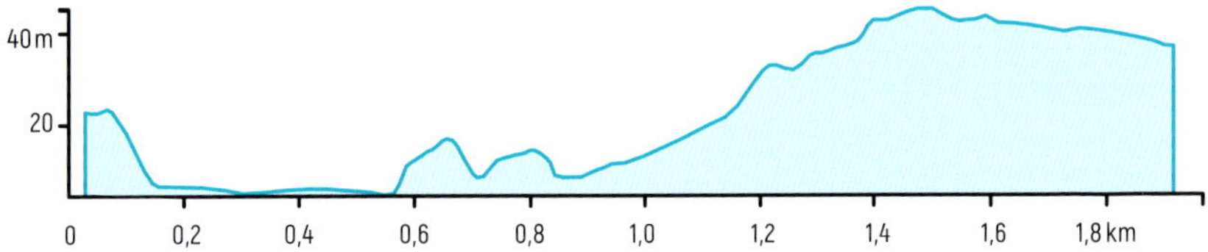

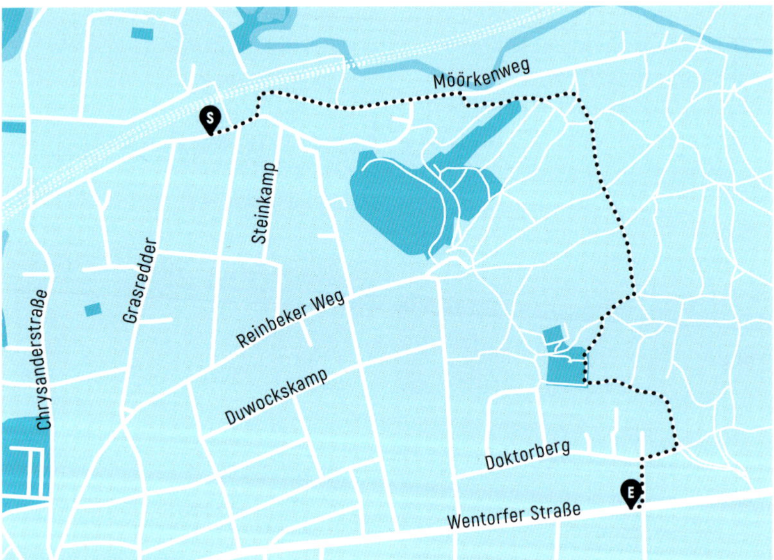

DIE TOUR

ZUSTIEG Die Daniel-Hinsche-Straße nach Osten und in der Kurve nach links absteigen, dem Möörkenweg nach rechts folgen, diesen hinter dem letzten Haus (Nr. 30) nach rechts wieder verlassen und vor dem Schießstand der Bergedorfer Schützen nach Osten wenden bis zu einer Gabelung. **AUFSTIEG** Hier nach rechts in südlicher Richtung abbiegen und bei zunehmender Steigung den in der Ferne bereits sichtbaren Doktorberg über seine NNW-Flanke besteigen. **ABSTIEG** Nach SW wenden und die übernächste Möglichkeit nach halblinks weiter bergauf gehen. Rechter Hand liegen die Anlagen des Tennisvereins Ostende, an deren Ende wir nach Osten abbiegen, alsbald geht es leicht bergab. Dem Weg in seiner Rechtskurve folgen wir und biegen an der nächsten Wegekreuzung nach rechts ab, kurz danach nach links auf die Justus-Brinckmann-Straße.

HINTERGRÜNDE

Vor ungefähr 3000 Jahren lebten rund um den Doktorberg sesshafte Menschen. Funde wie Steinbeile, ein Bronzeband oder Urnen mit Leichenbrand lassen darauf schließen. Einen dafür typischen Grabhügel findet man an der SW-Ecke der Tennisanlage

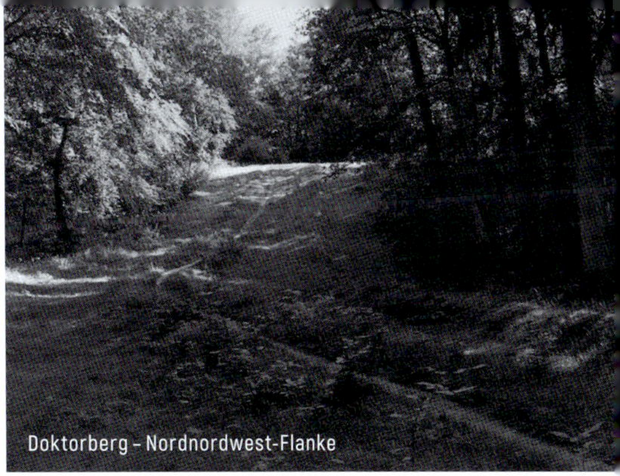

Doktorberg – Nordnordwest-Flanke

Einmal im Jahr findet am Doktorberg der Bergedorfer Crosslauf statt, der älteste seiner Art in Deutschland. Traditionellerweise immer Anfang Januar geht es bei der Langstrecke insgesamt viermal die NNW-Flanke hoch … Doch ist das überhaupt der Doktorberg? Fragt man Einheimische am Start der Rodelpiste, so bejahen das alle. Allerdings geht es in sehr viele Himmelsrichtungen nur etwas bergab und danach sogar noch höher als dieser »Gipfel«. Die Tennisanlage, die wir nach dem Rodelgipfel passiert haben, liegt mehr als zehn Meter höher als dieser und wird in vielen Karten als »Doktorberg« bezeichnet. Nun denn – wir waren auf beiden Doktorbergen.

KOMBINATIONSMÖGLICHKEITEN

52 Schneckenberg
1300 m / 19'

54 Gojenberg
900 m / 13'

54 GOJENBERG

Den Sternen näherkommen

START	ENDE
Rathaus Bergedorf	An der Pollhofsbrücke
Bus 235, 335	Bus 225, 228, 325

33,6 m · 3,1 % · 35 m · 42 m · 3390 m · 1 h 05′

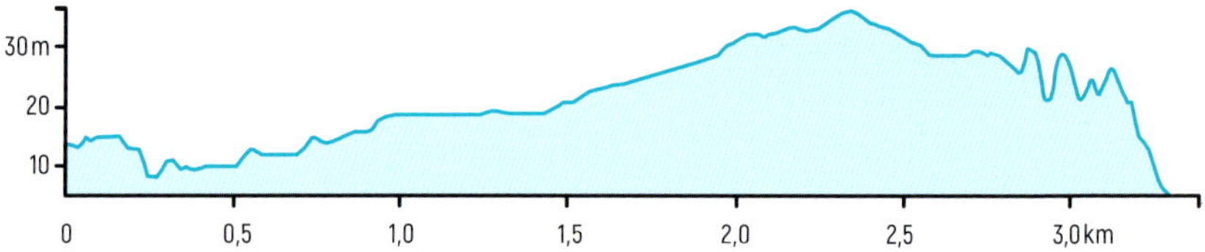

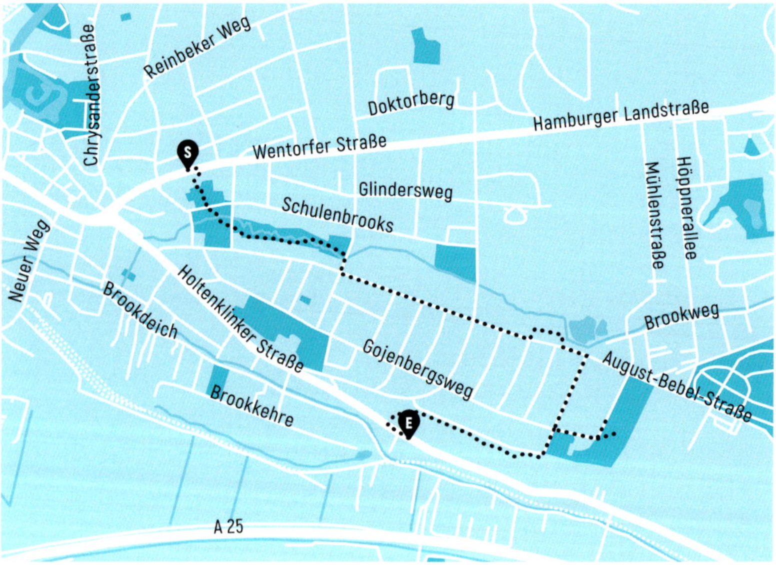

DIE TOUR

AUFSTIEG Wir umgehen das Bergedorfer Rathaus westlich und nach Süden in den südlichen Teil des Rathausparks. In diesem gehen wir nach links und halten uns nach der bald folgenden Brücke halblinks (SO). Nun nicht weiter bis zum Spielplatz, sondern vorher nach Osten biegen, dann Möllers Kamp überqueren und im nun folgenden Park entlang der Schulenbrooksbek bis zur Ernst-Henning-Straße gehen. Hinter dieser führt der Weg entlang des Kleingartenvereins Birkenhöhe-Gojenberg bis zur Straße »An der Sternwarte«. Dieser folgen wir, bis nach 250 Metern auf der linken Seite der Eingang zur Sternwarte liegt.

ABSTIEG Nach dem Verlassen des Geländes wenden wir uns nach links und knapp hundert Meter danach nach rechts. Nun die Hermann-Löns-Höhe 450 Meter abwärts nach WNW gehen – und dabei gern den linker Hand liegenden Pfad nutzen. Dort, wo die Straße einen leichten Rechtsknick macht, nach links die Treppen steil hinunter, bis wir auf die Holtenklinker Straße kommen.

HINTERGRÜNDE

Hier wird kein Sternenhimmel simuliert wie im Planetarium (Tour 37), hier

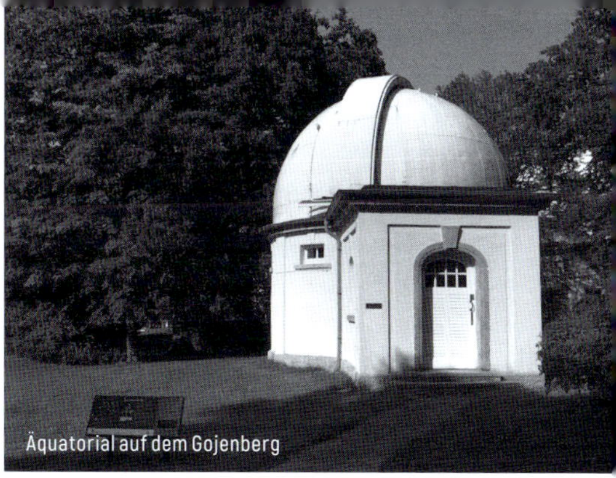

Äquatorial auf dem Gojenberg

werden die echten Sterne beobachtet. Um das ungetrübt zu können, zieht die Sternwarte zu Beginn des 20. Jahrhunderts vom Millerntor nach Bergedorf. In der Stadt stören Licht- und Luftverschmutzung. Das Konzept, die einzelnen Instrumente in getrennten Gebäuden unterzubringen, und die einzelnen Refraktoren (Fernrohre) und Spiegelteleskope sind vor hundert Jahren so fortschrittlich, dass mit ihnen bis heute Spitzenforschung betrieben wird.

EINKEHRMÖGLICHKEITEN

Café Raum & Zeit

ACHTUNG

Öffnungszeiten – für Park und Besucherzentrum

KOMBINATIONSMÖGLICHKEITEN

52 Schneckenberg
700 m / 10'

53 Doktorberg
900 m / 13'

55 Schwaßmannhöhe [Schorrhöhe]
700 m / 10'

MEHR INFORMATIONEN

→ Sternwarte www.thsev.de

55 SCHWASSMANNHÖHE [SCHORRHÖHE]

Prächtige Ausblicke vom Geesthang

START
Speckenweg
Bus 228, 328, 428

ENDE
Holtenklinke
Bus 225, 228, 328

45,5 m | 18,6 % | 76 m | 78 m | 2150 m | 55′

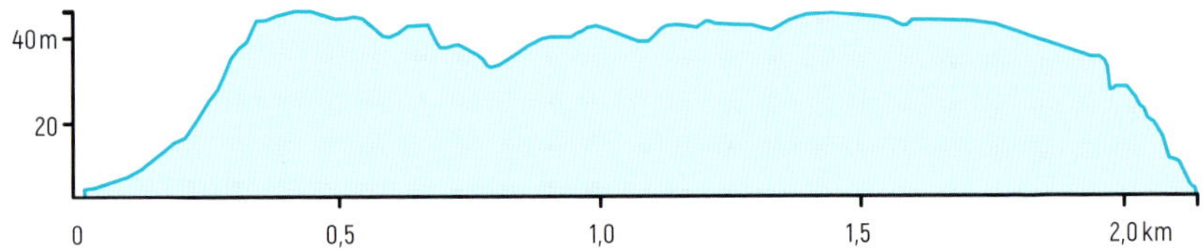

DIE TOUR

AUFSTIEG Gegenüber der Einmündung des Speckenwegs auf die Rothenhauschaussee gehen wir den Weg nach NNO hinauf. Zunächst geht es zahm aufwärts und hinter der rechter Hand liegenden Wald-Kita steiler aufwärts nach Norden. Nach einem letzten Steilanstieg haben wir genügend Höhe gewonnen, um ab jetzt in einem eher gemütlichen Auf und Ab in NNW-Richtung zu gehen.

ÜBERGANG Kurz nachdem ein Weg von rechts zuläuft, nehmen wir an der Weggabelung den Weg nach links, gehen etwas bergab, danach sofort wieder bergauf – immer in NW-Richtung. An der nächsten Weggabelung gehen wir in einem scharfen Rechtsbogen leicht abwärts. Wir erreichen die nächste Wegekreuzung, an der es nach halblinks und aufsteigend weitergeht (nicht nach SW absteigen). Nun in einem weiten Linksbogen und immer weniger ansteigend gehen, zuletzt nach SW. An einer Weggabelung ist rechter Hand eine Buskehre zu sehen. Den Weg dorthin (NNW) lassen wir rechts liegen und gehen auf einem Höhenweg am Geesthang nach WNW – dem Schild »Schwaßmannhöhe« folgend. Nun noch wenige Meter und wir kommen zu einem Aussichtspunkt mit Metallbänken und -tisch. Wir gehen weiter leicht abstei-

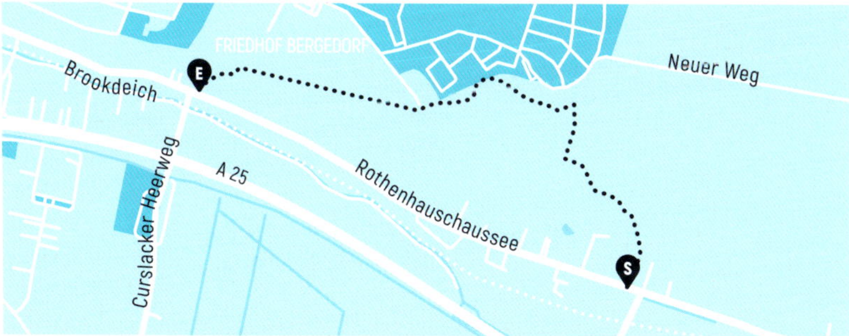

55

gend bis zu der Stelle, an der nach rechts der Weg zur Kapelle 1 des Friedhofs hochführt.

ABSTIEG Hier beginnt unser Abstieg nach links, zunächst eine Treppe herunter, später ein Mix aus Rampen und Treppen. Nach kurzer Zeit bergab stoßen wir auf die Rothenhauschaussee und damit den Endpunkt unserer Tour.

AUSBLICKE

S Über die Vier- und Marschlande

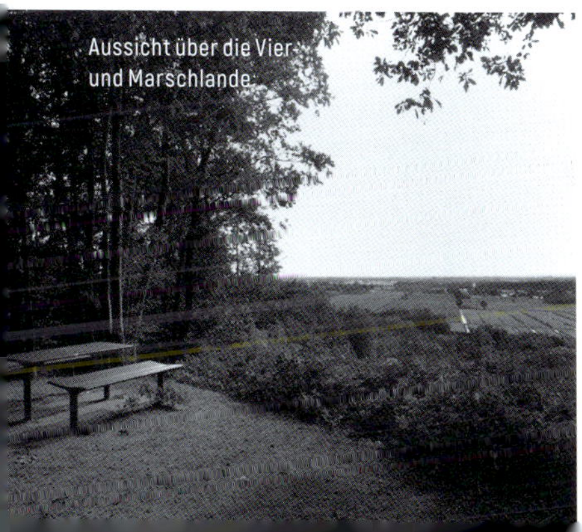
Aussicht über die Vier- und Marschlande

HINTERGRÜNDE

In einigen Karten mag noch der Name »Schorrhöhe« stehen. Im September 2018 beschließt die Bezirksversammlung Bergedorf, nicht mehr an Richard Schorr, dreißig Jahre lang Direktor der Sternwarte, zu erinnern. Denn der hat Mitarbeiter bespitzeln lassen und an die Gestapo verraten. Im April 2024 wird der Weg dann nach Arnold Schwaßmann benannt, Hauptobservator an der Sternwarte, Mitentdecker von 22 Asteroiden und federführend beteiligt bei der »Bergedorfer Spektraldurchmusterung«, einer Klassifikation von 180.000 Sternen.

EINKEHRMÖGLICHKEITEN

Mediterran

KOMBINATIONSMÖGLICHKEITEN

54 Gojenberg
700 m / 10'

MEHR INFORMATIONEN

→ Arnold Schwaßmann articles.adsabs.harvard.edu/full/1964MitAG..17...42.

56

BORGHORSTER SANDBERGE

Sandberge weit im Osten

START & ENDE
Voßmoor,
Kiefernweg
Bus 8895

12,1 m | 2,4 % | 8,5 m | 8,5 m | 1720 m | 30′

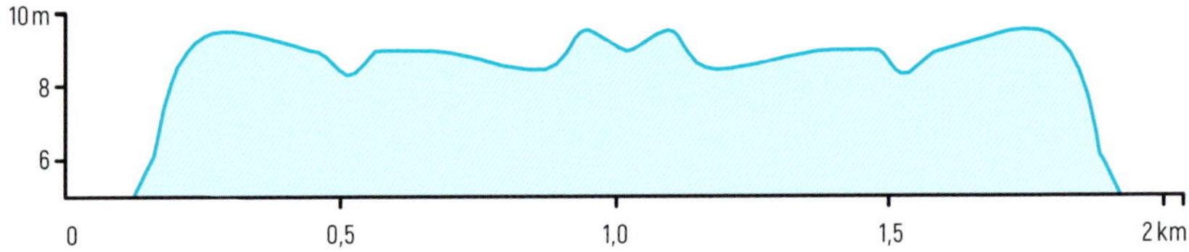

DIE TOUR

ZUSTIEG Die Straße gehen wir Richtung SO, dann rechts und sofort wieder links auf den Borghorster Hauptdeich. Diese Straße geht nach etwa 400 Metern in einen Waldweg über, linker Hand ein hoher Zaun, der das Gelände der Diensthundeschule Hamburg umgibt. Nach weiteren 300 Metern erscheint auf der rechten Seite eine mit Bäumen bewachsene Düne.
AUFSTIEG Über die Südflanke geht es einige sandige Meter bergauf.
ABSTIEG Der Abstieg erfolgt über die Aufstiegsroute oder über die NNW-Flanke. Dann den Zustiegsweg zurück zum Ausgangspunkt gehen.
VARIANTEN Durch den östlich angrenzenden schleswig-holsteinischen Teil der Borghorster Elblandschaft, der auch mit Dünen aufwarten kann, in einem weiten Rechtsbogen auf der alten Bahntrasse und dann nach Süden bis zur Wohnbebauung. Westlich auf dem Schwarzen Weg zum Ausgangspunkt zurück [insgesamt 5000 Meter, 1:20’].

AUSBLICKE

Kiefern, Birken, Kiefern, Birken …

HINTERGRÜNDE

Der Weg folgt der Trasse der Borghorster Bahn, einem Teil der

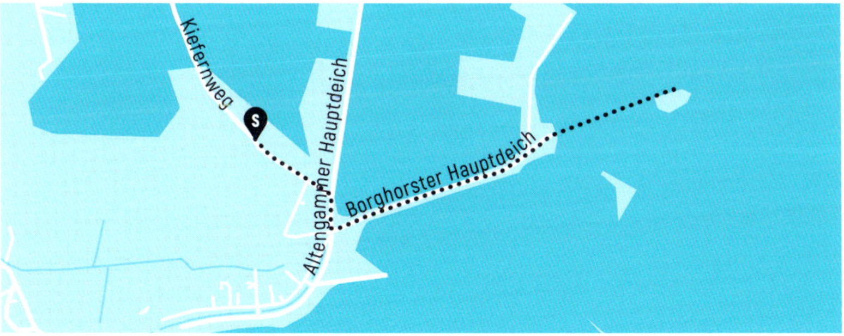

56

Hamburger Marschbahn. Diese Kleinbahn führt zwischen 1925 und 1952 von Billbrook durch die Vierlande über Borghorst bis Geesthacht. Heute ist die Strecke größtenteils als Radweg angelegt.

Die Dünen in diesem Gebiet sind Ergebnis der Weichsel-Kaltzeit. Das abfließende Wasser transportiert Sand, der sich ablagert. Nachdem die Gletscher der Eiszeit abgeschmolzen sind, weht der Sand zu Dünen auf. Weil der Sand die Wärme gut speichert, leben hier Tiere und Pflanzen, die sonst in Norddeutschland kaum vorkommen: Sandläufer und Ameisenlöwe oder Grasnelke und Wiesen-Gelbstern.

Der in der Variante beschriebene Weg lässt Ruinen in einer – von manchen »Bunkerwald« genannten – Landschaft entdecken, wo man sie kaum vermutet. Bereits ab 1877 wird in den Dünen Schwarzpulver hergestellt. Die Versailler Verträge machen eine Änderung im Produktportfolio notwendig – hier: zu Fußbodenbelägen. Ab Mitte der 1930er Jahre startet dann wieder die Pulverproduktion – in über 300 Gebäuden, durch die Umgebung gut getarnt. Erst im April 1945 werden die Anlagen durch Luftangriffe zerstört, die Natur ist seitdem wieder auf dem Vormarsch.

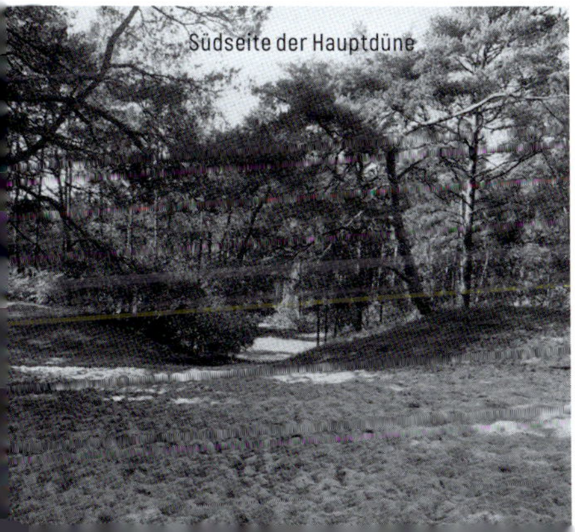
Südseite der Hauptdüne

MEHR INFORMATIONEN

› Sandberge www.botanischerverein.de/aktionen-und-projekte/gebietsbetreuung-durch-den-botanischen-verein/nsg-borghorster-elblandschaft

→ Bunkerwald www.ndr.de/geschichte/chronologie/Die-geheimnisvollen-Ruinen-in-Duenen,pulverfabrikduenenberg101.html

57

AIRBUS BESUCHERHÜGEL

Gute Aussichten für Airbus-Fans

START & ENDE
Westerweiden
(AIRBUS)
Bus 150, 350

8,5 m	11,1%	8 m	8 m	2630 m	45′

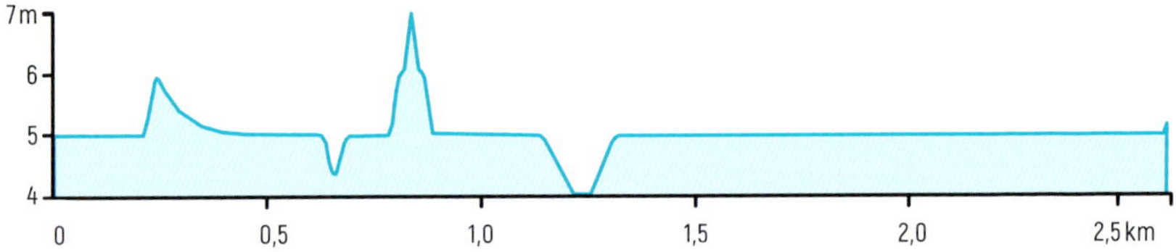

DIE TOUR

ZUSTIEG In westlicher Richtung 700 Meter bis zu einem kleinen Parkplatz gehen – dabei zunächst der Tower, dann das Auslieferungszentrum (»Airbus Delivery Center«) rechter Hand.

AUFSTIEG Am Parkplatz kurz nach links schwenken und erst die Rampe, dann die zwanzig Stufen in Angriff nehmen. Oben angekommen, erwarten uns Bänke zum Ausruhen und Informationstafeln, die die Hallen und Einrichtungen des Airbus-Werks beschreiben.

ABSTIEG Zunächst gehen wir wie beim Aufstieg die Treppenstufen abwärts, nach dem Parkplatz rechts Richtung SW, biegen nach 250 Metern links ab und nach wenigen Metern auf dem nach SO führenden Weg wieder links. Nun geht es in einer Rechtskurve an den Westerweiden vorbei einen Kilometer nach Osten bis zu einer Kleingartenkolonie. Hier gehen wir links, nach 170 Metern wieder links, und der Endpunkt der Tour ist bereits in Sichtweite.

AUSBLICKE

N Von NW bis NO das Airbus-Werksgelände. Einen Überblick zu den einzelnen Hallen geben die Informationstafeln.

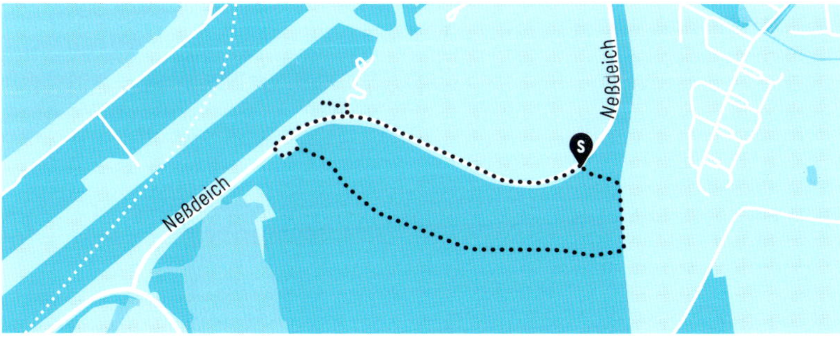

57

HINTERGRÜNDE

Der Name wechselt häufig, von Hamburger Flugzeugbau (HFB) über MBB, DASA und EADS zu – heute – Airbus. Der Zweck bleibt bestehen: Seit 1933 gibt es in Finkenwerder Flugzeugbau, seit 1954 einen eigenen Werksflughafen. Heute werden hier einige Typen der Airbus-Flotte endmontiert, für andere werden Teile produziert. Um diese zwischen den Produktionsstandorten zu transportieren, gibt es einen regen Flugverkehr – spektakulär vor allem die Belugas, die häufig in Finkenwerder starten und landen (auf www.flightaware.com an der Flugnummer BGA zu erkennen).

Das westlich gelegene Mühlenberger Loch, eines der größten europäischen Süßwasserwatte, diente als Landeplatz für Wasserflugzeuge. Für den Bau des A380 wird Anfang der 2000er Jahre mehr Platz benötigt, ein Teil des Mühlenberger Lochs zugeschüttet. Nicht nur Naturschützer protestieren, auch Segler und Paddler fürchten um ein Revier, das nun verkleinert ist.

Linienflüge mit Passagieren landen hier übrigens nicht, normalerweise: Beim Anflug auf Hamburg verwechselt der Chefpilot der spanischen Spantax 1968 allerdings Finkenwerder mit dem Flughafen in Fuhlsbüttel. Das bringt der Fluggesellschaft den Namen »Finkenwerder Airlines« ein.

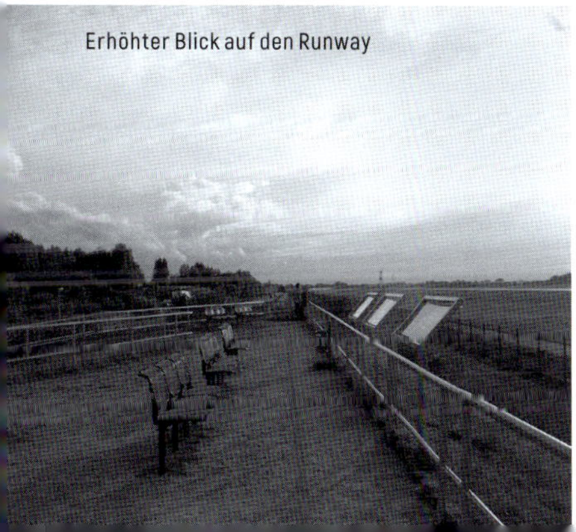
Erhöhter Blick auf den Runway

MEHR INFORMATIONEN

→ Airbus https://werksfuehrung.de/de/airbus-touren/einzelangebote/airbus-hamburg/werksfuehrung

→ Starts und Landungen https://e.flightaware.com/live/airport/EDHI

58 MOORBURGER BERGE

Den Zweikatzen bei der Arbeit zuschauen

START
Moorburger
Elbdeich 297
Bus 157

ENDE
Moorburger
Kirchdeich
Bus 157

21,9 m | 4,1% | 17 m | 17 m | 2980 m | 50′

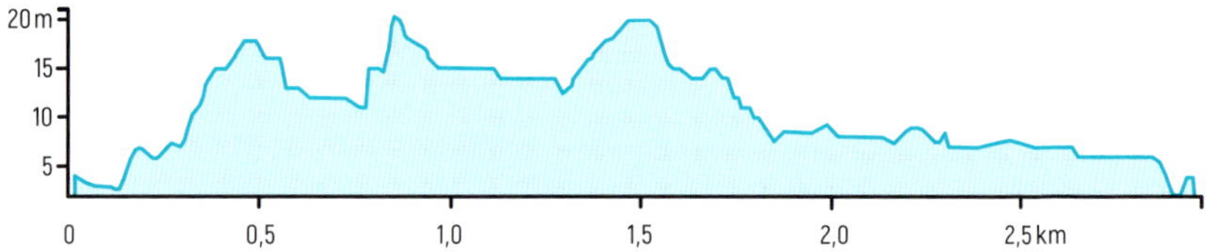

DIE TOUR

ZUSTIEG Wenige Meter den Moorburger Elbdeich nach Westen, dann die Altenwerder Hauptstraße nach NO gehen.
AUFSTIEG 1 Am SW-Ausläufer der Moorburger Berge zum ersten Gipfel aufsteigen – zunächst nach NO, dann in östlicher Richtung, vorbei an Obstbäumen. Am Gipfel selbst laden Bänke zum Ausruhen unter Kastanien ein.
ABSTIEG 1 Vom Gipfel Richtung NNO absteigen, an der nächsten Wegekreuzung nach rechts (O) abbiegen und gleich noch mal nach rechts.
AUFSTIEG 2 Der Gegenanstieg führt zu einer Weggabelung, dort steigen wir nach links kurz ab und gehen anschließend nach Osten weiter aufwärts bis zum zweiten, höheren Gipfel. Drei rote Bänke laden ein, dem Treiben an den Containerbrücken zuzuschauen.
ABSTIEG 2 Den Gipfel nach SO verlassen, wenig später nach SW gehen bis zur nächsten Möglichkeit, den Berg nach links zu verlassen und zum Endpunkt zu gelangen.

AUSBLICKE

N Containerterminal und Autoterminal – weit hinten die Elbphilharmonie
O Vier Leuchttürme, Kattwykbrücken (alte und neue), Kohlekraftwerk (noch)
S Harburger Berge

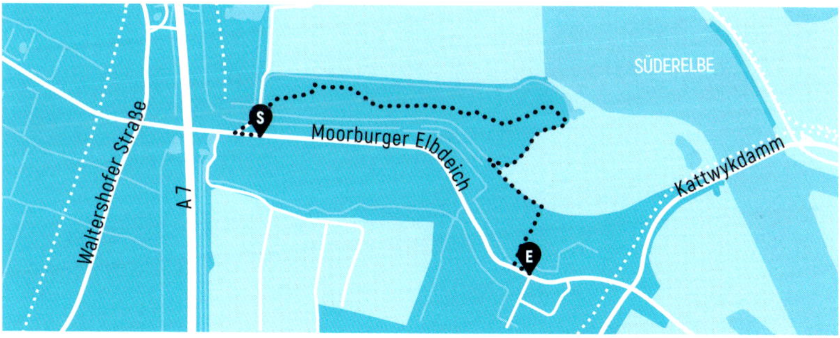

58

HINTERGRÜNDE

Die Bedeutung Moorburgs für die Hafenwirtschaft Hamburgs wird beim Blick auf die Landkarte nicht sofort deutlich. Der Name der Straße »Moorburger Elbdeich«, die unmittelbar südlich des Moorburger Bergs entlangführt, gibt einen ersten Hinweis. Noch vor sechzig Jahren fließt hier die Süderelbe. Nach der Sturmflut 1962 wird dieser Teil zugeschüttet und die Süderelbe vollständig über den Köhlbrand nach Norden umgeleitet. Zudem ist Moorburg bereits seit 1375 Stadtteil von Hamburg, einer der ältesten überhaupt – und bis 1937 auch der einzige auf der Südseite der Elbe. Damit ist Moorburg strategisch so wichtig, dass hier bereits 1390 an der stärker befahrenen Süderelbe eine Burg gebaut wird. So können Schiffe kontrolliert und Zölle erhoben werden.

Zum »Binnenland« wird Moorburg endgültig durch den Moorburger Berg, der aus Altenwerder Sand besteht. Dieser fällt zwischen 2000 und 2002 beim Aushub für den Bau des Containerterminals Altenwerder an. Das ist immer noch eines der modernsten Containerterminals weltweit, weitgehend automatisiert – doch Container bewegen sich nicht durch Geisterhand, sondern von Mensch und Software gesteuert.

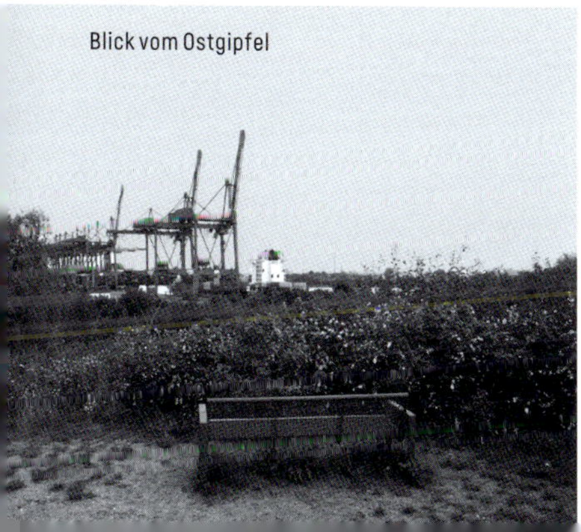
Blick vom Ostgipfel

MEHR INFORMATIONEN

- → Moorburg www.hamburg-moorburg.de/bilder/gerdts.pdf
- → Containerterminal https://hhla.de/unternehmen/tochterunternehmen/container-terminal-altenwerder-cta/so-funktioniert-cta

59

CALLABERG

Der Berg über dem Brack

START & ENDE
Stübenhofer Weg
Bus 152, 153, 155, 351, 355

4,9 m | 5,8 % | 9 m | 9 m | 970 m | 20′

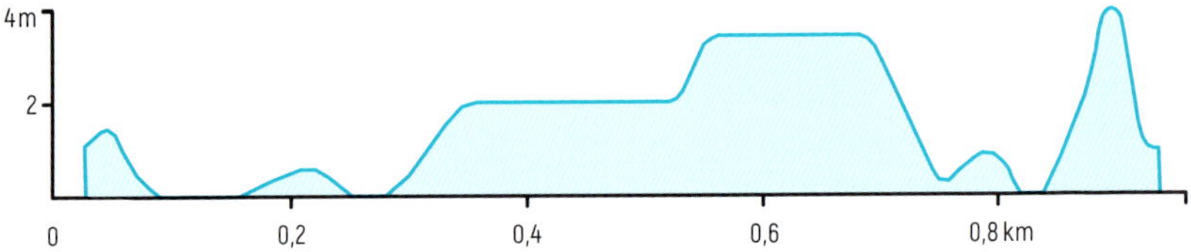

DIE TOUR

ZUSTIEG Den Weg in die Grünanlage gehen wir nach NNW, folgen der Linkskurve und biegen an der Wegekreuzung nach rechts ab, an der nächsten Gabelung nach links. Nun nutzen wir eine kleine Brücke und gehen auf der anderen Seite nach WSW bis zu einer weiteren Wegekreuzung. Hier geht es nach Westen weiter, wenig später folgen wir auf der Kirchdorfer Straße weiterhin dieser Richtung. An der Keuzung geht es nach links auf die Straße »Am Papenbrack«. Linker Hand – hinter dem Callabrack – ist die Westseite des Bergrückens hinter den Brombeersträuchern und Weiden zu sehen. Wir folgen dem Linksbogen der Straße, lassen den »Alten Deich« rechts liegen und gehen sofort danach nach links über eine Brücke direkt auf den Südgrat des Callabergs zu.

AUFSTIEG Entweder diesen Südgrat als Direttissima angehen oder – etwas leichter – zunächst nach Osten ausweichen, um dann über die Ostseite auf den Bergrücken zu gelangen. Den Callaberg in seiner ganzen Länge nach Norden überschreiten, auf halber Strecke steht eine Bank zum Ausruhen.

ABSTIEG Am Ende an der NO-Seite absteigen, wenige Meter nach OSO und an der Gabelung nach links gehen. Die nächste Gelegenheit nach rechts führt uns zu einem kleinen

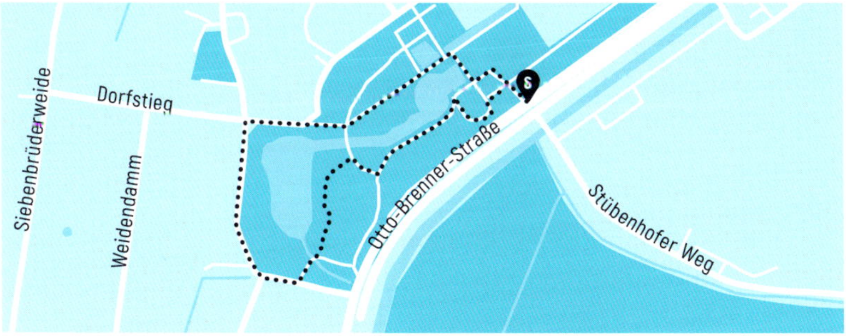

Aussichtspunkt auf die Grünanlage und vor allem nach SW auf den soeben bestiegenen Callaberg. Wir nehmen die nächste Möglichkeit nach rechts über eine Treppenanlage auf den Zustiegsweg, der nach rechts zum Endpunkt führt.

AUSBLICKE

O Vom Callaberg auf den auf der anderen Seite der Otto-Brenner-Straße liegenden Kinderbauernhof Kirchdorf. Nicht nur bei Ostwind kann man ihn auch hören …

Aussichtspunkt am Callaberg

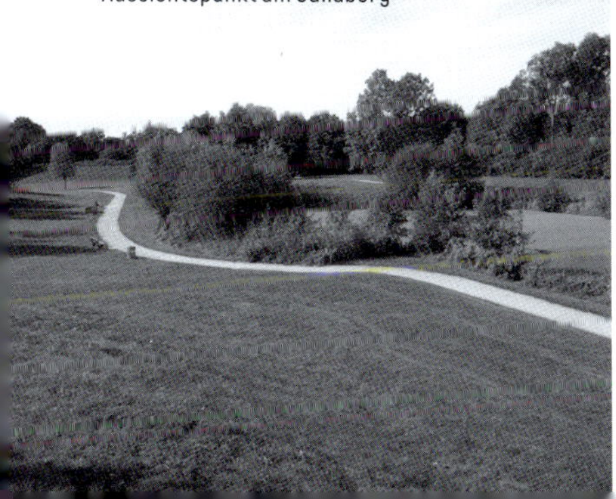

HINTERGRÜNDE

Der westlich des Callabergs gelegene Callabrack ist eines der Hamburger Naturdenkmäler. Ein Brack entsteht während einer Sturmflut, wenn ein Teil des Deichs durchbrochen wird und sich das einströmende Wasser dahinter ein Loch gräbt. Der Name »Brack« ist mit dem englischen »break« verwandt. Das Brackwasser ist zunächst Salzwasser, wird aber im Laufe der Zeit durch Regen und Zuläufe zu Süßwasser. Die Verbindung von Deich und Brack zeigt sich heute noch an den zusammenlaufenden Straßen Alter Deich – Am Papenbrack – Am Callabrack. Das Callabrack entsteht vor 1702 während einer Sturmflut – Wilhelmsburg hat ja nicht nur die von 1962 erleben müssen. Viele Wasservögel finden in der Uferböschung des Westrückens des Callabergs guten Schutz und auf den nahen Wilhelmsburger Elbwiesen reichlich Nahrung.

60

ENERGIEBERG

Auf Trümmern und Dioxin gebaut – der Horizontweg

START & ENDE
Fiskalische Straße
Bus 154

36,4 m | 10,5 % | 39 m | 39 m | 2860 m | 55′

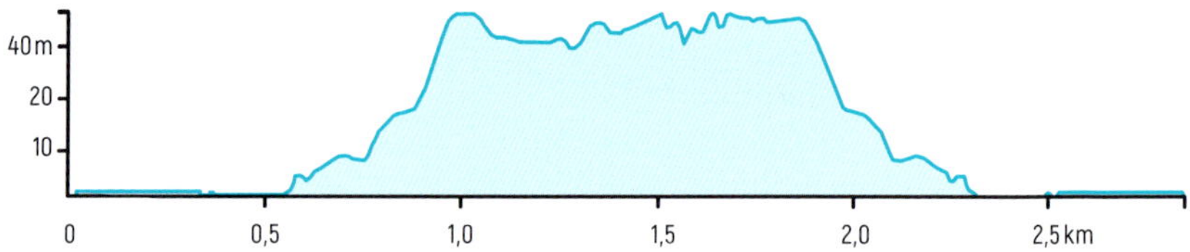

DIE TOUR

ZUSTIEG Der Fiskalischen Straße folgen wir nach OSO und betreten nach knapp 600 Metern das Betriebsgelände der Stadtreinigung. Hier zunächst nach SO, kurz darauf nach Osten weitergehen.
AUFSTIEG Am Informationszentrum führt eine Treppenanlage nach Süden auf den Energieberg – hier haben wir die Wahl zwischen 145 Stufen nebst einigen Treppenabsätzen auf einer Strecke von 210 Metern oder vollkommen stufenlos in Serpentinen mit einer Länge von 660 Metern. Die zweite Variante besteht selbstverständlich wegen Kinderwagen und Rollstühlen – und ermöglicht allen die bergsteigerisch übliche Form des treppenlosen Gipfelerklimmens. Egal wie: Jetzt sind wir oben. Auf dem knapp einen Kilometer langen Horizontweg können wir nun die Aussicht von der höchsten Erhebung in Hamburg-Mitte in alle Himmelsrichtungen genießen.
ABSTIEG Wie Aufstieg.

AUSBLICKE

N Mundsburg – westlich davon Hauptkirchen, Hertz-Turm, Elbphilharmonie
O A1, Sender Moorfleet, Bergedorfer Geesthang
S Kirchdorf-Süd, Harburger Berge

W Hafenanlagen, Blankeneser Geesthang

HINTERGRÜNDE

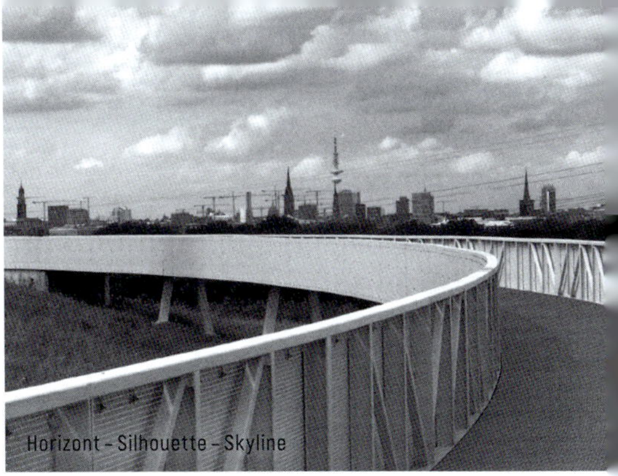

Horizont – Silhouette – Skyline

Zunächst entsteht kein Berg, sondern durch den Abbau von Klei (für den Deichbau) eine Grube. Diese wird nach dem Zweiten Weltkrieg mit Trümmern aufgefüllt und in den 1950er Jahren Mülldeponie, auch für chemischen Sondermüll. 1979 wird die Deponie geschlossen, eine Öffnung als Park ist in Planung. Dann die Schlagzeilen 1983 – vom »Giftberg von Georgswerder« und »Deutschlands skandalträchtigster Erhebung« ist die Rede. Dioxin und Pflanzenschutzmittel werden nachgewiesen und die Deponie muss weiträumig gesichert werden. Sickerflüssigkeiten und Grundwasser werden bis heute (und auf unabsehbare Zeit) gereinigt. Das ursprüngliche Ziel, den Berg langsam auszutrocknen und dann abzutragen, gerät in sehr weite Ferne. Jährlich werden 700 000 Euro für die Sicherung der Deponie ausgegeben. Im Zuge der Internationalen Bauausstellung IBA wird der giftgrüne Berg 2013 öffentlich zugänglich gemacht.

ACHTUNG

Öffnungszeiten

MEHR INFORMATIONEN

→ Energieberg www.stadtreinigung.hamburg/ueberuns/service/energieberg-georgswerder/index.html

→ Dioxin www.deutschlandfunk.de/hamburgs-giftiges-industrieerbe-immer-wieder-dioxin.740.de.html?dram:article_id=446163

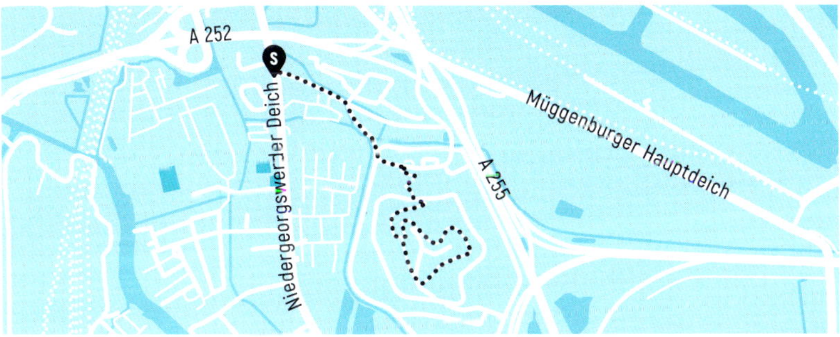

61 ASCHBERG

Anhöhe zwischen Freibad und Tierheim

START & ENDE
Braune Brücke
Bus 112, 130

14,2 m | 11,6 % | 9 m | 9 m | 950 m | 20′

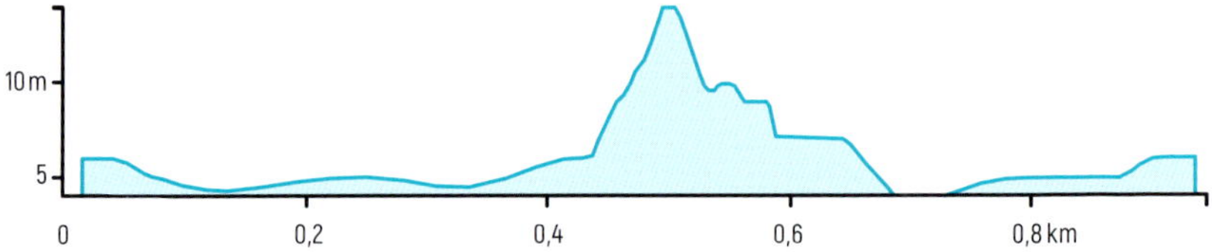

DIE TOUR

ZUSTIEG In nördlicher Richtung am Parkplatz des Freibads Aschberg vorbeigehen, bis nach 250 Metern ein Weg nach rechts abzweigt. Diesem bis an die NO-Ecke des Freibades folgen.
AUFSTIEG Hier beginnt der NW-Anstieg auf den Aschberg. In einem langgezogenen Rechtsbogen geht es auf unbefestigtem Weg bis auf die Spitze des Berges. Oben können wir auf Bänken, die geschützt unter einem Pavillondach stehen, rasten.
ABSTIEG Nun den Südabstieg nehmen, über den wir – einer leichten Linkskurve folgend – Richtung Süderstraße wieder die Ausgangshöhe erreichen. Nun auf dem Weg zwischen Freibad und Süderstraße Richtung Westen zum Ausgangspunkt zurückmarschieren.

AUSBLICKE

O Akustisch nicht weniger interessant als der Blick: Direkt östlich unter dem Aschberg liegt das Hamburger Tierheim – die verschiedenen Töne sind nicht nur bei Ostwind zu hören. Hinter dem Tierheim verläuft die Güterumgehungsbahn, die dahinter liegenden Kleingärten der Horner Marsch sind nur im Winter zu sehen, wenn die Bäume unbelaubt sind.

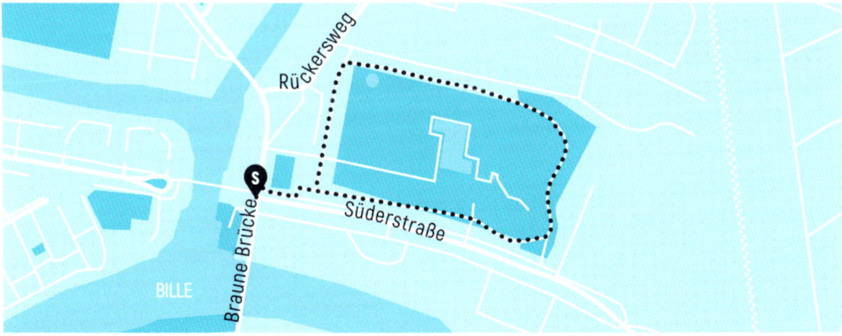

61

HINTERGRÜNDE

Der Aschberg, auf Trümmern und Müll gebaut, verliert seine wichtigste Funktion: Höhe für die mit 111 Metern einst längste Rutsche Hamburgs zu gewährleisten. Denn das Freibad wird abgerissen. Zunächst sollte es renoviert werden, doch dann entsteht der Plan, dass es vollständig einem Sportcampus Platz machen soll. Auf den westlich des Kanals liegenden Ernst-Fischer-Sportplätzen entstehen die Osterbrookhöfe, der Rasensport wird auf dem jetzigen Freibadgelände ein neues Zuhause finden.

Im Tierheim werden jedes Jahr ungefähr 10 000 Tiere aufgenommen. Knapp hundert Mitarbeitende kümmern sich um die Tiere. Und es gibt sogar Verbindungen zwischen Freibad und Tierheim – also über den Aschberg hinweg. So öffnet das Tierheim im Spätsommer 2015 – das Bad hatte für die schwimmenden Zweibeiner bereits geschlossen – seine Pforten für die Schwimmer auf vier Pfoten: Der erste Hundeschwimmtag in Hamburg. Ob es auch zu gemeinsamem Badevergnügen von Hund und Mensch kommt, ist nicht überliefert, gesichert allerdings der tollkühne Sprung eines Hundes vom Ein-Meter-Brett.

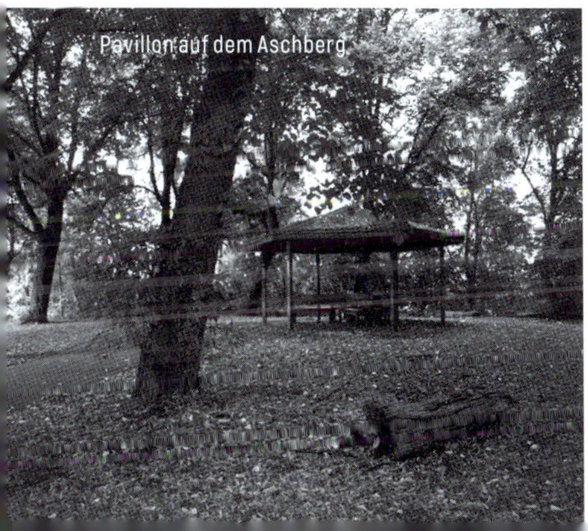
Pavillon auf dem Aschberg

MEHR INFORMATIONEN

→ Freibad https://taz.de/Freibad-Schliessung-in-Hamburg-Hamm/!5619496

→ Hundeschwimmtag www.hamburger-tierschutzverein.de/tierschutz/archiv/3181-erster-hundeschwimmtag-in-hamburg-vierbeiner-springen-im-freibad-aschberg-ins-wasser

62 HIMMELSBERG

Hamburgs schnellster Berg – ein Steilhang aus Sand im Baakenpark

START
HafenCity
Universität
U 4 - Bus 111

ENDE
Elbbrücken
S 3, 5 - U4 - Bus 111, 119, 130, 256

18 m | 19,8 % | 15 m | 15 m | 1720 m | 30′

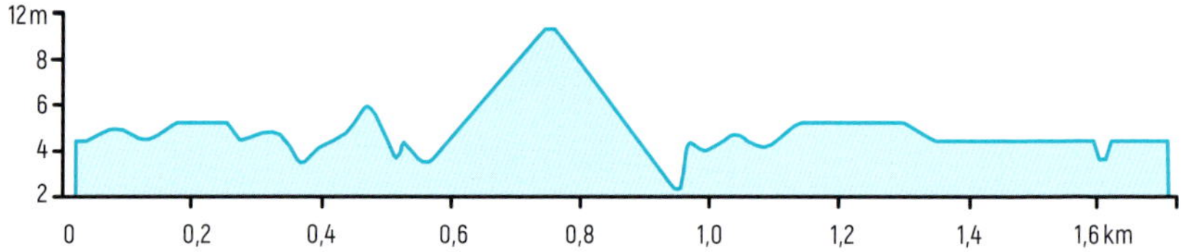

DIE TOUR

ZUSTIEG Wir gehen nur etwa hundert Meter die Versmannstraße Richtung Osten und biegen vor dem JUFA-Hotel rechts ab zum Versmannkai. An diesem geht es 300 Meter ostwärts entlang – vorbei an alten Kranen – und dann die Baakenparkbrücke nach rechts, um zum Baakenpark zu gelangen. Der Weg führt am Nordufer des Baakenparks direkt auf die Westflanke des Himmelsbergs zu: Links sind die steil ins Wasser fallende Nordflanke sowie der sie begrenzende NW-Grat zu sehen.
AUFSTIEG Ein kurzer Schwenk nach rechts führt zum Standardaufstieg auf den Himmelsberg (am SSW-Grat), einer Treppenanlage aus vorgerostetem Stahl – Reminiszenz an die Kaimauern. Auf dem polygonen Gipfel können wir von mehreren Sitzmöglichkeiten aus die Aussicht genießen.
ABSTIEG Zunächst die Treppen wieder herunter – jede Überschreitung verbietet sich bei diesem Berg. Nun Richtung Süden bis zur Baakenallee/Kirchenpauerstraße und dort angekommen, nach links gehen. In 600 Metern Entfernung liegen die Elbbrücken.

AUSBLICKE

N Großmarkthalle
O Elbbrücken

62

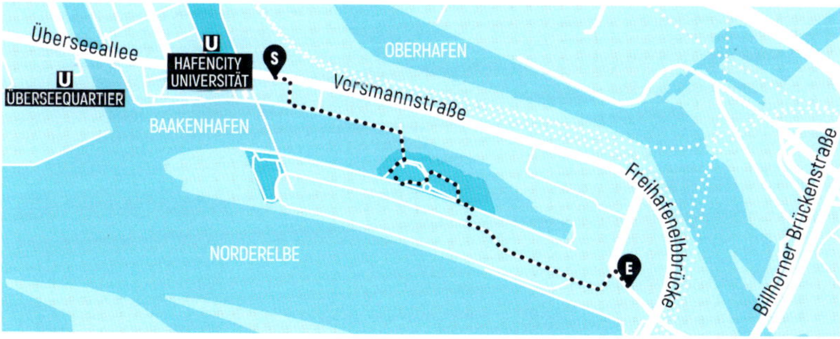

S Wohn-und Bürogebäude an der Norderelbe
W Elbphilharmonie und die davorliegenden Gebäude des Überseequartiers

HINTERGRÜNDE

Berge entstehen normalerweise über einen Zeitraum von Jahrtausenden, Müllberge von Jahrzehnten. Beim Himmelsberg liegen zwischen Planung und Fertigstellung drei Jahre, der Bau selbst dauert neun Monate. Der Himmelsberg ist damit Hamburgs am schnellsten emporgewachsener Gipfel. 2018 wird er für die Öffentlichkeit freigegeben – die Erstbesteiger sind nicht bekannt.

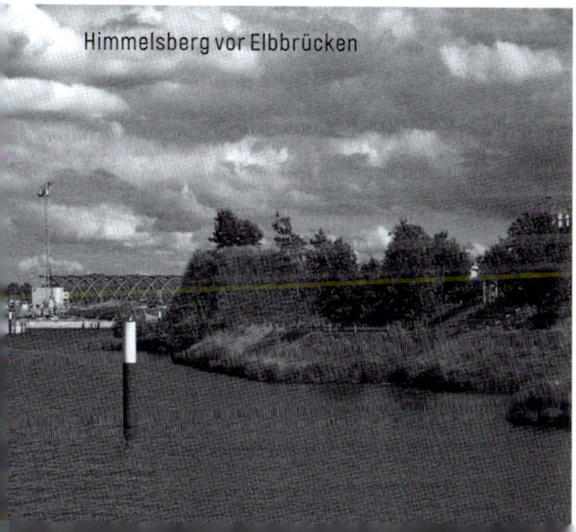
Himmelsberg vor Elbbrücken

Der Baakenpark entsteht im Zuge der Hafencity Planung auf einem Gelände, das ab 1887 einer der zentralen Häfen ist, dem Baakenhafen. Lange Kaianlagen, viele Schuppen und Eisenbahngleise prägen diese Halbinsel. Als vor sechzig Jahren die Containerschifffahrt an Bedeutung gewinnt, verlagert sich das Zentrum auf die Südseite der Elbe (Tour 58). Der Baakenhafen bleibt zunächst Lagerort – bis das um die Jahrtausendwende beginnende Wachstum der Hafencity Richtung Osten nun auch dieses Gebiet erreicht. Im Zentrum des Quartiers Baakenhafen bietet der Baakenpark viele Freizeitmöglichkeiten: ganz im Westen das etwas zu groß geratene Inselsofa – dahinter und etwas höher ein Spielplatz mit dem Thema »Treibgut« –, dazu ein Ballspielfeld, eine 100-Meter-Laufbahn und ein Streetballfeld; im mittleren Teil eine große Wiese mit schon jetzt altem Baumbe-

62 stand, darunter auch Obstbäume alter Sorten, sowie den großen Himmelsschaukeln und einer kleinen Tribüne mit Blick auf das Hafenbecken. Im östlichen Teil des Baakenparks ist der Himmelsberg die Landmarke.

Dessen Konstruktion ist ein Meisterwerk der Ingenieurbaukunst. Zunächst einmal soll der Hafengrund möglichst unbeschadet bleiben, da der Schlick schadstoffbelastetet ist. Jedes Aufbrechen wäre ökologisch bedenklich und ökonomisch teuer. Zum Schutz wird die Hafensohle in einem aufwendigen Verfahren mit Lagen aus Sand versehen. Nur direkt am Fuß der Böschung wird Schlick ausgebaggert. Diese Böschung ist 65 Grad steil, wasserseitig hält sie »Angriffen« durch Treibgut, Eisgang oder Schiffskollisionen stand. Die dafür bis auf eine Höhe von acht Metern über Normalpegel angebrachten Schutzgabionen haben nicht nur die Funktion, einen Aufprall auszuhalten. Auch müssen sie für eine zügige Entwässerung des Berginneren sorgen. Denn wenn der Himmelsberg nach einer Sturmflut noch mit Wasser gefüllt ist, ringsum jedoch bei anschließender Ebbe kein Wasser mehr dagegendrücken kann, dann herrscht Überdruck im Berg, er droht zu »platzen«. Der Berg selbst besteht aus Sand (und nicht aus Beton), der in sechzig Zenti-

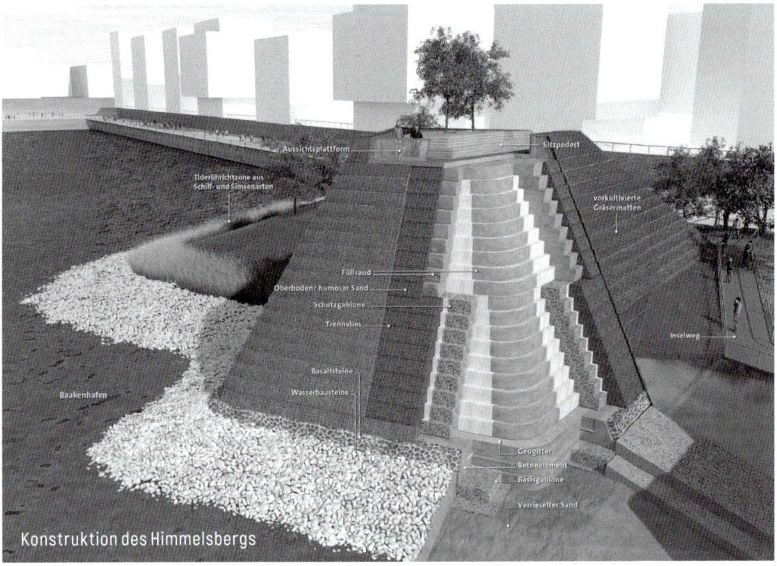

Konstruktion des Himmelsbergs

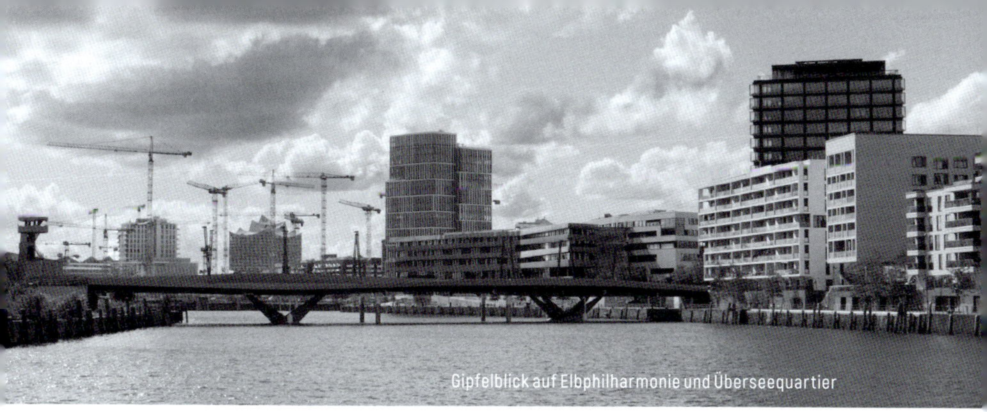

Gipfelblick auf Elbphilharmonie und Überseequartier

meter dicken Lagen durch sogenannte Geogitter stabilisiert wird. Durch diese in sich stabilisierten Füllsandschichten kann auf eine ansonsten übliche Stahlbetonlösung verzichtet werden. Und trotzdem hält diese Konstruktion einer Last wie der eines 15-geschossigen Hochhauses stand. Der Sand muss übrigens nicht von weither angeliefert werden, denn zeitgleich finden elbaufwärts Ausbaggerungen statt. Weil die Planer mitdenken, kann dieser Sand ortsnah genutzt werden, mehr als 30 000 Lkw-Fahrten werden so eingespart.

Der Himmelsberg weist darüber hinaus weitere Besonderheiten auf. Er verändert seine Höhe über Grund, denn bei Ebbe erscheint er erheblich höher. Und dieser Berg muss regelmäßig gepflegt werden: Das Rasenmähen am Steilhang erfolgt seilgesichert mit einem Luftkissenmäher. 2018 wird der Himmelsberg vom Architekten- und Ingenieurverein (AIV) als Bauwerk des Jahres mit dem Sonderpreis »Geotechnisches Ingenieurbauwerk« ausgezeichnet. Zu Beginn der Laudatio heißt es ganz im Sinne dieses Bergführers: »Hamburg hat gar keine Berge! Oh DOCH! Hamburg hat seit Eröffnung des Baakenparks sogar einen Berg mehr! Den Himmelsberg!«

EINKEHRMÖGLICHKEITEN

Le Jardin Café Flower, Eat Brazil – beide am Versmannkai

MEHR INFORMATIONEN

- → Baakenpark www.shz.de/video/zeitraffer-der-neue-baakenpark-in-der-hafencity-id19749826.html
- → Laudatio www.aivhh.de/auszeichnungen/bauwerk_des_jahres/preistraeger.php?oid=613&jahr=2018
- → Himmelsberg Kahl, M./Pormetter, K. (2020): Steilhänge aus Sand am Tidegewässer – der Himmelsberg in der Hafencity. In: Ingenieurbaukunst 2020, S. 8-15.

63

LANGER HAGEN

Eine Rampe ins Nichts – »Lost in Transition«

START
Langer Hagen
Bus 160

ENDE
Tiefstack
S 2 - Bus 3, 119, 120, 122, 124, 224

10,3 m | 2,6 % | 7 m | 8 m | 820 m | 15′

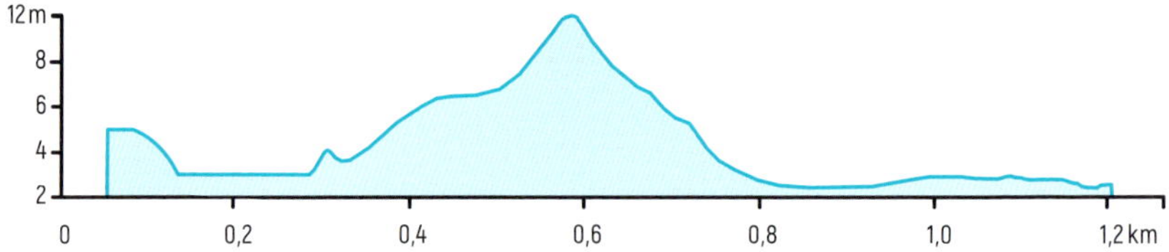

DIE TOUR

ZUSTIEG Die Großmannstraße gehen wir wenige Meter in östlicher Richtung, dann nach rechts auf die Billstraße und biegen sofort nach links auf den »Langen Hagen« ab. Diese Straße geht es nach SSO unter der Güterumgehungsbahn entlang. Bald taucht ein großes Tor vor uns auf, das in der Regel verschlossen ist. Hier rechts neben dem Zaun weiter nach SSO gehen, kurz danach erscheinen auf der rechten Seite die ersten Gärten des Gartenbauvereins Bahnhof Tiefstack, die Böschung links wird immer höher. Im Laufe des weiteren Wegs führen Treppen nach links hoch.

AUFSTIEG Eine dieser Treppen nehmen und oben angekommen nach rechts weitergehen, wobei wir kontinuierlich an Höhe gewinnen. Dieser Weg endet auf einem Plateau.

ABSTIEG Wir nehmen entweder den Weg zurück bis zur nächsten nach links abgehenden Treppe und den Weg an den Kleingärten entlang nach SSO – oder vom Plateau einen schmalen Weg zunächst durch Brombeergestrüpp und dann die Direttissma direkt über die SW-Flanke abwärts. Dann wenige Meter nach NW und ab hier gemeinsam durch den nach SW führenden Tunnel zum S-Bahnhof.

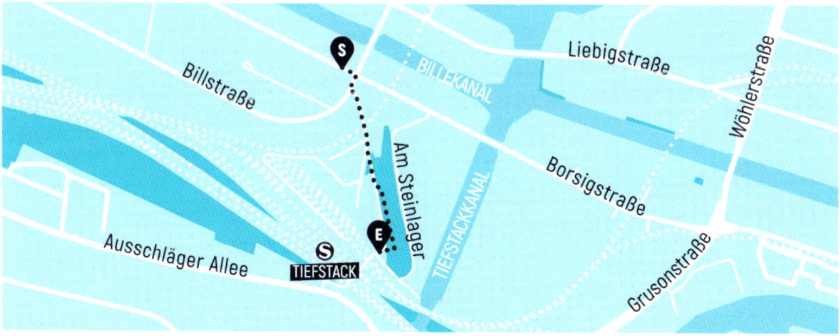

HINTERGRÜNDE

Die abrupt auf dem Plateau endende Rampe ist schon auf Karten der 1920er Jahre eingezeichnet und vermutlich Teil einer nie fertiggestellten Eisenbahnbrücke über den Tiefstackkanal. Nun ist das hier – zwischen der Bahnstrecke nach Berlin im Süden, einer Betriebswerkstatt der Nordbahn im Westen, der Güterumgehungsbahn im Norden und einem Verkehrsübungsplatz mit dahinterliegender Müllverwertung im Osten – wahrlich keine schöne Umgebung für einen Berg. Das muss wohl der Grund sein, warum sich der Otto Linne Preis, ein Preis für urbane Landschaftsarchitektur, 2016 auf die Umgestaltung dieses Gebiets bezieht. Unter dem Titel »Lost in Transition« wird dazu aufgefordert, für den »wilden Hamburger Osten« kreative Konzepte einzureichen. Es gibt zwei Erste Preise: Eine Preisträgergruppe will an der Rampe Ufertreppen anlegen, die nach Osten bis zum Kanal reichen, die andere eine großzügig begrünte Fahrrad- und Fußgängerbrücke von der Rampe über die Bahnlinien in Richtung Kraftwerk bauen. Mal sehen, was aus der »Transition« wird ...

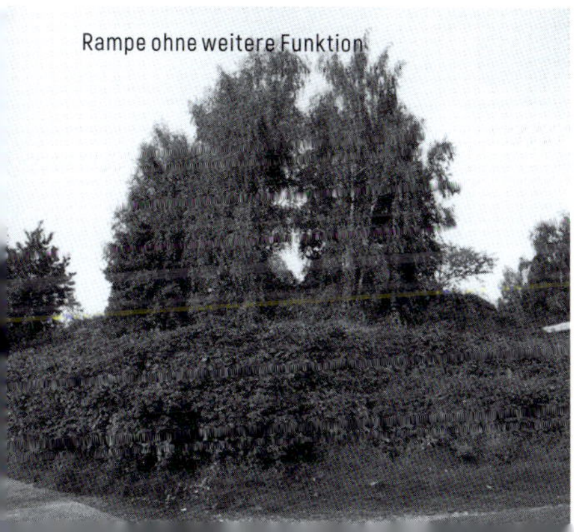
Rampe ohne weitere Funktion

MEHR INFORMATIONEN

- → Kraftwerk www.geschichtsspuren.de/artikel/industrie-kraftwerke-bergbau/132-kraftwerk-hamburg-tiefstack.html
- → Otto Linne Preis www.luchterhandt.de/wp-content/uploads/2017/08/OLP-2016_Dokumentation_de.pdf

64 HORNER PARK

Das Horner Horu – Nordost- und Nordgrat

START & ENDE
Horner Rampe
Bus 116, 160, 260

22 m | 7,6 % | 16 m | 16 m | 850 m | 20′

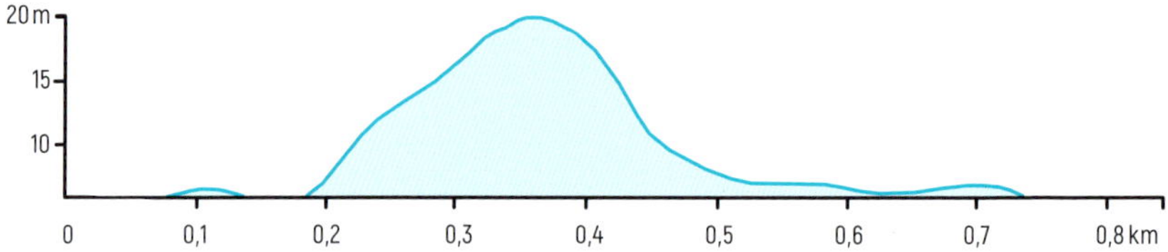

DIE TOUR

ZUSTIEG Den Horner Park an seiner NO-Ecke betreten und den Weg nach SSW einschlagen. Der Gipfelaufbau und die NO-Flanke des Horner Horns sind hier schon zu sehen. Zum Einstieg in den die Flanke begrenzenden NO-Grat gehen wir bis zu einer Weggabelung.

AUFSTIEG Ab hier steil ansteigend ohne jeglichen Höhenverlust bis zum Gipfel. Der Großteil des Anstiegs erfolgt im Schatten von Bäumen. Eine Bank zum Ausruhen steht im Abstieg der NO-Flanke.

ABSTIEG Vom Gipfel den Nordgrat absteigen. Nach acht Höhenmetern geht ein Weg steil nach links (SSW) in Richtung B5. Hier weiterhin nach Norden gehen – alsbald erscheint auf der rechten Seite ein Spielplatz –, bis wir am Fuß des Horner Horns angekommen sind. Hier nach rechts wenden und in OSO-Richtung zum Ausgangspunkt.

VARIANTEN Die NO-Flanke kann auch direkt abgestiegen werden. Eine ergänzende Tour führt auf den Horner Mühlenberg. Dazu steigen wir die Horner Landstraße nach SO und vor dem Horner Grill (Haus Nr. 329) nach links auf, zunächst Treppen, später eine Rampe. Wir nehmen die nächste Gelegenheit nach rechts und gehen ohne Höhenverluste Richtung SO durch

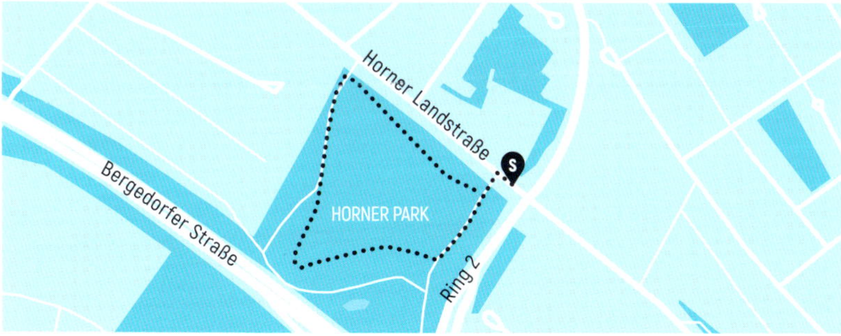

die Kleingärten des Vereins »Letzter Heller«. Nach 300 Metern biegen wir in spitzem Winkel nach rechts ab, dann geht es steil bergab auf die Horner Landstraße. Diese gehen wir nach NW zurück zum Ausgangspunkt [15'].

HINTERGRÜNDE

Die beschriebene Variante auf den Horner Mühlenberg ist eine Tour auf den Geesthang – Horner Park mit gleichnamigem Horn gehören dagegen zum Marschgebiet. Auf dem Parkgelände wird am Ende des 18. Jahrhunderts ein Landhaus errichtet und ein Park mit Teich und Insel angelegt. 1909 kauft die Stadt das gesamte Gelände mit der Absicht, dort Wohnungen zu bauen. Doch das scheitert am Widerstand der Horner. Der Park ist nun öffentlich und so beliebt, dass ein Toilettenhäuschen gebaut wird. Das ist das einzige Gebäude, das die Bombenangriffe 1943 übersteht. Aus den Trümmern wird das Horner Horn (schwyzerdütsch: Horu) aufgeschüttet. Das Spielhaus kommt Ende der 1950er Jahre hinzu.

Auch Hamburgs US-amerikanische Partnerstadt Chicago hat übrigens einen Horner Park – allerdings ohne Gipfel. Der Name hat auch nichts mit Hamburg-Horn zu tun, sondern ist nach dem ersten jüdischen Gouverneur von Illinois benannt, Henry Horner.

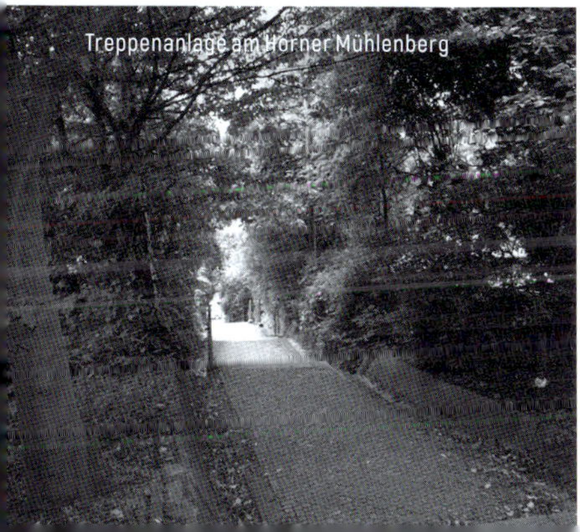
Treppenanlage am Horner Mühlenberg

EINKEHRMÖGLICHKEITEN

Horner Grill

MEHR INFORMATIONEN

→ Horner Park https://hornertv.tripod.com/park.htm

65

ÖJENDORFER PARK

Gipfelüberschreitungen hoch über dem See

START	ENDE
Salomon-Petri-Ring	Fuchsbergweg
Bus 119	Bus 29

26 m | 12,1 % | 26 m | 22 m | 3320 m | 1 h

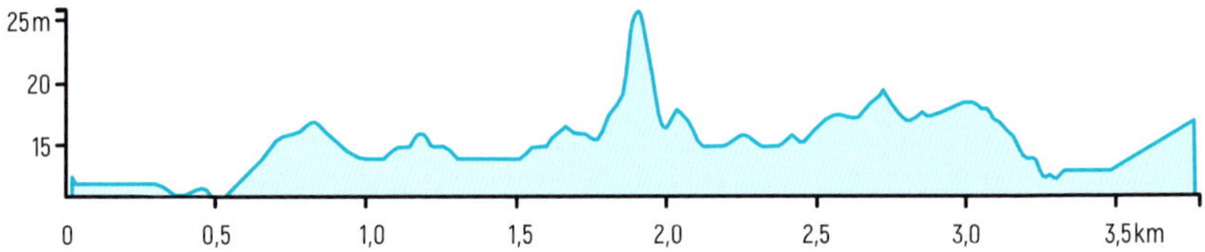

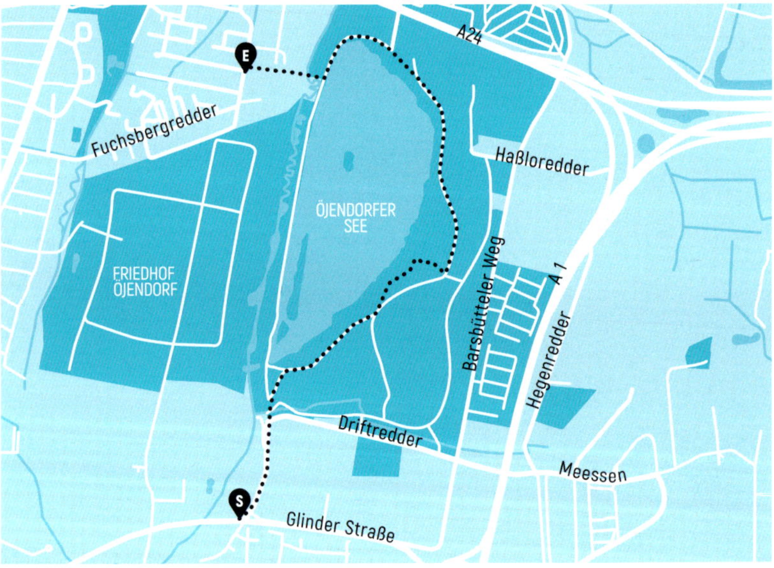

DIE TOUR

ZUSTIEG Den Reinskamp gehen wir nach Norden bis zum Eingang des Öjendorfer Parks, hier nach NNO, an der rechten Seite der Minigolfanlage vorbei, nach dem Kiosk nach rechts. Nach einer leichten Linkskurve verlassen wir den Weg und halten nach NW auf die kleine Sandbucht am See zu.

AUFSTIEG Hier führt unser Weg nach rechts (NO) auf den langgezogenen Südrücken, der mehrere nicht eigenständige Erhebungen mit einer Schartenhöhe von unter zwei Metern aufweist. Wir traversieren den gesamten Rücken und verlassen ihn an dessen NO-Ende. Nach wenigen Metern haben wir den Weg erreicht, der zur Südflanke des Öjendorfer Hauptgipfels führt. Der Aufstieg wird immer steiler, am Gipfelaufbau sollten wir den etwas mäßiger ansteigenden Rechtsbogen nehmen – zumal die Süd-Direttissima nicht befestigt ist. Am Gipfel erwartet uns ein großflächiges Plateau ohne Ausruhmöglichkeiten wie Bänke oder Steine.

ABSTIEG Wir steigen über den Ostgrat ab, der steil und kurvig auf den Hauptweg führt. Hier nach links abbiegen, dem Hauptweg anderthalb Kilometer folgen und kurz nach der Brücke über den Durchstichgraben des Schleemer Bachs nach rechts ab, den Bach überqueren und auf einem kurzen und mäßigen Gegenanstieg geht es zum Endpunkt.

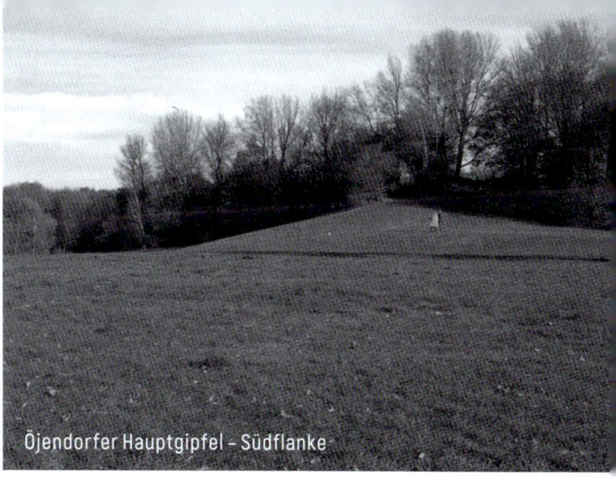

Öjendorfer Hauptgipfel – Südflanke

HINTERGRÜNDE

Nach 1945 wird ein Teil der »Öjendorfer Kuhle« – einer Sandgrube aus den 1920er Jahren – mit Trümmern vor allem aus Hamm und Horn zugeschüttet. Den Rest flutet man mit Wasser des aus Norden kommenden Schleemer Bachs. Am westlichen Ufer des Sees steht ab 1957 für ungefähr zehn Jahre eine Trümmeraufbereitungsanlage, deren Splitt größtenteils zum Bau von Häusern, der Rest zum Modellieren der Parklandschaft genutzt wird. Heute lockt der Park mit zwei Sandstränden, Liegewiesen, Spiel- und Grillplätzen.

EINKEHRMÖGLICHKEITEN

Kiosk am Spielplatz

MEHR INFORMATIONEN

→ Öjendorfer Park http://eteps.de/panorama/Oejendorfer_Park_070118/Oejendorfer_Park.html

66

SCHWARZENBERG

Exerzierplatz und Jüdischer Friedhof auf dem Geesthang

START
Seehafenbrücke
(Amtsgericht)
Bus 141, 241

ENDE
Grumbrechtstraße
Bus 141, 241

Höchster Punkt	Steigung	Aufstieg	Abstieg	Strecke	Zeit
34,2 m	18,8 %	31 m	29 m	1230 m	30′

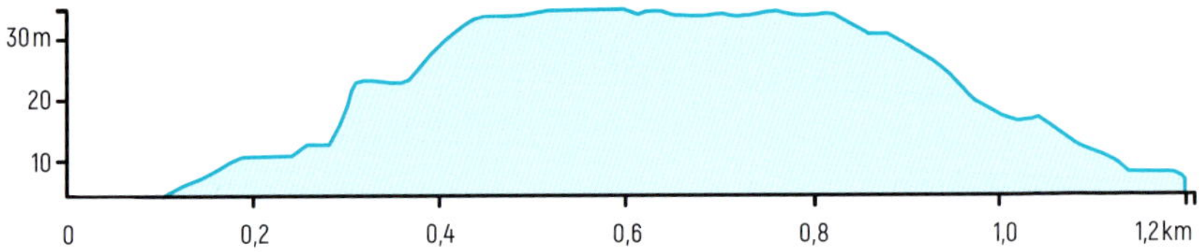

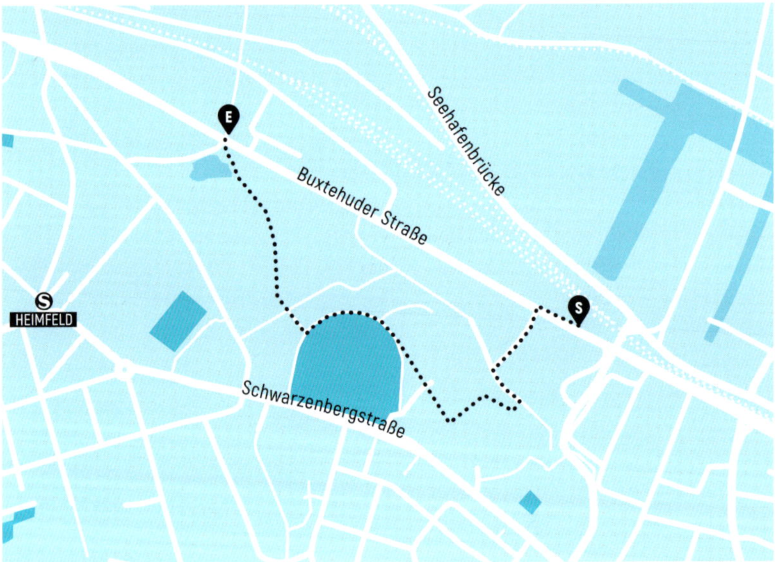

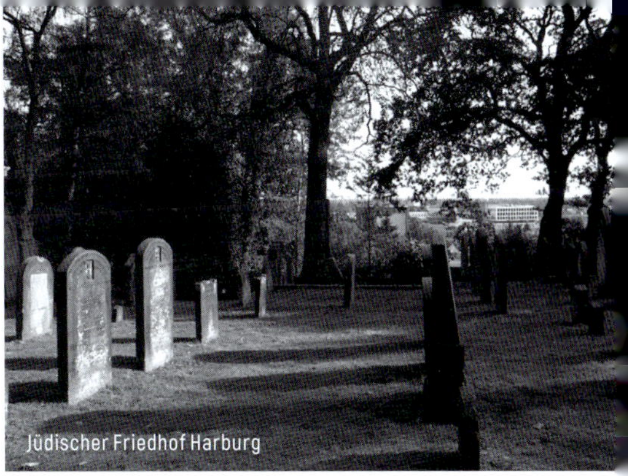

Jüdischer Friedhof Harburg

DIE TOUR

ZUSTIEG Wir gehen am Amtsgericht vorbei hundert Meter die Buxtehuder Straße nach WNW bis zum Bleicherweg.

AUFSTIEG Den Bleicherweg leicht ansteigen, bis wir auf den Helmsweg kommen. Dort biegen wir nach links ab, um am Ende in der Kehre die steile Treppe aufzusteigen. Am Ende der Treppe wenden wir uns nach rechts und folgen dem Weg in einem Linksbogen, weiter steil bergauf. Nun gehen wir ohne merkliche Höhenunterschiede nach NW, rechter Hand zunächst der Jüdische Friedhof Harburg, dahinter der Schießclub Schwarzenberg. Noch ein wenig weiter und wir erreichen den Schwarzenbergbrunnen.

ABSTIEG Den weit ausholenden Linksbogen um den Festplatz verlassen wir an seiner NW-Seite und steigen kurz hinter einer Wegekreuzung nach rechts (N). Diese Richtung halten wir grob bei und kommen an einen See, den wir auf seiner linken Seite passieren.

HINTERGRÜNDE

Die Begrünung auf der NO-Seite des Parks ist Major von Bissing zu verdanken. Der befiehlt 1835 seinen Soldaten, den kargen Hang zu bepflanzen. Wegen dieser Aktion wird er strafversetzt, denn sie ist vom General nicht genehmigt. Die Bäume bleiben trotzdem stehen, der Major bekommt ein Denkmal, auch eine Straße und ein Verschönerungsverein werden nach ihm benannt.

Der Jüdische Friedhof besteht seit spätestens 1690. Dass es keine Gräber aus dieser Zeit gibt, liegt an den Beschädigungen durch französische Soldaten im Jahr 1813, als auch Harburg zum Département der Elbmündungen gehört.

EINKEHRMÖGLICHKEITEN

Kaiserlich

KOMBINATIONSMÖGLICHKEITEN

67 In der Schlucht
1300 m / 19'

MEHR INFORMATIONEN

→ Harburg www.geschichtswerkstatt-harburg.de/index.php?article_id=4

→ Jüdischer Friedhof www.gesamtverband-harburg.de/friedhof/pdf/100_Jahre_NFH_6_Kapitel_III_juedischer_Friedhof.pdf

67

IN DER SCHLUCHT
Rund um den Lohmühlenteich

START
Harmsstraße
Bus 145, 245, 340, 345

ENDE
Marmstorfer Weg (Nord)
Bus 145, 245, 340, 345

37,3 m	11,6 %	42 m	30 m	2630 m	50′

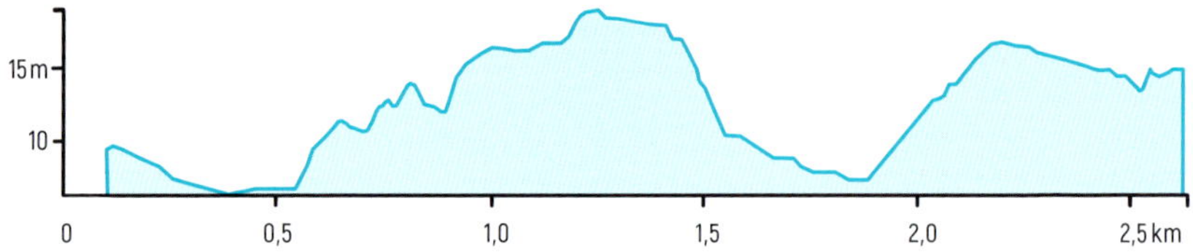

DIE TOUR

ZUSTIEG Die Bremer Straße geht es ein kleines Stück nach NO, dann nach links in die Steinickestraße bis zu einem Wendehammer. Dort wenden wir uns nach rechts (NNW), um über den Lohmühlengraben das Göhlbachtal zu erreichen.

AUFSTIEG Die vor uns liegende Treppenanlage bergauf und an deren Ende nach links. Nun gehen wir immer oberhalb der Abbruchkante, zunächst nach WSW, dann kommen ein Rechts- und ein Linksbogen. Wir befinden uns nun oberhalb des grün-weißen Gebäudekomplexes der Beruflichen Schule Harburg. Am Ende dieses Höhenwegs treffen wir auf die Hoppenstedtstraße, die wir Richtung Norden durchqueren, um dann nach links auf den Kirchenhang abzubiegen.

ABSTIEG Vor der Lutherkirche beginnt links der steile Abstieg ins Tal, zunächst ein Pfad, später die Straße »In der Schlucht«. An deren Ende gehen wir nach links (O) auf das Göhlbachtal und hinter der Hundeauslauffläche nach rechts. Den Lohmühlengraben überqueren wir erneut und nehmen schräg links den Veilchenweg durch den Kleingartenverein Reiherhoop. Hier geht es noch mal bergauf, danach bergab. Auf dem Gottschalkring gehen wir nach links, bis dieser auf die Bremer Straße trifft.

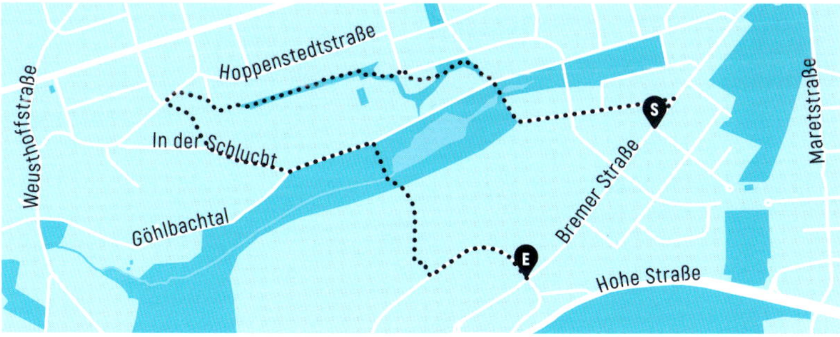

67

VARIANTEN Über die nach Osten führende Hoppenstedtstraße kommen wir zu den noch erhaltenen Zeilenbauten (Nordseite) sowie den Doppelhäusern auf der Südseite [5']. Wenn wir auf den Kirchenhang treffen, lohnt sich ein Abstecher nach Norden zum Adolf-von-Elm-Hof/Mehringweg [10'].

HINTERGRÜNDE

Die Bebauung an der Hoppenstedtstraße sorgt ab Mitte der 1920er Jahre für einen Skandal. Spätestens seit Ende des Ersten Weltkriegs herrscht Wohnungsnot. Die regierende SPD entscheidet, auf der südlichen Straßenseite Doppelhäuser bauen zu lassen, auf der Nordseite mehrgeschossige Zeilenbauten. Zum Skandal wird das erst, als klar wird, wer in die Doppelhäuser mit Garten und Blick auf das Göhlbachtal einzieht – in das zentrale Haus Nr. 29 der Senator für Wohnungsbau, in andere Häuser Bürgervorsteher, Gewerkschafts- und Parteisekretäre.

Der nördlich gelegene Adolf-von-Elm-Hof – ebenfalls in der zweiten Hälfte der 1920er Jahre gebaut – erinnert an den Gründer der Volksfürsorge und weiterer Genossenschaften.

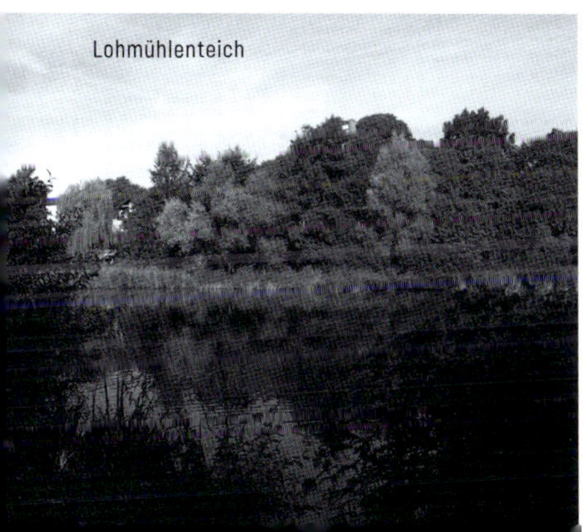
Lohmühlenteich

KOMBINATIONSMÖGLICHKEITEN

66 Schwarzenberg
1300 m / 19'

68 Harburger Stadtpark
600 m / 9'

MEHR INFORMATIONEN

→ Hoppenstedtstraße www.harbuch.de/frische-themen-artikel/arbeiteraristokratie-in-der-hoppenstedtstrasse.html

→ Adolf von Elm www.kaufmann-stiftung.de/documents/1508vonElm_WEB1.pdf

68

HARBURGER STADTPARK

Blicke auf den Außenmühlenteich

START	ENDE
Rabenstein	Außenmühle
Bus 145, 245, 345	Bus 146

28,5 m	7,4 %	33 m	38 m	2520 m	50′

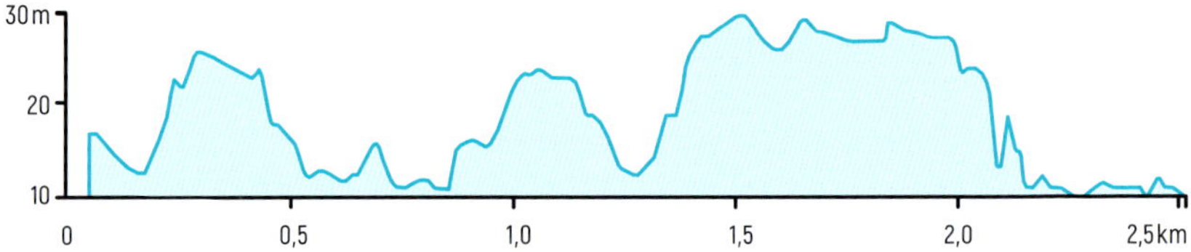

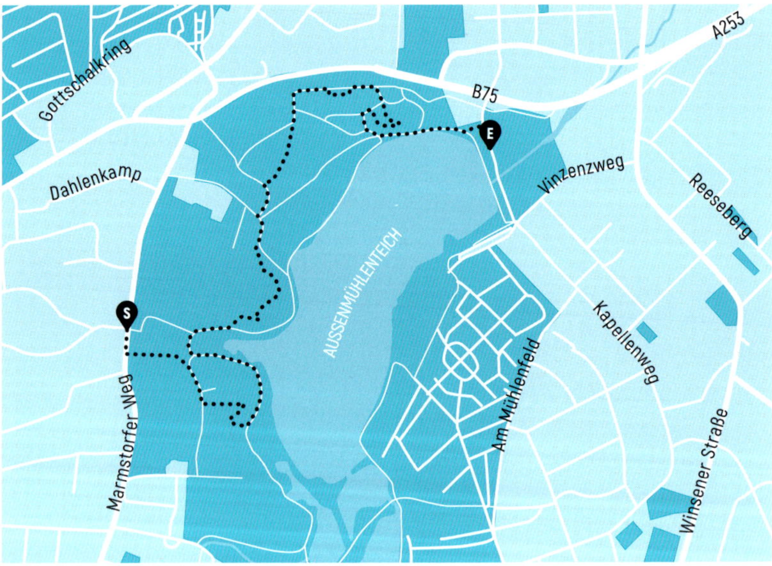

DIE TOUR

ANSTIEG 1 Beim Betreten des Parks nach Osten geht der erste Blick über die Orchideenwiese auf den Außenmühlenteich. Vor dieser Wiese gehen wir nach Süden und an ihrem südlichen Rand nach Osten. An der Gabelung halten wir uns rechts und gehen aufwärts auf die Höhe der links liegenden Freilichtbühne. Ein paar Meter weiter südlich geht es nach links zum ersten Aussichtspunkt, der Eichenhöhe.

ANSTIEG 2 Die Treppenanlage nach SW absteigen und weiter abwärts bis zum Weg, der am Ufer des Außenmühlenteichs entlangführt. Diesen gehen wir nach Norden, und bald macht der Weg eine Kurve nach Westen bis zur Holzbrücke. Über diese gelangen wir an den Nordrand der Orchideenwiese, wenden uns dann nach rechts und an der nächsten Gabelung nach links aufwärts zum Beethovenstein.

ANSTIEG 3 Vom Beethovenstein gehen wir in nordöstlicher Richtung den Weg oberhalb der Abbrüche zum Teich entlang und weiter in nördlicher Richtung bis zum Südende des Schulgartens. Weiter geht es nach Norden und wir erreichen den Querweg am Rand des Stadtparks, den wir nach rechts (O) gehen, um wenig später rechter Hand zu einem Aussichtsbalkon über dem Nordteil des Außenmühlenteichs zu gelangen.

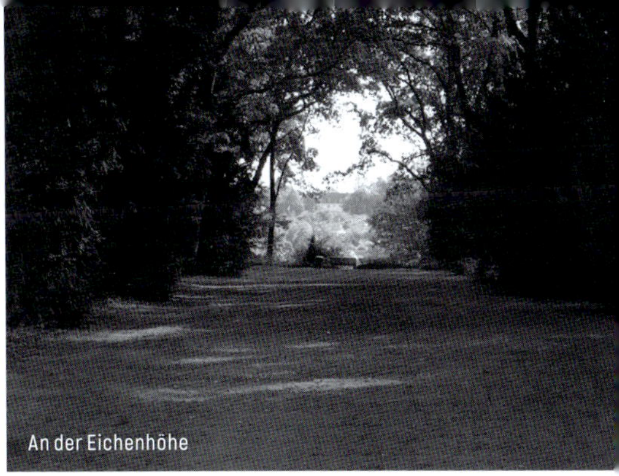

An der Eichenhöhe

ABSTIEG Hundert Meter östlich biegen wir nach SSO ab und steigen nach der Linkskurve scharf nach rechts ab, um in einem engen Linksbogen zum Ufer zu kommen. An diesem gehen wir nach Osten zum Endpunkt.

HINTERGRÜNDE

Die während der Saale-Kaltzeit entstandenen Höhenunterschiede werden in das Konzept des 1926 eröffneten Stadtparks integriert. Erweiterungen lassen ihn wachsen, durch die letzte im Jahr 1980 werden ökologisch wertvolle Flächen im Südteil geschaffen.

EINKEHRMÖGLICHKEITEN

Leuchtturm

KOMBINATIONSMÖGLICHKEITEN

67 In der Schlucht
600 m / 9'

MEHR INFORMATIONEN

→ Stadtpark www.hamburg.de/contentblob/4471478/8d702918050f015533809ad2928210 6d/data/d-harburger-stadtpark.pdf

69

SCHARFSCHE SCHLUCHT

Große Stadionrunde mit 23 Metern bergauf

START
Scharfsche Schlucht
Bus 345

ENDE
Sinstorfer Kirche
Bus 143

49,5 m | 6,1 % | 23 m | 18 m | 1370 m | 30′

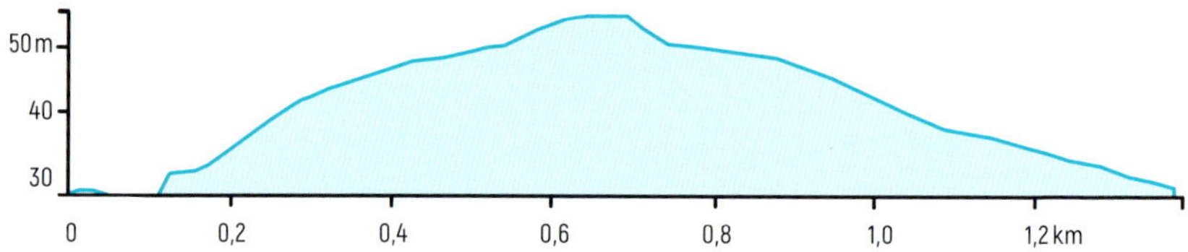

DIE TOUR

AUFSTIEG Die Scharfsche Schlucht gehen wir bis zum Wendehammer und schlagen dort den rechten der beiden Wege ein (der linke führt zum Stadion). Nun geht es immer steiler einen schmalen, teilweise befestigten Weg hinauf. Rechter Hand öffnet sich die Landschaft mit Blick auf die Gartengemeinschaft »Sinstorfer Blick«. An der Weggabelung gehen wir nach links, haben nach wenigen Aufwärtsmetern den Rosenkäferweg erreicht – und zugleich die Kuppe am »Sinstorfer Blick«.
ABSTIEG Den Rosenkäferweg nach links, dann weiterhin links halten und bergab bis zur Weggabelung vor der Tennishalle absteigen. Hier den kleinen Weg nach rechts nehmen, der hinunter zum Sinstorfer Kirchweg führt.

HINTERGRÜNDE

Sinstorf liegt auf einem dreißig Meter hohen Geestrücken, einer Flottsandplatte. Flottsand – ein sandhaltiger Lössboden – entsteht während Kaltzeiten, wenn sich aufgewehter Sand an den Eisrändern sammelt und mit dem abschmelzenden Eis Bodenschichten bildet. Einer der längst versiegten Abflüsse aus der Flottsandplatte ist die Scharfsche Schlucht. Ihr Name geht auf die Familie Scharf zurück, die hier Obst- und Gemüsegärten bewirtschaftete.

69

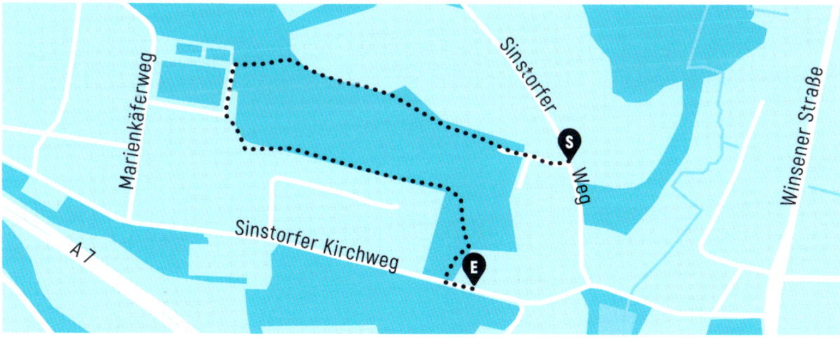

Die am Ende der Tour liegende Sinstorfer Kirche ist das älteste Gebäude in Hamburg. Zwar ist Sinstorf zur Bauzeit im 11. Jahrhundert nicht hamburgisch, sondern erst seit 1937, aber wer will da kleinlich sein. Und bei so wenig historischer Konkurrenz in der Stadt ist es schließlich auch egal, ob der Bau nicht noch um 200 Jahre älter ist. Denn das bleibt umstritten. Die Kirche selbst erzählt von den vielen Veränderungen: romanische Rundbogenfenster, gotische Fensternischen, Umbauten im Chor und der Vorbau auf der Westseite. Am auffälligsten ist – neben den etwas schiefen Mauern – der hölzerne Glockenstapel vor der Südecke, im 17. Jahrhundert ersetzt er einen Rundturm an der Südseite der Kirche.

Direkt gegenüber der Kirche steht das alte Schulgebäude – mit dahinterliegendem Stall für Kleinvieh. Und wenige Meter unterhalb der Kirche, an der Ecke Sinstorfer Kirchweg/Winsener Straße befindet sich das Gut Hastedt, Sommerresidenz des Senators, Reichstagsabgeordneten und Brauereibesitzers Wilhelm Hastedt. Das gesamte Ensemble mit Villa, Stall, Scheune, Speicher und Kutscherhaus aus der zweiten Hälfte des 19. Jahrhunderts ist erhalten.

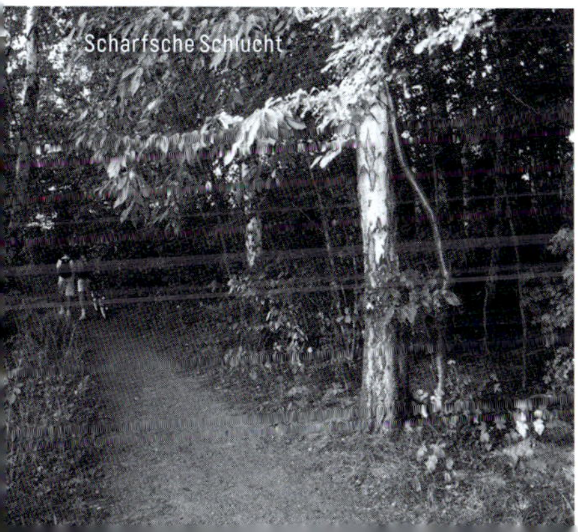
Scharfsche Schlucht

MEHR INFORMATIONEN

→ Sinstorfer Kirche https://beisins.de/dotclear/index.php?post/Die-Tausendj%C3%A4hrige-Kirche-in-Sinstorf

70 FUCHSBERG

Aussicht auf Wiesen und Weiden

START
Meckelfeld
Bus 443

ENDE
Buchholzer Weg
Bus 43, 143, 443

59,6 m	4,2 %	68 m	56 m	4460 m	1 h 30′

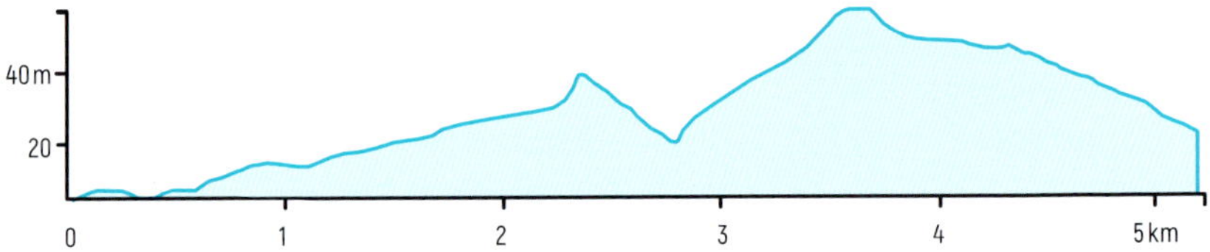

DIE TOUR

ZUSTIEG Auf der Westseite der Bahnstrecke Hamburg – Hannover gehen wir kurz nach Westen und nutzen dann sofort rechts einen kleinen Durchgang zum Anger, bevor es nach 200 Metern rechts über einen kleinen Weg zum Melkerstieg geht. Hier führt der Weg weiter nach Westen bis zur Rönneburger Straße. Dort gehen wir nach links und sofort nach rechts auf die Straße »Am Schulteich«. Vor dem Schulgelände nehmen wir links einen Weg, der unter der Bahnlinie durchführt. Hinter der Unterführung geht es nach rechts und dann die Straße »Am Blöcken« nach links. Nach 200 Metern rechts kommen wir zum Haalshof, diesen lassen wir rechts liegen und gehen – weiter ansteigend – geradeaus, bis der Weg eine Linkskurve macht. Den vor uns liegenden Berg überschreiten wir.

(N.B.: Dieser Berg ist mit einer Höhe von vierzig Metern und einer Schartenhöhe von 17,7 Metern deutlich ein Gipfel. Da er jedoch 150 Meter von der Grenze entfernt auf niedersächsischem Gebiet liegt, findet er keine weitere Erwähnung.)

Auf seiner Nordseite nach einer Linkskurve kurz hinter dem Beginn eines kleinen Waldstücks biegen wir nach rechts ab und gehen bis zu einer Wegekreuzung.

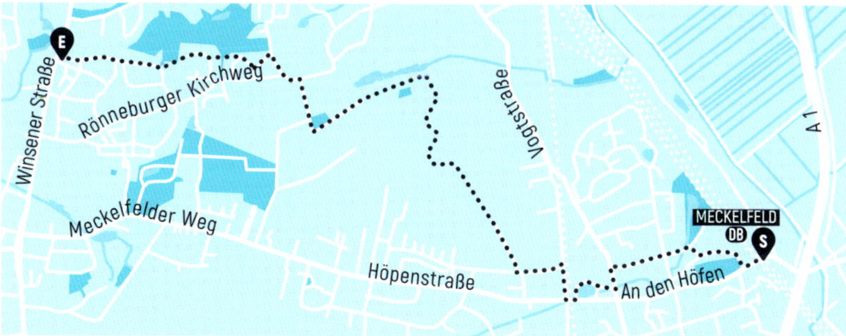

70

AUFSTIEG Dort nach links (WSW) dreißig Höhenmeter stetig steil bergauf steigen bis zu einer Abzweigung. Den unbefestigten Weg nach links einschlagen, und das Gipfelgebiet des Fuchsbergs liegt nur noch gut hundert Meter entfernt. Hier erwartet uns ein Plateau mit vielen Bänken, Bäumen und Findlingen.

ABSTIEG Die letzten hundert Meter des Aufstiegs steigen wir wieder ab und gehen geradeaus in nördlicher Richtung weiter. Nach 350 Metern erreichen wir die Rönneburger Freiheit, biegen nach links, dann sofort halbrechts und nehmen an der nächsten Gabelung die mittlere Möglichkeit, die uns zur Ostkante des Langenbeker Felds führt. Rechts von uns den Westabbruch des Rotbergs passierend, biegen wir kurz nach dem Ende der Bebauung nach links das Langenbeker Feld herunter. Zunächst nach Westen, hinter einem Spielplatz nach SW, gelangen wir parallel zur Buchholzer Straße zum Endpunkt dieser Tour.

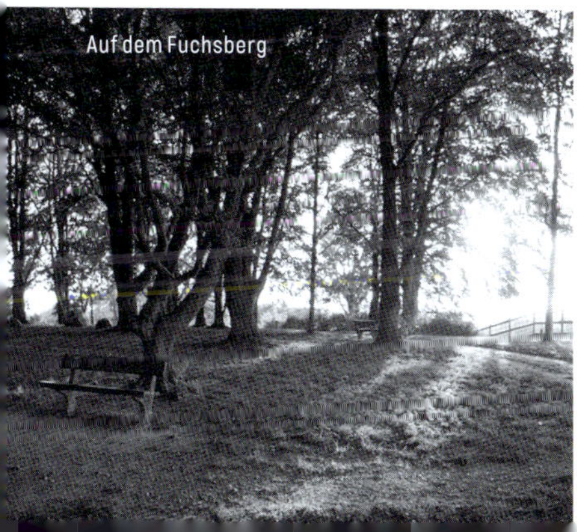

Auf dem Fuchsberg

HINTERGRÜNDE

Der Fuchsberg ist – ebenso wie der Burgberg (Tour 71) – Teil des in der Saale-Kaltzeit entstandenen Höhenzugs Wilstorf-Höpen. Er bietet einige der wenigen Möglichkeiten, im südlichen Harburger Bereich den Geesthang zu erleben.

EINKEHRMÖGLICHKEITEN

Rönneburger Park

KOMBINATIONSMÖGLICHKEITEN

71 Burgberg
1200 m / 18′

71 BURGBERG

Wo früher die Rönneburg stand

START & ENDE
Küstersweg
Bus 141, 241

41,5 m | 16 % | 27 m | 27 m | 810 m | 20′

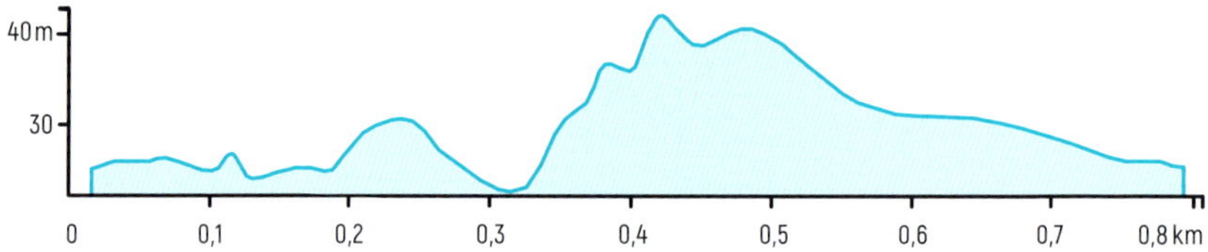

DIE TOUR

ZUSTIEG Den Küsterweg querend die Vogteistraße nach SSO gehen und dieser nach hundert Metern nicht in ihrer Linkskurve folgen, sondern am Kriegerdenkmal weiter nach SSO.
AUFSTIEG Am Ende dieses unbefestigten Weges kommen wir auf die Straße »Am Burgberg«, die wir nur für wenige Meter nach rechts gehen, um sofort danach rechter Hand die Treppenanlage in Angriff zu nehmen. Diese führt steil in einem Linksbogen auf das Burgbergplateau. Der Gipfel selbst liegt im Innern des Ringwegs und kann am besten von der SW-Seite aus bestiegen werden.
ABSTIEG Der Abstieg erfolgt über den nach NNW führenden Weg und nach einem Linksknick auf die Straße. Nach rechts zum Küstersweg und hundert Meter später kommen wir zum Ausgangspunkt zurück.
VARIANTEN Nur einen Steinwurf vom Burgberg entfernt, an der Ecke Am Burgberg/Vogteistraße, steht das Haus, in dem Hanne Darboven – eine berühmte Konzeptkünstlerin – einen großen Teil ihres Lebens verbracht hat.

HINTERGRÜNDE

Rönneburg, benannt nach einem kleinen Bach, der »Rönne«, taucht 1233 erstmals in Urkunden auf. Die

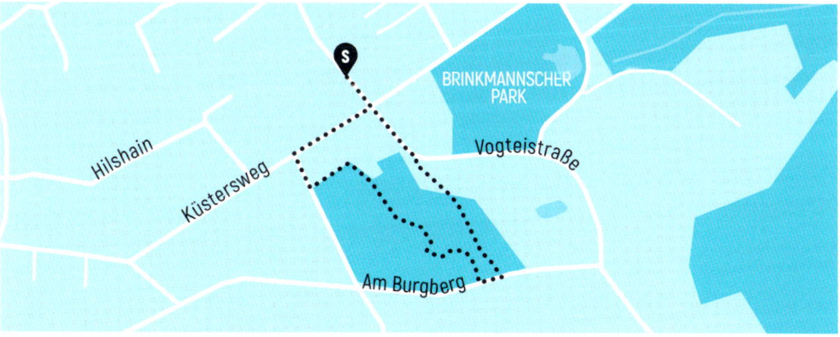

71

erhöhte Lage auf dem Geesthang erlaubt es, die Elbmarsch zu überblicken – und damit zu kontrollieren. Zum 750 Meter nordwestlich entfernten Kanzlershof beträgt der Höhenunterschied immerhin vierzig Meter. Der Burgberg ist Rest einer aus der Saale-Kaltzeit stammenden Endmoräne. Diese Endmoräne wird am Ende der Weichsel-Kaltzeit – also mehr als 100 000 Jahre später – »zertalt«, heißt: Der Schmelzwassersand bricht an vielen Stellen durch die Endmoräne und schafft so Täler und folglich Einzelberge. Noch viel später, im 8./9. Jahrhundert, errichten die Sachsen hier eine Befestigungsanlage mit Ringwall und steilen Wallgrabensystemen und überwachen so die Elbmarsch. Von diesen Anlagen sind nur noch wenige Reste erhalten.

Das Haus der Hanne-Darboven-Stiftung war Atelier und Wohnhaus der 2009 verstorbenen Künstlerin. Hier entsteht ein Dokumentationszentrum, um das Werk der vierfachen documenta-Teilnehmerin mit seinen komplexen seriellen Reihungen zu erforschen und zu vermitteln.

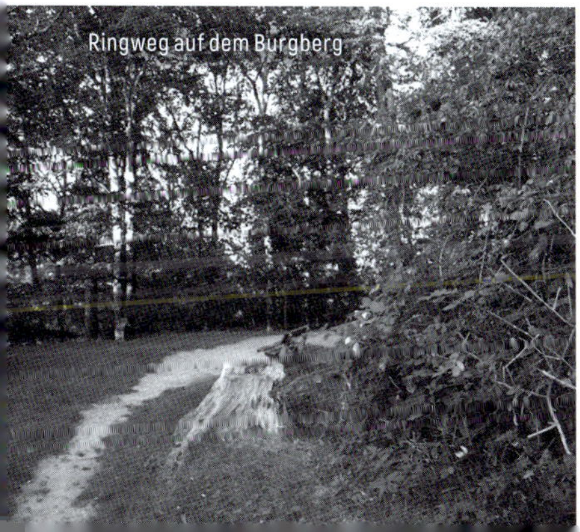
Ringweg auf dem Burgberg

EINKEHRMÖGLICHKEITEN

Mediterran

KOMBINATIONSMÖGLICHKEITEN

70 Fuchsberg
1200 m / 18′

MEHR INFORMATIONEN

→ Rönneburg www.v-roenn.de/Chronic1/Chronic2d/Chronik_D_VR207_216.pdf
→ Hanne Darboven www.hanne-darboven.org/stiftung

72 WAASENBERGE

Gipfelquartett im Heimfelder Holz

START & ENDE
Krankenhaus
Mariahilf
Bus 141, 146, 241

56,5 m | 8,3 % | 79 m | 79 m | 3520 m | 1 h 15′

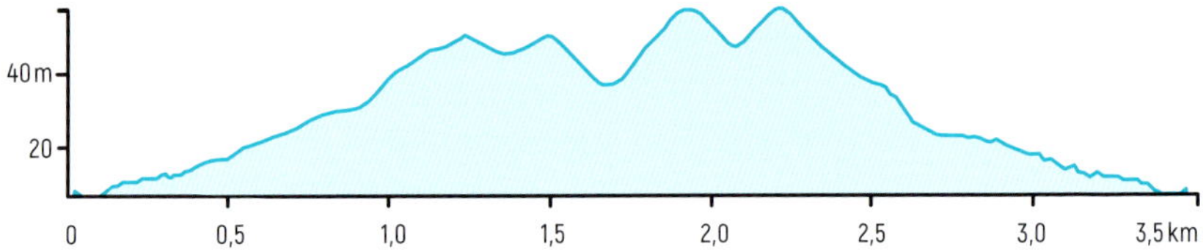

DIE TOUR

ZUSTIEG Die Stader Straße laufen wir ein wenig nach Osten, lassen rechts das Mariahilf-Krankenhaus liegen und biegen wenige Meter danach nach rechts auf einen Weg mit einer Schranke ab. An der Schranke gehen wir vorbei nach Süden und dann auf einen schmaleren Weg nach links Richtung SSO. Diese Richtung behalten wir bei, überqueren dabei einen Hauptweg und sehen bald die Anlage der Tennisgesellschaft Heimfeld vor uns.

QUERUNG Kurz bevor wir die Nordseite des Sportplatzes erreichen, biegen wir nach rechts Richtung Westen aufwärts zum Waasenberg I. Der weitere Weg der Querung der Waasenberge verläuft teilweise weglos parallel zum 150 Meter nördlich verlaufenden Hauptweg in westliche Richtungen. Nun geht es nach WSW ab- und dann aufwärts zum 150 Meter entfernt liegenden und etwas höheren Waasenberg II. Von hier aus sehen wir 200 Meter vor uns den Waasenberg III, den wir nach kurzem Ab und Auf erreichen. Zum Abschluss besteigen wir noch den Waasenberg IV, der direkt vor unserer Nase liegt.

ABSTIEG Der Abstieg erfolgt nach Westen bis zu dem Weg, der parallel zur Kuhtrift nach Norden führt. Kurz vor dem Waldende biegen wir nach

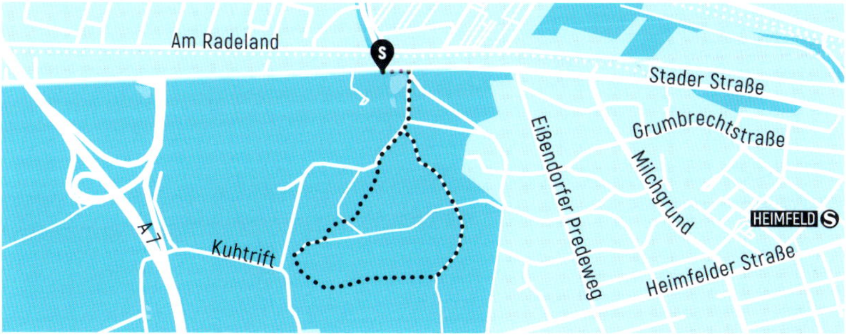

halbrechts und folgen dem Weg am Ponyhof vorbei zum Ausgangspunkt.

HINTERGRÜNDE

Die südlich des Heimfelder Holzes verlaufende Heimfelder Straße ist vor gut hundert Jahren neben der Emme eines der wichtigsten Ausflugsbiete für die Hamburger. Die Vergnügungsetablissements Brunnenthal und Goldene Wiege – ersteres mit Kaufleuten und Offizieren, zweiteres mit Ausflüglern als Hauptklientel – liegen so nah beieinander, dass die Musikkapellen versuchen, sich gegenseitig zu übertönen.

Das Heimfelder Holz ist seit 2021 Naturschutzgebiet. Dem geht ein Katz-und-Maus-Spiel zwischen der Umweltbehörde und einem privaten Investor voraus. Der kauft 2012 die Hälfte des Heimfelder Holzes, um zunächst eine Freizeitanlage mit Kletterpark zu bauen. Das wird abgelehnt, der Investor kündigt daraufhin an, jährlich bis zu 600 Bäume zu »ernten«. Ein Erlass der Behörde verhindert das 2019 nur vorläufig, zwei Jahre später werden dann die seltenen Käfer-, Vogel- und Fledermausarten endgültig unter Schutz gestellt.

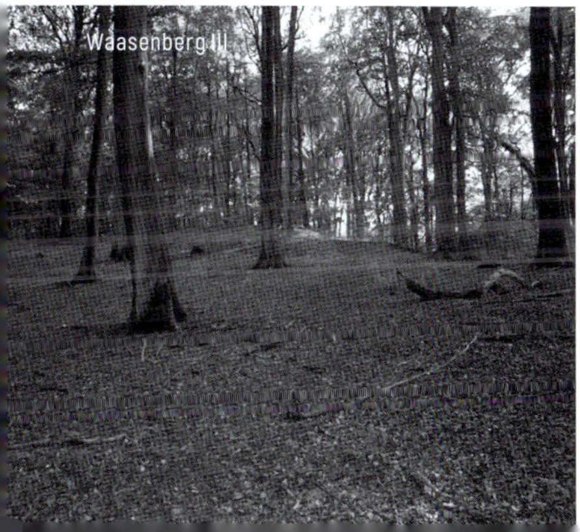
Waasenberg III

EINKEHRMÖGLICHKEITEN

Caféteria Krankenhaus Mariahilf

MEHR INFORMATIONEN

→ Naturschutzgebiet https://www.hamburg.de/politik-und-verwaltung/behoerden/bukea/themen/naturschutz/naturschutzgebiete/heimfelder-holz-173272

→ Meyers Park www.mopo.de/hamburg/in-den-harburger-bergen-geldsegen-fuer-dieses-pony-paradies-32403082

73

EISSENDORFER SUNDER

Hamburgs südlichste Gipfel

START & ENDE
Vahrendorf, Appel-bütteler Straße
Bus 4210

		↗	↘		
95,9 m	4,6 %	83 m	83 m	4620 m	1 h 35′

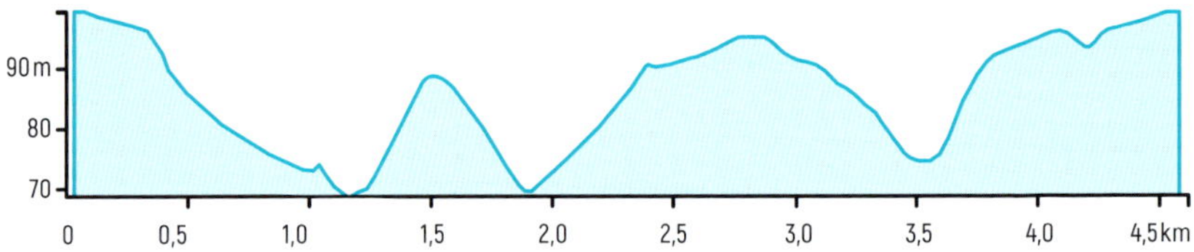

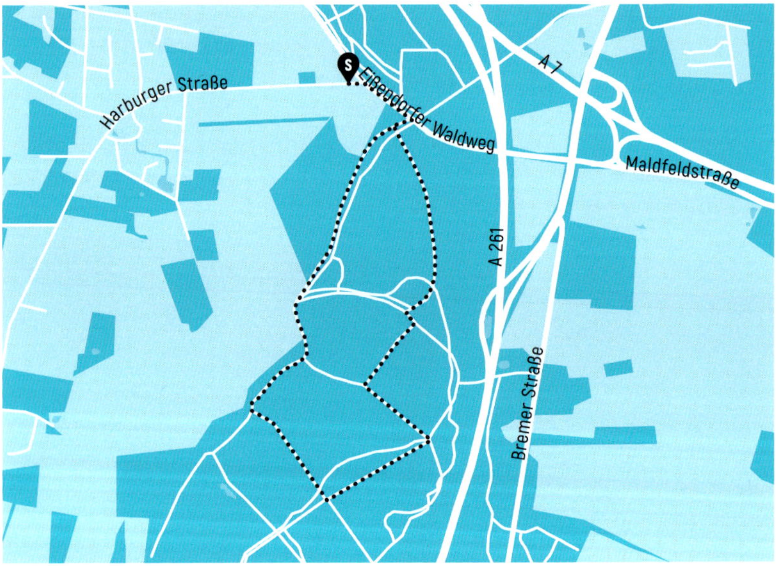

DIE TOUR

ZUSTIEG Den Eißendorfer Waldweg gehen wir nach OSO, biegen nach 250 Metern in Höhe der Einfahrt des auf der linken Seite liegenden Parkplatzes nach rechts ab und schlagen nach wenigen Metern an einem großen Findling den abwärts führenden Weg Richtung SO nach links ein. Dieser SSO-Richtung folgen wir etwa 650 Meter und schließen dann in einem Rechtsbogen zu einem großen Querweg auf. Von hier aus sehen wir halblinks einige größere weiße Hinweistafeln.

AUFSTIEG 1 Zu ihnen führt eine Links-rechts-Kombination. Uns erwarten hier Informationen über die sichtbaren Bodenprofile. Nun geht es stetig bergauf zum ersten Gipfel dieser Tour, einer weitläufigen Kuppe. Auch wenn es im ersten Moment nicht nach einem Gipfel aussieht: Die Steigung von NO haben wir soeben kennengelernt, das Gefälle in südliche Richtung ist klar zu erkennen, und nach Westen geht es auch bergab – wenn mit zwei Prozent auch nur leicht.

ABSTIEG 1 Das Gefälle nach OSO erleben wir nun über eine Strecke von 400 Metern.

AUFSTIEG 2 An der Wegekreuzung nach rechts gehen und die folgenden 800 Meter stetig bergauf. Nach rechts (NW) abbiegen und nun bei nachlassender Steigung zum nächsten Gipfel.

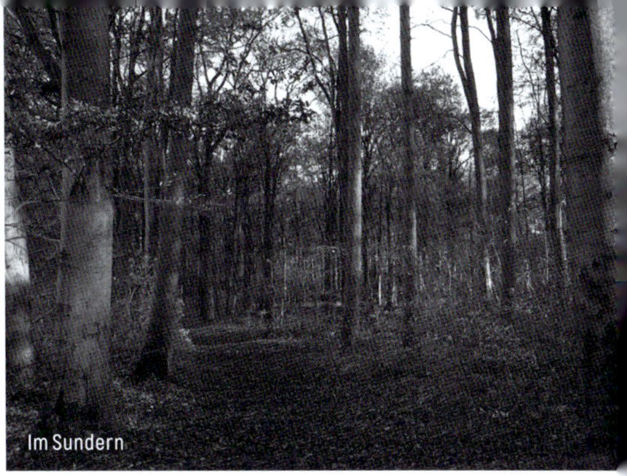

Im Sundern

ABSTIEG 2 Den Abstieg mit sehr geringerem Gefälle nach NW nehmen – also weiter geradeaus gehen – und an der nächsten Kreuzung rechts abbiegen, das heißt, wir bleiben im Wald. Nun für etwa 300 Meter nach NO bis zu einem Wegeknick. Hier geht es nach rechts zum ersten Gipfel, wir folgen jedoch dem Weg nach NNO, bis von links eine kleine asphaltierte Straße kommt. Hier nicht nach Osten (rechts), sondern nach NNO (halbrechts) gehen, nach gut 400 Metern ist links eine große Wiese mit jungem Baumbestand zu sehen. Wir folgen dem Weg weiter nach NNO und einem leichten Rechtsbogen. Kurz danach sind wir bei dem Findling angekommen, den wir vom Beginn der Tour bereits kennen.

MEHR INFORMATIONEN

→ Bodenlehrpfad www.hamburg.de/contentblob/54856/26281747f85fac14100ad8cc35d349f8/data/bodenlehrpfad-faltblatt.pdf

74 REIHERBERG UND KAISERSTUHL

Ehemalige Skipiste und heutige MTB-Downhills

START	ENDE	Höchster Punkt	Max. Steigung	Aufstieg	Abstieg	Strecke	Dauer
Haake Bus 141	Försterkamp Bus 141	65,4 m	10 %	132 m	134 m	5370 m	1 h 55′

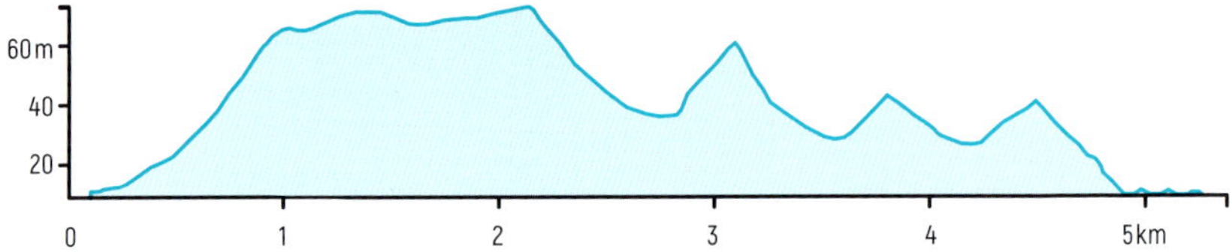

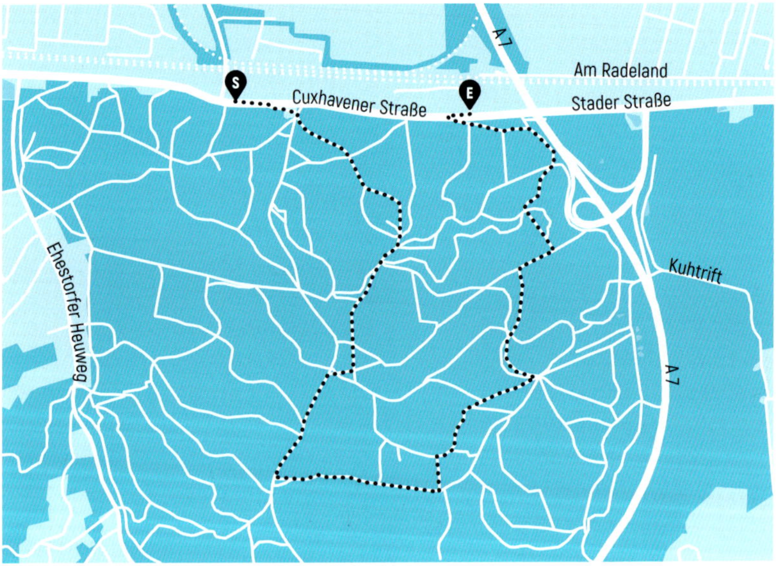

DIE TOUR

ZUSTIEG Die Cuxhavener Straße nach Osten bis zum Parkplatz. An dessen SO-Ecke weist auf einem Findling die Angabe »Skigebiet Reiherberg« die Richtung. Es geht jetzt nämlich Hamburgs einzige Skipiste hoch, genau genommen sind es sogar zwei Pisten.

AUFSTIEG 1 In südöstlicher Richtung geht es bergauf, und an einer kleinen Lichtung mit einer Bank sehen wir schon den unteren und mittleren Teil der Nordabfahrt, die in einem eleganten Rechtsbogen (von oben gesehen) auf uns zuläuft. Wir können nun über Gras die Südabfahrt selbst hochsteigen oder den etwas links verlaufenden Weg nehmen. Letzterer verlangt den Steilanstieg und wird oben flacher – über Gras ist das Steilstück im oberen Bereich zu finden. Kurz bevor die beiden Pisten oben auseinanderlaufen, steht ein Holzkreuz. Das ist nicht der Gipfel und deshalb das Kreuz auch kein Gipfelkreuz, sondern das Glaubenssymbol einer Outdoorkirche, die für Waldgottesdienste genutzt wird. Der Gipfel selbst liegt zehn Höhenmeter weiter südöstlich, gekennzeichnet durch einen Gipfelstein.

ABSTIEG 1 Den Reiherberg nach SW verlassen und an der kurz danach erreichten Wegekreuzung nach Süden gehen, nach 400 Metern nach rechts und sofort danach nach links

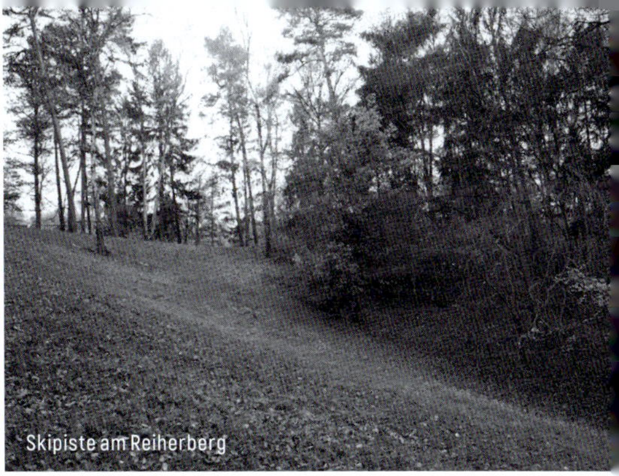

Skipiste am Reiherberg

auf die Stadtscheide abbiegen. Diese verlassen wir nach 600 Metern nach links und gehen auf dem Weg »Kaiserstuhl« abwärts. Nach 700 Metern führt ein kleiner Pfad nach links hoch.

AUFSTIEG 2 Diesen Pfad steil nach oben (N) gehen und den Weg, auf den wir nach dem Anstieg treffen, nach rechts nehmen – nun mit geringerer Steigung. Nach kurzer Zeit haben wir den Kaiserstuhl erreicht, mit Gipfelstein.

ABSTIEG 2 Nach Norden absteigen, der Weg biegt alsbald nach NO ab und wir erreichen eine große Wegekreuzung. Hier den Weg nach NW nehmen bis zum Eierstieg, diesem 160 Meter nach ONO folgen, nach links abbiegen und bis zum Pionierweg gehen. Letzterem folgen wir nach NO und schwenken vor der Autobahn nach NNW.

EINKEHRMÖGLICHKEITEN

Kärntner Hütte

KOMBINATIONSMÖGLICHKEITEN

75 Schanzenberg und Lustberg
100 m / 1'

75 SCHANZENBERG UND LUSTBERG

Gipfel in der Emme

START
Jägerhof
Bus 340

ENDE
Haake
Bus 141

44,9 m | 14,8 % | 67 m | 66 m | 2100 m | 50′

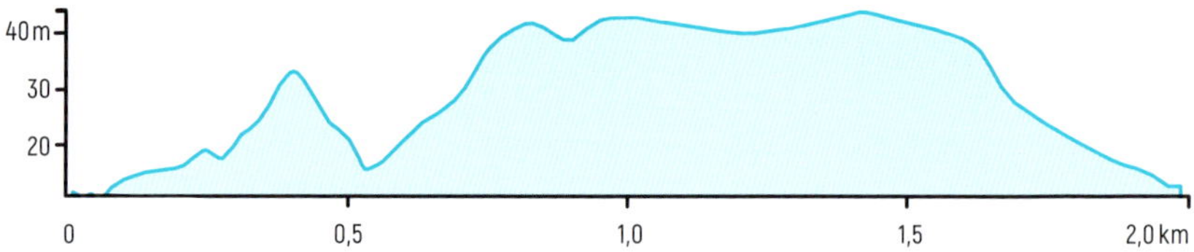

DIE TOUR

ZUSTIEG Den Ehestorfer Heuweg nach Norden bis zum Parkplatz auf der linken Seite gehen. An der Ostseite des Parkplatzes zweigen vier Wege ab.
AUFSTIEG 1 Der zweite Weg von links, der nach NNO, ist unser Aufstiegsweg auf den Schanzenberg. Ohne Umwege geht es über die SW-Flanke auf den Gipfel, ein kleines Plateau, Baumstämme laden zu einer Rast ein.
ABSTIEG 1 Wie Aufstieg. Zwar führen auch andere Wege vom Gipfel, doch sind das eher Abkürzer, die der Natur abträglich sind. Zurück am Parkplatz biegen wir scharf nach links nach NO ab. An der Weggabelung steigen wir nach 250 Metern nach links auf, an der nächsten nach rechts und nun knapp 400 Meter bis zu einer Wegekreuzung, an der der Schäferstieg nach rechts abzweigt.
AUFSTIEG 2 Wir gehen jedoch einen schmalen Weg nach links (N), der nach einem kleinen Auf und Ab zu einem Gipfelrücken führt. Der höchste Punkt ist der westliche, hinter dem östlichen Gipfel geht es steil nach NO bergab.
ABSTIEG 2 Den Abstieg nach NO wählen wir nicht, unten ist es nämlich schmal und zugewachsen. Stattdessen gehen wir den Aufstiegsweg zurück und folgen der Wiedenthaler Trift ein kurzes Stück nach Osten, um die nächste Möglichkeit nach links zu nehmen.

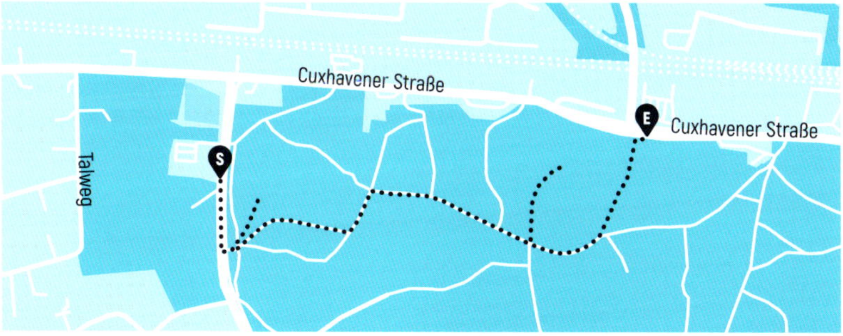

75

HINTERGRÜNDE

Im 19. Jahrhundert befindet sich hier ein beliebtes Naherholungsgebiet für Ausflügler aus Hamburg. Doch die Anreise ist lang: zunächst mit Dampffähren bis zum Anleger in Moorburg und dann eine gute Stunde zu Fuß, bis die Berge erreicht sind. Ausflugslokale wie das Gast- und Kurhaus Emmethal und Deppes Hotel florieren ab 1899, als der Bahnhof Hausbruch eröffnet. Und die Emme liegt genau am Bahnhof. Die Ausflugslokale gibt es heute ebenso wie den Bahnhof nicht mehr. Dieser wird 1984 im Zuge der Eröffnung der S3 geschlossen und abgerissen. An ihn erinnern noch die Hausbrucher Bahnhofstraße und die Bahnunterführung an dieser Stelle, an der heute ein Discounter steht.

Ausflusgziel ist die Emme heute vor allem für Mountainbiker. Um zu regeln, wo dieser Sport erlaubt ist und wo keine Trails verlaufen dürfen, haben im März 2019 die Revierförsterei und der Verein MC Pirates einen Vertrag darüber geschlossen.

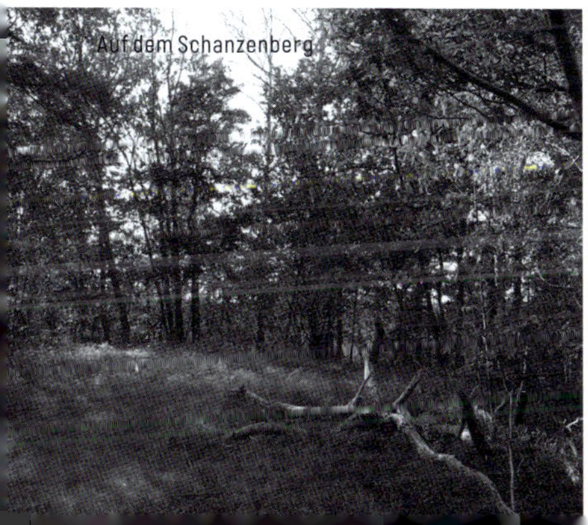
Auf dem Schanzenberg

EINKEHRMÖGLICHKEITEN

Landhaus Jägerhof

KOMBINATIONSMÖGLICHKEITEN

74 Reiherberg und Kaiserstuhl
100 m / 1′

76 Scheinberg und Umgebung
1300 m / 19′

MEHR INFORMATIONEN

→ Trail-Knigge www.harburgtrails.de/trailknigge

76

SCHEINBERG UND UMGEBUNG

Je näher man kommt, umso kleiner wird er

START	ENDE						
Heidrand	Störtebekerweg	65,5 m	22,2 %	89 m	92 m	2300 m	55′
Bus 40	Bus 40						

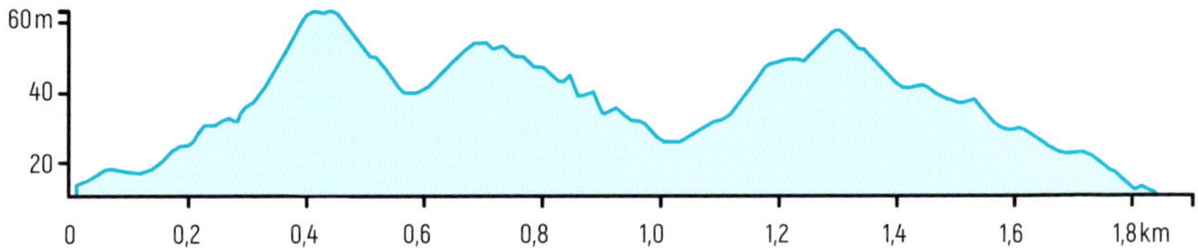

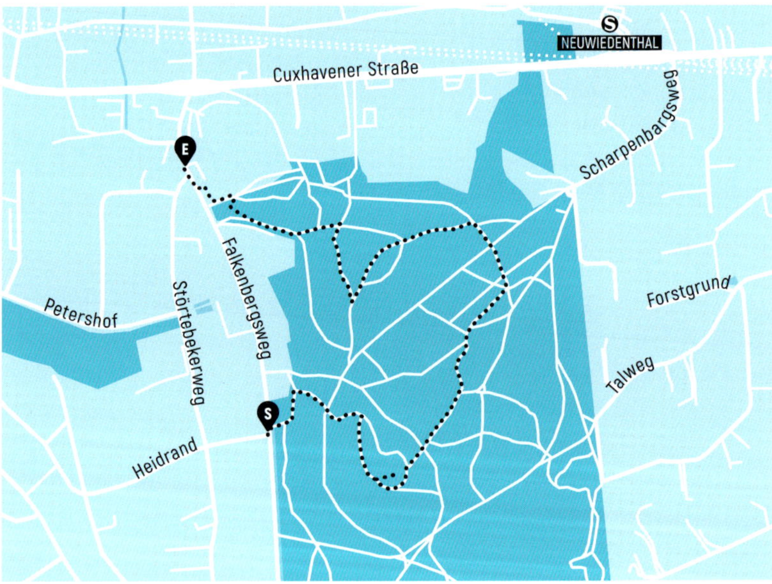

DIE TOUR

AUFSTIEG 1 Gegenüber der Stelle, an der der Heidrand auf den Falkenbergsweg trifft, geht ein Weg nach Osten. Diesem folgen wir nach links und biegen kurz danach nach rechts ab. An der nächsten Wegekreuzung gehen wir geradeaus und steigen nach einer Links-rechts-Kurve erneut nach rechts an. Nach 150 Metern liegt auf der linken Seite der Gipfel des Falkenbergs, markiert durch zwei bunte Doppel-T-Träger.

ABSTIEG 1 Der Abstieg über die Nordflanke ist teilweise weglos – daher gehen wir kurz auf dem Anstiegsweg nach links und steigen in einem Linksbogen ab, bevor wir bald nach rechts (NO) abbiegen und bis zu einer Wegekreuzung absteigen.

AUFSTIEG 2 Hier weiter geradeaus, nun ansteigend durch Heidelandschaft auf sehr sandigem Untergrund auf den Scharpenbarg. Ein Baumstamm bietet sich als Sitzgelegenheit auf dieser Sandkuppe an.

ABSTIEG 2 Den Gipfel nach NNO verlassen, der Weg ist erst mäßig, dann steil absteigend. An den vielen Abzweigungen behalten wir die nordöstliche Richtung bei und steigen ab. Kurz nach dem Ende der Heidefläche gehen wir nach links weiter abwärts und kommen so auf den Scharpenbargsweg.

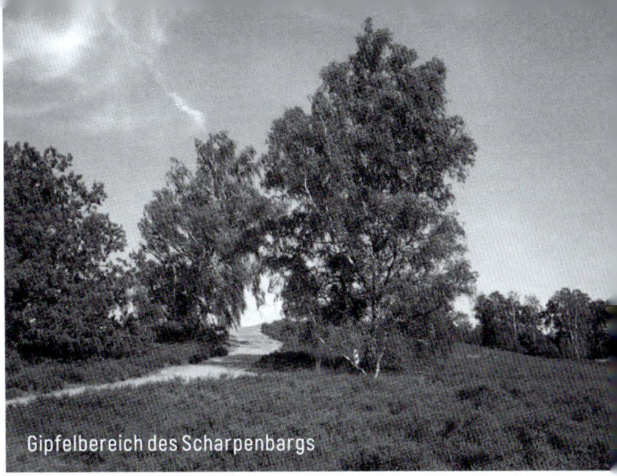

Gipfelbereich des Scharpenbargs

AUFSTIEG 3 Diesen kreuzen und nach NNW auf eine Lichtung, dort nach links den Anstieg über die Ostflanke des Scheinbergs angehen. Oben finden wir einen Findling auf einem offenen Plateau.

ABSTIEG 3 Vom Gipfel zunächst nach SW absteigen und die nächste Möglichkeit scharf nach rechts abbiegen, nach 160 Metern nach links. Bald darauf erscheint auf der linken Seite der Falkenbergsweg, zu dem wir parallel absteigen und zum Endpunkt gelangen.

ACHTUNG

Den Falkenberg nicht mit dem Falkenstein (Tour 28) verwechseln!

KOMBINATIONSMÖGLICHKEITEN

75 Schanzenberg und Lustberg
1300 m / 19′

77 Bredenberg und Wulmsberg
400 m / 6′

MEHR INFORMATIONEN

→ Falkenberg www.hamburg.de/geotourismus-geologie/144960/falkenberg-harburg

77

BREDENBERG UND WULMSBERG

Vom Falkengraben in den Wulmsberggrund

START
Lüttmattensteed
Bus 40

ENDE
Ehestorf, Rehwechsel
Bus 340

77,2 m | 15,9 % | 140 m | 127 m | 3120 m | 1 h 25'

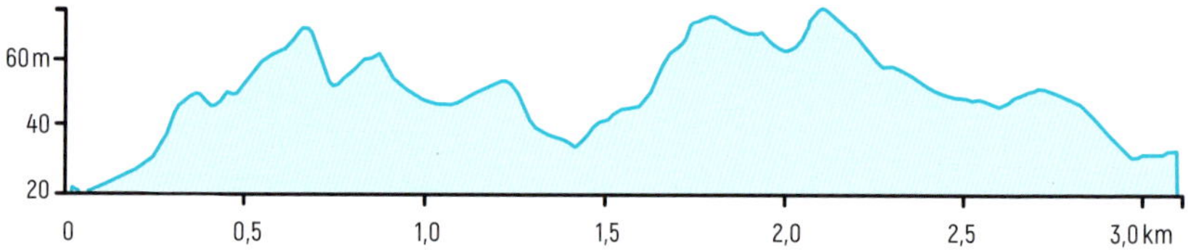

DIE TOUR

ZUSTIEG Den Falkenbergsweg fünfzig Meter nach Süden, dann den Bredenbergsweg nach links in Richtung OSO einschlagen. Kurz nach dem Betreten des Waldes verlassen wir die Straße und biegen halblinks nach Osten ab – noch vor dem Parkplatz.

AUFSTIEG 1 Dem steiler werdenden Weg nach NO folgen, an einer Gabelung rechts abbiegen und in östlicher Richtung die letzten Höhenmeter ansteigen bis zum Gipfel des Bredenbergs, der höchsten Erhebung in Hausbruch.

ABSTIEG 1 Den Gipfel verlassen wir nach Osten und wandern bis zu der großen Kreuzung von Neugrabener Heideweg und Bredenbergsweg. Dort nach NO abzweigen und wenige Meter danach den Bredenbergsweg nach Osten verlassen. Nach 300 Metern kommen wir zu einer Abzweigung, nehmen dort den Weg nach rechts (NO) und gelangen kurz danach an einen Wendehammer.

AUFSTIEG 2 Diesen verlassen wir in einem spitzen Winkel nach Süden und biegen sofort danach links ab. Nach einer Rechtskurve kommen wir abermals an eine Abzweigung. Hier ist der höchste Punkt, der Wulmsberggipfel. Nach links können wir einen kurzen Abstecher zum »Berghotel Hamburg Blick« machen, das am NO-Hang dieses Berges liegt.

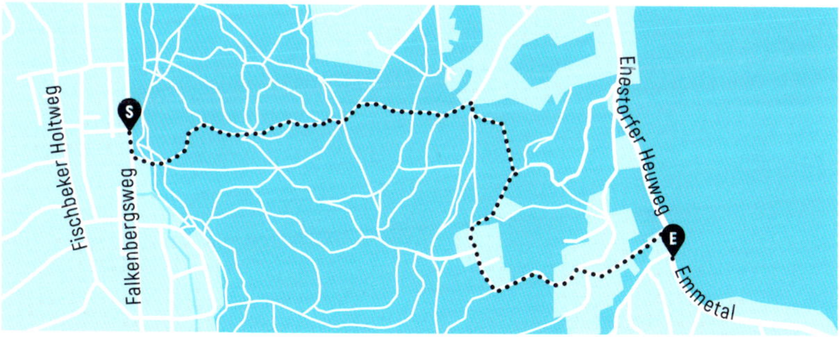

77

ABSTIEG 2 Zurück zur Abzweigung gehen wir nach SSW – linker Hand zwei Gebäude –, bis wir auf einen Weg treffen, der von rechts vom Schanzengrund hochführt. Die kleine Siedlung lassen wir links liegen, halten uns nach Süden und gelangen hinter der Siedlung nach links auf den Wulmsberggrund. Nun immer abwärts der Straße folgen bis zum Ehestorfer Heuweg.

HINTERGRÜNDE

Der Wulmsberg hat eine lange Hotelgeschichte. Bereits 1881 öffnet das Hotel Sennblick. In den 1960er Jahren baut die Signal-Iduna-Versicherung ein Tagungszentrum, das später wieder zum Hotel wird und seit ein paar Jahren leersteht. Geplant ist ein Neubau mit Appartments und »Skihütten« am Hang vor dem Hotel.

Am Ende der Tour steht das Bergwerk Robertshall. 1917 ist man bei einer Brunnenbohrung auf Braunkohle gestoßen. 1919 lohnt sich der Abbau, denn nach dem Ersten Weltkrieg herrscht Kohlennot. Drei Jahre später sinken die Kohlepreise, und innerhalb weniger Monate wird das Bergwerk unrentabel und geschlossen.

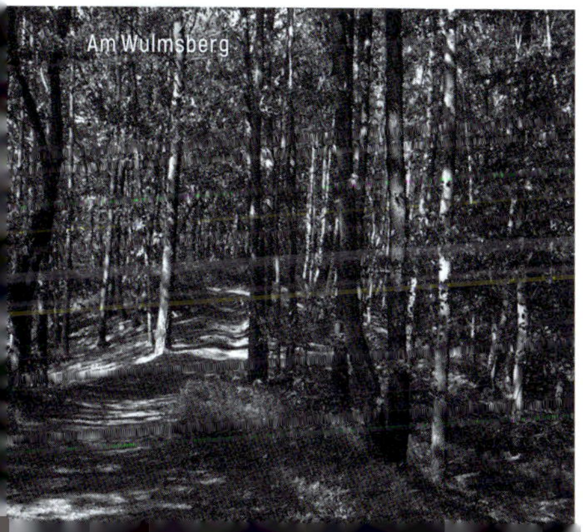
Am Wulmsberg

KOMBINATIONSMÖGLICHKEITEN

- **75** Schanzenberg und Lustberg 1500 m / 22′
- **76** Scheinberg und Umgebung 400 m / 6′
- **80** Hasselbrack 1200 m / 18′

MEHR INFORMATIONEN

→ Stilwerk (neues Hotel) https://stilwerk.com/de/news/stilwerk-goes-hospitality
→ Bergwerk www.bergwerk-robertshall.de

78

FISCHBEKER HEIDE

Heideblick über den Segelflugplatz

START	ENDE						
An de Geest	Heideblütenweg	72,1 m	3,3 %	73 m	62 m	5480 m	1 h 40′
Bus 40	Bus 40						

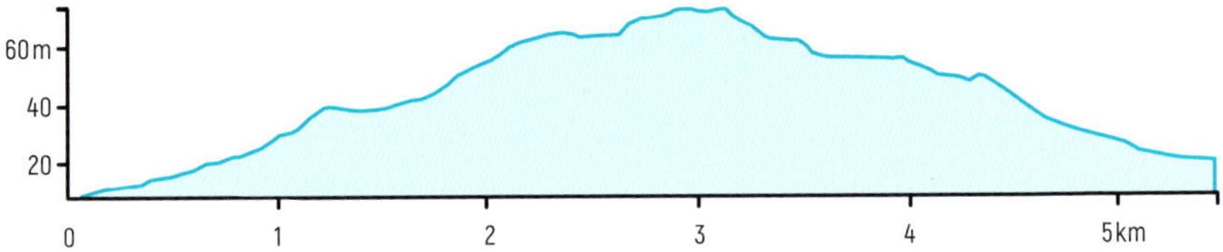

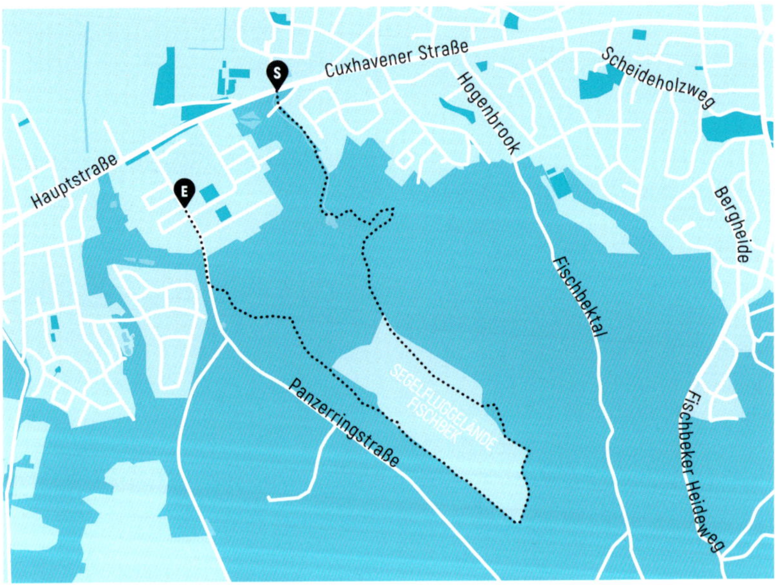

DIE TOUR

AUFSTIEG Direkt an der Bushaltestelle führt ein Weg nach Süden, dem wir an der nächsten nahen Wegekreuzung folgen, nun Richtung SO. Wo die Bebauung linker Hand aufhört, queren wir auf der kleinen Brücke den Bach und setzen den Weg fort, der gut hundert Meter nach der Brücke nach Süden abknickt. An der folgenden Gabelung geht es nach links und nach der folgenden Brücke nach rechts ab. Dem Linksbogen folgen wir und biegen wenig später nach rechts (SO), sodann nach links ab. 150 Meter später geht es auf den Weg nach rechts (S), der uns zu einem verwitterten Segelfliegerdenkmal bringt. Dem Weg folgen wir weiter nach SW und biegen dann nach links ab. Die Gebäude des Segelflugvereins rechter Hand, gehen wir nach SSO und folgen dem Weg, der bald nach SO führt, für 1400 Meter bis zum Gipfel. Die Landebahnen der Segelflieger bleiben dabei stets zu unserer Rechten.

ABSTIEG Ohne an Höhe zu verlieren, gehen wir 400 Meter nach Süden zu einer markanten Wegekreuzung. Hier wenden wir uns nach rechts (NW), folgen dem Weg zwei Kilometer bis zur Panzerringstraße, dieser nach Norden – nun heißt sie Heideblütenweg – und sind nach 400 Metern am Endpunkt angelangt.

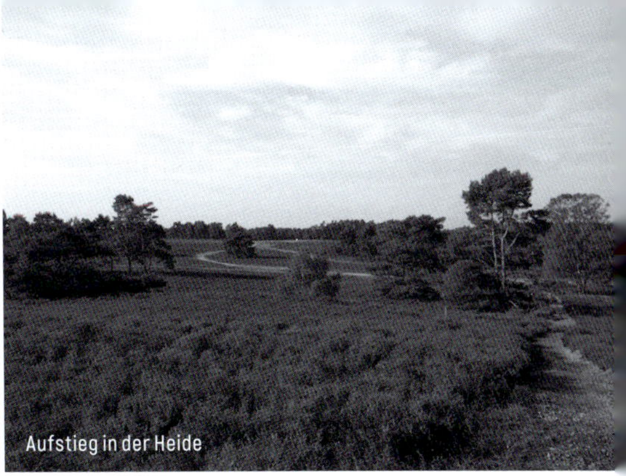

Aufstieg in der Heide

HINTERGRÜNDE

Die Fischbeker Heide ist eine typische Kulturlandschaft. Bis ins Mittelalter stehen hier Birken- und Eichenwälder, die erst durch Überweidung verschwinden. Damit sich nicht wieder Wald ausbreitet, werden die Heideflächen regelmäßig von Heidschnucken abgeweidet. Inmitten dieser Heidefläche liegen zwei Gras- und eine Sand-Schotterpiste des Segelflug-Clubs Fischbek. Die beiden Landebahnen sind nur knapp fünf Meter breit, beim Anflug ist also Augenmaß gefragt.

KOMBINATIONSMÖGLICHKEITEN

79 Fischbeker Glatze
300 m / 4′

MEHR INFORMATIONEN

→ Segelfliegen www.segelflugclub-fischbek.de/index.php?section=3&subsection=4

→ Segelflieger-Denkmal www.elbe-wochenblatt.de/2019/03/11/segelflieger-denkmal-in-der-fischbeker-heide-hroookclt

79 FISCHBEKER GLATZE

Wo Kinder Hänge hinunterrodeln und -rollen

START
Fischbeker Heideweg
Bus 250

ENDE
Rostweg
Bus 40, 251

66,5 m | 18 % | 76 m | 127 m | 4790 m | 1 h 40′

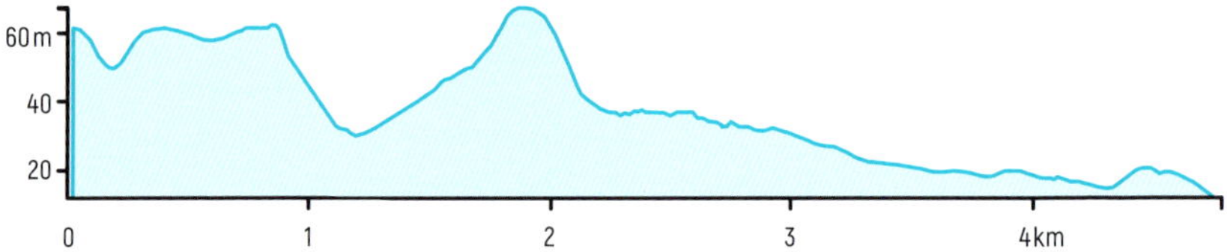

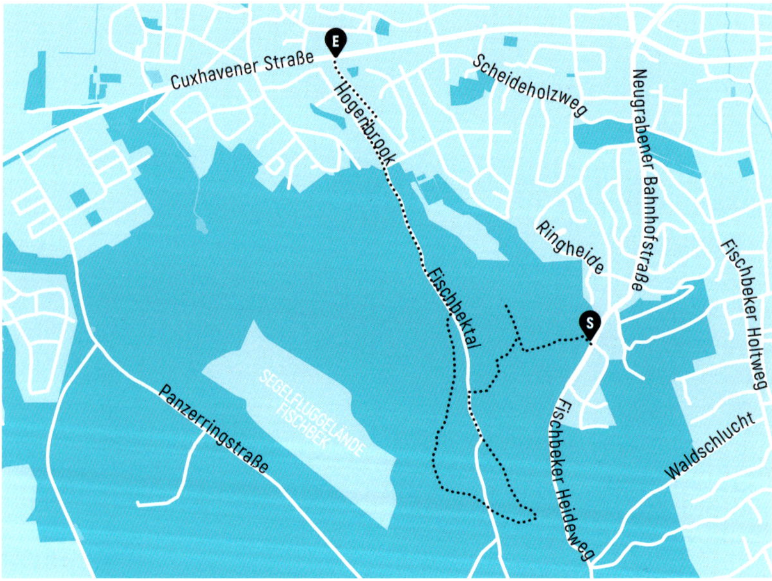

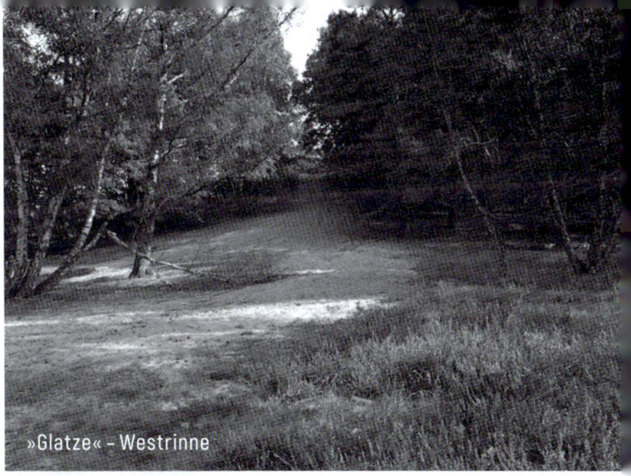

»Glatze« – Westrinne

DIE TOUR

ZUSTIEG An der Buskehre wenige Meter nach NNW, dann nach links (W) abbiegen und an der übernächsten Wegekreuzung nach rechts. Die nächsten 250 Meter führen uns leicht ansteigend zu einem Aussichtspunkt über das Fischbektal. Den Weg gehen wir nicht ganz bis zur Wegekreuzung zurück, sondern biegen kurz vorher nach rechts ab. Bevor es nun steil bergab geht, haben wir erneut einen schönen Ausblick nach Norden.

AUFSTIEG Unten angekommen, wenden wir uns nach Süden und steigen nach weiteren 300 Metern den Weg nach halblinks (SSO) zur Freiluftschule an. Auf der Höhe zwischen Schule und Bolzplatz gehen wir nach Westen und haben wenige Meter später die »Glatze« erreicht.

ABSTIEG Entweder die steile WNW-Flanke oder die noch steilere und zudem weglose Westrinne mit fast zwanzig Prozent Gefälle auf ihrem sandig-rutschigen Untergrund absteigen. Die Westrinne ist der bei Schulkindern so beliebte Hang zum Hinuntertoben und -rollen. Den – wie auch immer erreichten – Talweg gehen wir nach rechts (N). Wir setzen unseren Weg in nördliche Richtung fort und erreichen nach 1700 Metern die Straße »Hogenbrook«. Diese geht es abwärts, hinter dem Haus Nr. 33 biegen wir nach rechts ab, wenig später nach links. Den Rostweg gehen wir nun 350 Meter entlang bis um Endpunkt der Tour.

HINTERGRÜNDE

Der Name »Glatze« scheint von den Schulkindern geprägt worden zu sein, die in der benachbarten Freiluftschule Gast sind. Wenigstens deuten Einträge auf Webseiten von Grundschulen darauf hin. Vor dem Internetzeitalter wird dieser wunderbare Aussichtspunkt auch »Ingridberg« genannnt – so getauft von Kindern einer Grundschule aus St. Pauli. Unmittelbar östlich der Freiluftschule bietet das Fischbeker Heidehaus nicht nur Informationen zur Landschafts-und Kulturgeschichte der Fischbeker Heide, sondern für die Heidschnuckenherde auch ein Dach über den vielen Köpfen.

KOMBINATIONSMÖGLICHKEITEN

78 Fischbeker Heide
300 m / 4′

80

HASSELBRACK 7

Hamburgs Höchster

START & ENDE
Waldfrieden (Kehre)
Bus 40

116,2 m | 8,8 % | 97 m | 97 m | 5720 m | 1 h 55′

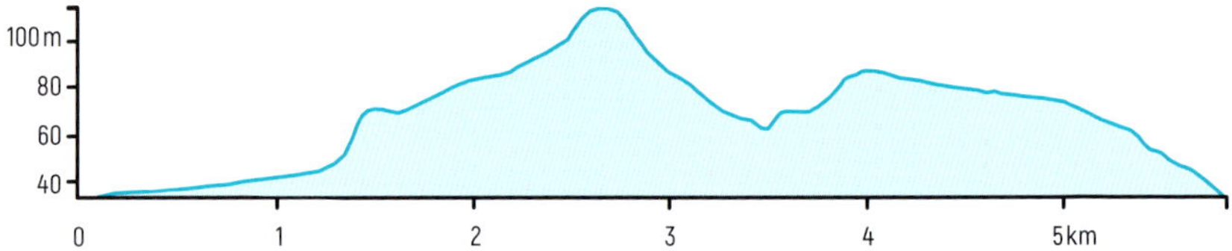

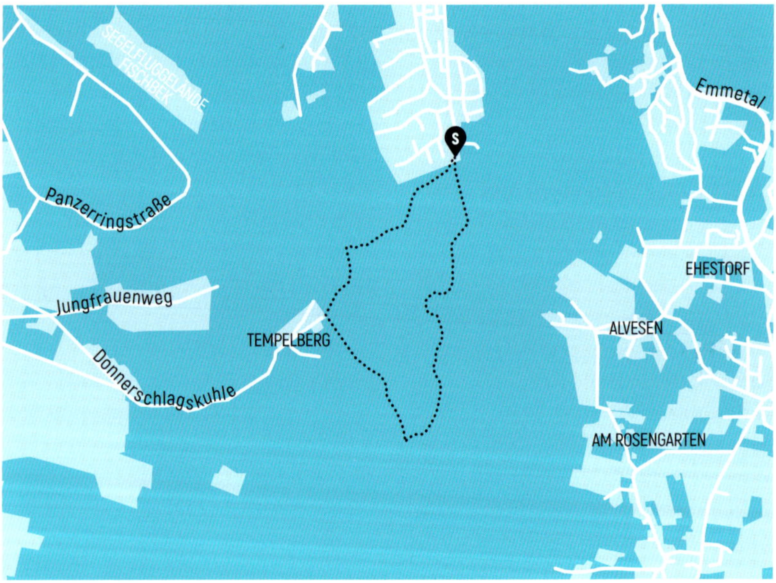

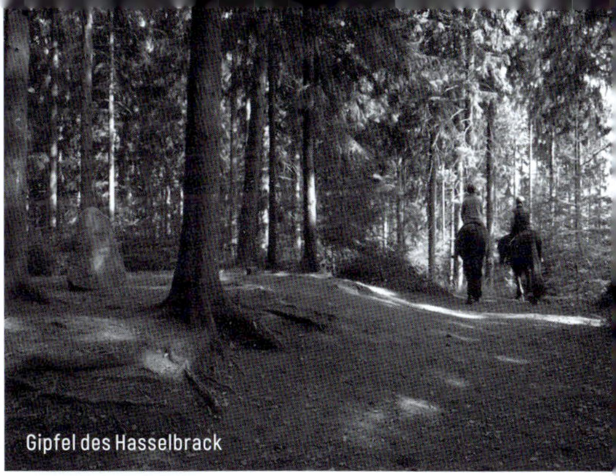

Gipfel des Hasselbrack

DIE TOUR

AUFSTIEG Vom Start weg ansteigend führen drei Wege parallel zueinander nach Süden bis hinter das Ende des Heidefriedhofs. Sobald wir auf einem der Wege dort angelangt sind, gehen wir nach SW, lassen einen kleinen Teich links liegen und erreichen nach einem Schwenk Richtung Süden den Moisburger Stein auf etwas mehr als vierzig Metern NHN. Den Weg setzen wir nach Süden fort, biegen nach einem Rechtsbogen nach links (SW) ab, kurz danach abermals nach links (SSO) und gewinnen weiterhin stets an Höhe, um einem von halblinks kommenden Weg zu folgen und dann den Gipfel auf seinem NO-Grat anzugehen. Oben steht ein Findling, der uns versichert, dass wir auf Hamburgs höchstem Gipfel angekommen sind. Glückwunsch!

ABSTIEG In östlicher Richtung zunächst allmählich absteigen, nach dem Abbiegen nach rechts (N) umso steiler. Die NNW-Richtung behalten wir bei – auch an der Wegekreuzung nach 700 Metern. Nach weiteren 500 Metern Abstieg kommen wir zu einer kleinen, linker Hand liegenden Siedlung namens »Tempelberg«. Dort gehen wir nach rechts (ONO), queren den Kernbereich des Archäologischen Wanderpfads und folgen dem Hauptweg, der zunächst einen leichten Links-, danach einen kräftigeren Rechtsbogen macht. In NO-Richtung gehen wir weiter und erreichen nach einer rechts liegenden Lichtung den Endpunkt der Tour.

HINTERGRÜNDE

Dass der Hasselbrack nicht durch Wegweiser ausgeschildert wird, ist pure Absicht. Denn hier oben soll eher Ruhe herrschen, da einige seltene Vogelarten auf dem und um den Hasselbrack leben. Daher sollten wir die ausgelassene Feier unseres Gipfelsiegs auch ins Tal verlegen. Und befolgen damit übrigens eine alte Bergsteigerweisheit: Ein Gipfel ist erst bezwungen, wenn man heil unten angekommen ist.

ACHTUNG

Den Eintrag ins Gipfelbuch, das sich in der Metallbox befindet, nicht vergessen.

KOMBINATIONSMÖGLICHKEITEN

78 Fischbeker Heide
300 m / 4′

79 Fischbeker Glatze
800 m / 11′

SEVEN ELB SUMMITS

Bei den meisten Touren sind Hinweise auf Kombinationsmöglichkeiten am Ende der Beschreibung angegeben. Diese Möglichkeiten beziehen sich ausschließlich auf das Kriterium der Nähe und Nachbarschaft – also darauf, welche Tour wir noch dranhängen können, weil sie eh nebenan liegt. Selbstverständlich wären noch weitere Arten der Kombination denkbar:

- An Personen ausgerichtete Zusammenstellungen wie eine Bismarck-Tour (1, 26), Schröder-Tour (6, 17, 41), Hansen-Tour (4, 17, 22) oder Godeffroy-Tour (22, 29). Doch haben sie eher kulturhistorischen Bezug und sind daher einem Hamburg-Führer mit dem Titel »Auf den Spuren von …« vorbehalten.
- Touren nach Geländeformen – wie eine Schanzen-Tour (1, 6, 66) oder eine Sand-Tour (31, 32, 49, 56) – sind entweder eine historische oder eine geologische Spezialität.
- Und eine »Tour artificiel« entlang aller Gipfel, die menschengemacht sind, dürfte lang werden. Denn schließlich gehört dazu nicht nur ein Müllberg, der es schon in die Liste der Seven Elb Summits geschafft hat (Tour 42). Viele Hamburger Berge, die nicht aus Müll bestehen, sind trotzdem künstlich, so der Airbus Besucherhügel (Tour 57) und der Himmelsberg (Tour 62) – oder noch weiter in die Vergangenheit zurückreichend der Knasterberg (Tour 45). Was die Künstlichkeit anbelangt, stehen sicherlich der Grüne Bunker (Tour 5), die Bullerberg-Zwillinge (Tour 7), der Mähnenspringerfelsen (Tour 33) und der DAV-Kletterturm (Tour 35) ganz weit oben. Doch auch ausgehobene Kiesgruben (Tour 28) oder unvollendete Brückenrampen (Tour 63) sind menschengemacht. Die Liste wird lang und länger …

Eine begrenzte Liste sind die in Bergsteigerkreisen legendären »Seven Summits«. Damit sind die jeweils höchsten Gipfel der sieben Kontinente gemeint. Nun ist strittig, welche Gipfel das sind. Was aber nicht an den

Bergen liegt, sondern an der Frage, wo die Grenze zwischen Europa und Asien und wo die zwischen Asien und Australien verläuft. Deshalb gibt es mehrere Versionen der Seven Summits, die Messner-Liste mit den sieben Gipfeln in der Abbildung unten gilt als anspruchsvollste.

Bis 2016 haben weniger als 300 Personen es geschafft, sie sämtlich zu bewältigen, nahezu alle mithilfe von künstlichem Sauerstoff und Trägern, also nicht »by fair means«. Um die Hürde etwas niedriger zu legen und mehr Menschen die Gelegenheit zu geben, Seven Summits zu besteigen, gibt es die Seven Elb Summits in Hamburg (siehe Karte auf Seite 211). Das sind die jeweils höchsten Gipfel der sieben Bezirke. Beim Blick auf die Karte fällt die Konzentration von Höchstgipfeln im Norden auf. Langenhorn sollte demnach ein Hotspot des Bergsteigens in Hamburg sein.

Gegenüber den sieben höchsten Gipfeln der Welt haben diese Seven Elb Summits mehrere Vorteile: Sie zu besteigen ist preiswerter, wegen eindeutiger Bezirksgrenzen gibt es auch keinen Streit um verschiedene Listen, und es ist weitaus weniger wahrscheinlich, sich die Zehen auf dem Doktorberg abzufrieren als auf dem Everest.

Die ultimative Herausforderung bei den Seven Elb Summits ist die Besteigung innerhalb eines Tages – und zwar »by fair means«. Auf Hamburg

SEVEN SUMMITS

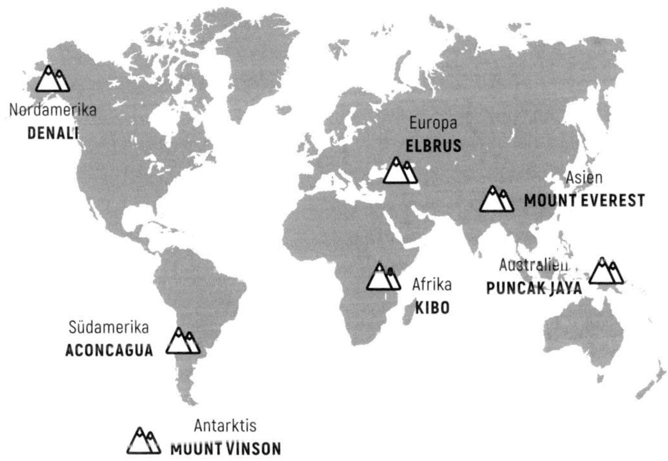

HVV-TAGESPLAN FÜR DIE BESTEIGUNG DER SEVEN ELB SUMMITS

TOURSTART	AB	BERG	AN	TOURENDE	AB	HVV	AN
Kiwittsmoor	05:45	Rodelberg	06:20	Langenhorn Nord	06:21	U1 24	06:34
Sperlingsweg	06:34	Schlittenberg	08:04	Niendorf-Markt	08:04	U2 22 286	09:01
Elbhöhenweg	09:01	Baursberg	10:46	Lichtheimweg	10:52	388 S1 U3	11:34
Feldstraße	11:34	Grüner Bunker	12:14	Feldstraße	12:19	U3 S5 40	13:17
Waldfrieden (Kehre)	13:17	Hasselbrack	15:12	Waldfrieden (Kehre)	15:27	40 S5 S2 135	17:02
Hermann-Distel-Straße	17:02	Doktorberg	17:42	Schlebusch-weg	17:50	135 X27 178	19:32
Heimgarten	19:32	Müllberg	20:27	Heimgarten	20:30	178 192 U1	20:57

TAGESPROGRAMM FÜR DIE SEVEN ELB SUMMITS

<table>
<tr><td>05:45</td><td>06:00</td><td>06:15</td><td>06:30</td><td>06:45</td><td>07:00</td><td>07:15</td><td>07:30</td><td>07:45</td><td>08:00</td><td>08:15</td><td>08:30</td><td>08:45</td><td>09:00</td><td>09:15</td><td>09:30</td></tr>
<tr><td colspan="3">Rodelberg</td><td>HVV</td><td colspan="7">Schlittenberg</td><td colspan="4">HVV</td><td></td></tr>
<tr><td>09:45</td><td>10:00</td><td>10:15</td><td>10:30</td><td>10:45</td><td>11:00</td><td>11:15</td><td>11:30</td><td>11:45</td><td>12:00</td><td>12:15</td><td>12:30</td><td>12:45</td><td>13:00</td><td>13:15</td><td>13:30</td></tr>
<tr><td colspan="6">Baursberg</td><td colspan="2">HVV</td><td colspan="3">Grüner Bunker</td><td colspan="4">HVV</td><td></td></tr>
<tr><td>13:45</td><td>14:00</td><td>14:15</td><td>14:30</td><td>14:45</td><td>15:00</td><td>15:15</td><td>15:30</td><td>15:45</td><td>16:00</td><td>16:15</td><td>16:30</td><td>16:45</td><td>17:00</td><td>17:15</td><td>17:30</td></tr>
<tr><td colspan="7">Hasselbrack</td><td colspan="6">HVV</td><td colspan="3">Doktorberg</td></tr>
<tr><td>17:45</td><td>18:00</td><td>18:15</td><td>18:30</td><td>18:45</td><td>19:00</td><td>19:15</td><td>19:30</td><td>19:45</td><td>20:00</td><td>20:15</td><td>20:30</td><td>20:45</td><td>21:00</td><td>21:15</td><td>21:30</td></tr>
<tr><td></td><td colspan="7">HVV</td><td colspan="3">Müllberg</td><td colspan="3">HVV</td><td></td><td></td></tr>
</table>

übertragen bedeutet das: kein Auto oder Motorrad – Franzbrötchen und HVV sind erlaubt. Mit guter Planung ist das möglich. Diese Planung muss allerdings einkalkulieren, dass der Grüne Bunker Öffnungszeiten hat, so dass dieser Top-Gipfel von Mitte in die Mitte der Tour zu legen ist. Das kann dann für einen Samstag – hier der 5. Juni 2025 – so aussehen wie in dem Zeitplan links unten.

Sonnenaufgang ist an einem 5.6. übrigens um 4:55 Uhr, Sonnenuntergang um 21:42 Uhr. Da der Müllberg Hummelsbüttel als letzter in der Runde ein beliebtes Sunset-Ziel ist, endet die vorgeschlagene Routenführung genau hier. Die 178 fährt noch bis nach Mitternacht, man kann also den Sonnenuntergang auf knapp achtzig Metern NHN noch lange genießen.

Ein anstrengendes Programm: Die zu veranschlagende Gesamtzeit beträgt knapp 16 Stunden, davon gut acht Stunden Bergezeit – Pausen müssen in die HVV-Fahrzeiten gelegt werden, sonst wird das nichts.

»By fair means« erlaubt nicht nur den HVV, sondern selbstverständlich auch, die Strecken zwischen den Touren per Fahrrad zurückzulegen … Fragen: Darf man auf alle Seven Elb Summits auch mit dem Rad? [Antwort: Nein, auf dem Energieberg sind Fahrräder verboten.] Gilt ein E-Bike als künstlicher Sauerstoff? [Antwort: ?? … ja!]

SEVEN ELB SUMMITS

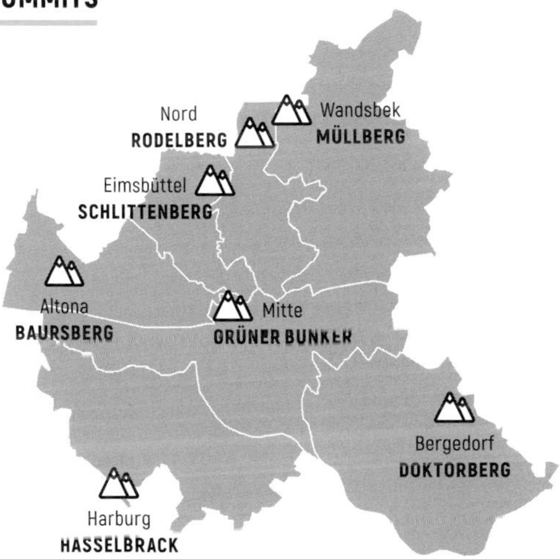

NICHT-GIPFEL IN HAMBURG

Gipfel, die man nicht besteigen darf, die gibt es nicht nur in Hamburg. In den meisten Fällen sind es religiös begründete Annahmen wie die, es handele sich um den »Sitz eines Gottes«, die einen Gipfelbesuch verbieten. In Hamburg zählen andere Argumente: unmittelbare Gefahr [U], formale Kriterien [F] oder die Größe des Menschen [G]. Hier also einige Nicht-Gipfel in Hamburg, in alphabetischer Reihenfolge:

1. DESY-Wellenberge (<< 1mm): Im DESY (Tour 13) werden Berge in Lichtwellen gemessen. Grundlagenforschung dieser Art kann Elektronik schneller machen. Die meisten werden wahrscheinlich denken: »Das ist mir zu hoch.« – Kann sein, fest steht: Diese Berge sind für uns zu klein. [G]
2. Feldhofe (später einmal 38 m): Kommt chronologisch nach »Francop«- hat diese Schlickdeponie abgelöst. Derzeit besteht größte Einsinkgefahr beim Betreten. [U]
3. Francop (32 m): Östlich des langgezogenen Bergs in Francop im Alten Land fallen Trocknungsfelder und eine große technische Anlage namens METHA auf. Dort wird der aus der Elbe gebaggerte Schlick getrocknet und anschließend getrennt. Der gewonnene Sand dient zu Drainage und Erdbau, der Schlick teilweise als Dichtungsbaustoff. Der verbleibende Schlick wird deponiert. Da Letzteres in Francop nicht mehr geschieht – der Schlick kommt jetzt nach Feldhofe –, wird aus der Deponie ein Park. Baumbestand, angelegte Wege und umherfahrende Rasenmäher deuten seit 2020 auf eine baldige Eröffnung hin - doch die ist weiterhin unsicher. [U]
4. Höltigbaum (79,9 m): Ein hoher Müllberg im Hamburger NO (Tour 47), der zwischen 1974 und 1982 entsteht. Seitdem wird Methangas gewonnen (»Deponiegas«). Der urprüngliche Plan, den Berg für die Öffentlichkeit als Freizeit- und Naherholungsgebiet

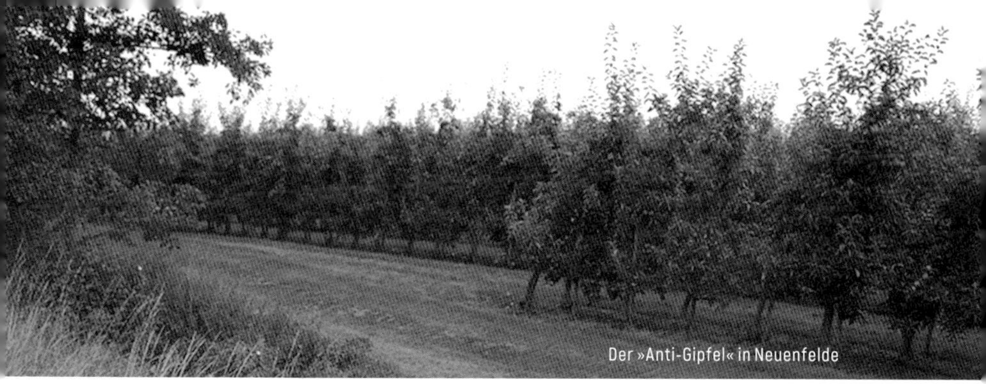
Der »Anti-Gipfel« in Neuenfelde

freizugeben, scheint seit Langem auf Eis zu liegen. [U]

5. Matterhorn (5982 mm): Im Abschnitt »Schweiz« des Miniatur Wunderlands liegt dieser Berg: Steile Anstiege, schwierige Passagen, unterwegs mehrere Seilschaften, viele weitere Berge und Anstiege stehen in unmittelbarer Umgebung. Jedoch: Für Leute im Maßstab 1:1 ist das alles nicht zerstörungsfrei begehbar. [G]
6. Ramolkogel (3549 m): Wenn das Ramolhaus auf 3006 Metern Höhe als Hütte der Hamburger Alpenvereinssektion das »höchste Haus Hamburgs« ist – dann ist der Ramolkogel als »Hausgipfel« des Ramolhauses der höchste Berg Hamburgs. Mag sein – doch liegen die Ötztaler Alpen nun mal nicht in Hamburg. Und mit dem HVV kommen wir da auch nicht hin. [F]
7. Weinberg (78 m): Viele Konzertsäle sind quaderförmig – wie eine Schuhschachtel. Der Große Saal in der Elbphilharmonie ist hingegen wie ein Weinberg angeordnet. Jedoch: Schuhschachtel oder Weinberg – bei beiden handelt es sich um Begriffe aus der Architektur. Hochsteigen konnen wir in einem Weinberg-Konzerthaus wie der Elbphilharmonie allerdings schon. [F]

Dieser Bergführer startet mit der Feststellung »Es gibt Berge in Hamburg«. 80 Touren auf 89 Gipfel sind der beste Beleg. Der Bergführer endet mit dem Hinweis auf die tiefste Stelle von Hamburg. Diese ist kein Nicht-Gipfel, sondern eine Art »Anti-Gipfel« und liegt auf -0,8 Meter NHN auf dem Privatgelände einer Obstanbaufläche in Neuenfelde fünfzig Meter östlich der Straße Nincoper Deich.

GIPFEL-LISTE

»Nach jedem Gipfelsieg droht ein Sinnvakuum, wenn nicht sogleich die Idee für den nächsten Gipfel geboren ist.« (Ulrich Aufmuth, Psychologie des Bergsteigens, Frankfurt a.M. 1988, S. 127)

GIPFEL	HÖHE	TOUR
Hasselbrack [7]	116,2 m	80
Sunder I *	95,9 m	73
Baursberg [7]	91,6 m	27
Sunder II *	90,7 m	73
Waseberg	86,6 m	26
Tafelberg	79,2 m	29
Reiherberg	79,0 m	74
Müllberg Hummelsbüttel [7]	78,8 m	42
Wulmsberg	77,2 m	77
Grüner Bunker [7]	77,0 m	5
Falkenstein	75,2 m	29
Süllberg	74,7 m	25
Segelflugschau *	72,1 m	78
Krähenberg	71,9 m	24
Bredenberg	69,4 m	77
Fischbeker Glatze	66,5 m	79
Falkenberg	65,5 m	76
Kaiserstuhl	65,4 m	74
Heideblick *	63,5 m	79
Mellenberg	63,0 m	46
Fuchsberg	59,6 m	70

GIPFEL	HÖHE	TOUR
Kuhlsbarg	59,1 m	28
Waasenberg I	56,5 m	72
Birkenhöhe	56,0 m	11
Sinstorfer Blick	54,9 m	69
Lise-Meitner-Berg *	54,2 m	13
Waasenberg II	53,4 m	72
Scheinberg	52,4 m	76
Waasenberg III	52,1 m	72
Lutherberg I *	48,2 m	12
Tutenberg	47,9 m	11
Gallowaygipfel *	47,7 m	47
Luusbarg	47,2 m	30
Kanonenberg	46,7 m	23
Waasenberg IV	46,6 m	72
Schwaßmannhöhe	45,5 m	55
Lutherberg II *	45,4 m	12
Lustberg	44,9 m	75
Mähnenspringer-Felsen	44,5 m	33
Doktorberg I [7]	43,1 m	53
Scharpenbarg	42,5 m	76
Panzerberg	41,6 m	43

GIPFEL	HÖHE	TOUR
Burgberg	41,5 m	71
Faltsbarg *	40,7 m	47
Scharlbarg	40,1 m	78
Schanzenberg	37,7 m	75
Berner-Au-Berg *	36,6 m	48
Energieberg	36,4 m	60
Sander Tannen	36,2 m	50
Hööchi (Botanischer Garten: Alpen) *	34,9 m	21
Böverstberg *	34,3 m	14
Schwarzenberg	34,2 m	66
Le Pic (Jardin Botanique: Pyrénées) *	34,1 m	21
Gojenberg	33,6 m	54
Wittenberg *	32,8 m	31
Doktorberg II	32,7 m	53
Rodelberg [7]	28,6 m	41
Knasterberg	27,6 m	45
Sternschanze	27,2 m	6
Elbhöhe	27,1 m	1
Öjendorfer Parkberg – Nordgipfel *	26,0 m	65
Kletterturm DAV	25,4 m	35
Bullerberg Südgipfel	24,9 m	7
Bullerberg Nordgipfel	24,7 m	7
Schlittenberg [7]	24,2 m	40
Rahberg *	23,4 m	40

GIPFEL	HÖHE	TOUR
Giraffenberg *	23,2 m	38
Amsinck *	22,8 m	34
Stadtparkberg *	22,6 m	37
Horner Horu *	22,0 m	64
Moorburger Berge – Ostgipfel	21,9 m	58
Innocentia I *	18,7 m	9
Moorburger Berge - Westgipfel	18,6 m	58
Öjendorfer Parkberg – Südrücken *	18,5 m	65
Licentiatenberg	18,4 m	10
Himmelsberg	18,0 m	62
Innocentia II *	16,4 m	9
Anscharhöhe	16,2 m	36
Klövensteendüne *	15,5 m	32
Aschberg	14,2 m	61
Antoniberg *	13,7 m	3
Friedrichsberg *	13,3 m	39
Borghorster Sandberg *	12,1 m	56
Langer Hagen *	10,3 m	63
Schneckenberg	9,8 m	52
Airbus Besucherhügel	8,5 m	57
Alter Schwede	8,4 m	16
Boberger Düne	5,5 m	49
Callaberg *	4,9 m	59

* Namensgebung durch den Autor
[7] Gipfel der Seven Summits

TOURENÜBERSICHT UND TOURENBUCH

TOUR	NR.	⟷	↗	↘	◿	GIPFEL	EINKEHR	🕒
Airbus Besucherhügel	57	2630 m	8 m	8 m	11,1 %	△		0:45
Alter Botanischer Garten	8	1270 m	43 m	33 m	2,7 %		🍴	0:30
Alter Schwede	16	1490 m	34 m	34 m	HC	△		0:35
Altonaer Balkon	4	2980 m	67 m	67 m	14,2 %		🍴	1:05
Amsinckpark	34	1570 m	27 m	27 m	5,6 %	△		0:35
Anscharhöhe	36	840 m	9 m	9 m	8,6 %	△	🍴	0:15
Aschberg	61	950 m	9 m	9 m	11,6 %	△		0:20
Baursberg	27	4460 m	159 m	118 m	11 %	△	🍴	1:45
Berner-Au-Berg	48	2520 m	38 m	29 m	12,7 %	△	🍴	0:50
Boberger Dünen	49	4330 m	37 m	13 m	4,8 %	△	🍴	1:15
Borghorster Sandberge	56	1720 m	9 m	9 m	2,4 %	△		0:30
Böverstberg	14	1380 m	23 m	22 m	8,8 %	△	🍴	0:30
Bredenberg und Wulmsberg	77	3120 m	140 m	127 m	15,9 %	△△		1:25
Bullerberg-Zwillinge	7	240 m	7 m	7 m	HC	△△	🍴	0:10
Burgberg	71	810 m	27 m	27 m	16 %	△	🍴	0:20
Callaberg	59	970 m	9 m	9 m	5,8 %	△		0:20
Doktorberg	53	1940 m	43 m	22 m	3,8 %	△△		0:40
Eißendorfer Sunder	73	4620 m	83 m	83 m	4,6 %	△△		1:35
Elbhöhe	1	970 m	38 m	23 m	15,5 %	△	🍴	0:25
Energieberg	60	2860 m	39 m	39 m	10,5 %	△		0:55
Falkenstein	29	3900 m	127 m	127 m	16,7 %	△△	🍴	1:35
Fischbeker Glatze	79	4790 m	76 m	127 m	18 %	△△		1:40
Fischbeker Heide	78	5480 m	73 m	62 m	3,3 %	△△		1:40
Friedrichsberger Park	39	2110 m	17 m	17 m	5 %	△	🍴	0:40
Fuchsberg	70	4660 m	68 m	56 m	4,2 %	△	🍴	1:30

BEZWUNGEN AM	GEMEINSAM MIT	WETTER	STIMMUNG
		☼ ☁ ☂	☺ 😐 ☹
		☼ ☁ ☂	☺ 😐 ☹
		☼ ☁ ☂	☺ 😐 ☹
		☼ ☁ ☂	☺ 😐 ☹
		☼ ☁ ☂	☺ 😐 ☹
		☼ ☁ ☂	☺ 😐 ☹
		☼ ☁ ☂	☺ 😐 ☹
		☼ ☁ ☂	☺ 😐 ☹
		☼ ☁ ☂	☺ 😐 ☹
		☼ ☁ ☂	☺ 😐 ☹
		☼ ☁ ☂	☺ 😐 ☹
		☼ ☁ ☂	☺ 😐 ☹
		☼ ☁ ☂	☺ 😐 ☹
		☼ ☁ ☂	☺ 😐 ☹
		☼ ☁ ☂	☺ 😐 ☹
		☼ ☁ ☂	☺ 😐 ☹
		☼ ☁ ☂	☺ 😐 ☹
		☼ ☁ ☂	☺ 😐 ☹
		☼ ☁ ☂	☺ 😐 ☹
		☼ ☁ ☂	☺ 😐 ☹
		☼ ☁ ☂	☺ 😐 ☹
		☼ ☁ ☂	☺ 😐 ☹
		☼ ☁ ☂	☺ 😐 ☹
		☼ ☁ ☂	☺ 😐 ☹
		☼ ☁ ☂	☺ 😐 ☹

TOUR	NR.	⟷	↗	↘	◺	GIPFEL	EINKEHR	🕐
Giraffenberg	38	3560 m	31 m	25 m	15,4 %	△	🍴	1:05
Gojenberg	54	3390 m	35 m	42 m	3,1 %	△	🍴	1:05
Grüner Bunker	5	1400 m	62 m	62 m	10 %	△	🍴	0:40
Hamburger Berg	2	960 m	2 m	2 m	0,6 %			0:15
Harburger Stadtpark	68	2520 m	33 m	38 m	7,4 %			0:50
Hasselbrack	80	5720 m	97 m	97 m	8,8 %	△		1:55
Himmelsberg	62	1720 m	15 m	15 m	19,8 %	△	🍴	0:30
Himmelsleiter und Schulberg	15	1580 m	67 m	34 m	29,7 %		🍴	0:40
Hindenburgpark	16	730 m	25 m	25 m	18,1 %			0:20
Hirschpark	22	3460 m	72 m	72 m	18,3 %		🍴	1:10
Hirtenland	51	4790 m	59 m	17 m	1,6 %		🍴	1:25
Höltigbaum	47	5450 m	35 m	35 m	2 %	△△	🍴	1:35
Horner Park	64	850 m	16 m	16 m	7,6 %	△	🍴	0:20
In der Schlucht	67	2630 m	42 m	30 m	11,6 %			0:50
Innocentiapark	9	1320 m	19 m	19 m	5,7 %	△△	🍴	0:25
Jenischpark	19	3100 m	57 m	57 m	4,9 %		🍴	1:05
Kanonenberg	23	1590 m	59 m	59 m	15 %	△	🍴	0:40
Kletterturm des DAV	35	360 m	16 m	16 m	HC	△	🍴	0:10
Klövensteen	32	1070 m	8 m	8 m	1,6 %	△		0:20
Krähenberg	24	1790 m	44 m	44 m	14 %	△	🍴	0:40
Langer Hagen	63	820 m	7 m	8 m	2,6 %	△		0:15
Licentiatenberg	10	990 m	18 m	18 m	5,4 %	△		0:20
Lise-Meitner-Berg	13	1150 m	15 m	17 m	13,1 %	△		0:25
Loki-Schmidt-Garten	21	1930 m	19 m	19 m	2,1 %	△△	🍴	0:35
Lutherpark	12	1280 m	20 m	20 m	10,6 %	△△	🍴	0:25
Luusbarg	30	1290 m	41 m	15 m	16,8 %	△		0:30
Mähnenspringerfelsen	33	1770 m	25 m	25 m	HC	△	🍴	0:35
Mellenberg	46	2380 m	19 m	19 m	8 %	△		0:45

BEZWUNGEN AM	GEMEINSAM MIT	WETTER	STIMMUNG
		☀ ☁ ☂	☺ 😐 ☹
		☀ ☁ ☂	☺ 😐 ☹
		☀ ☁ ☂	☺ 😐 ☹
		☀ ☁ ☂	☺ 😐 ☹
		☀ ☁ ☂	☺ 😐 ☹
		☀ ☁ ☂	☺ 😐 ☹
		☀ ☁ ☂	☺ 😐 ☹
		☀ ☁ ☂	☺ 😐 ☹
		☀ ☁ ☂	☺ 😐 ☹
		☀ ☁ ☂	☺ 😐 ☹
		☀ ☁ ☂	☺ 😐 ☹
		☀ ☁ ☂	☺ 😐 ☹
		☀ ☁ ☂	☺ 😐 ☹
		☀ ☁ ☂	☺ 😐 ☹
		☀ ☁ ☂	☺ 😐 ☹
		☀ ☁ ☂	☺ 😐 ☹
		☀ ☁ ☂	☺ 😐 ☹
		☀ ☁ ☂	☺ 😐 ☹
		☀ ☁ ☂	☺ 😐 ☹
		☀ ☁ ☂	☺ 😐 ☹
		☀ ☁ ☂	☺ 😐 ☹
		☀ ☁ ☂	☺ 😐 ☹
		☀ ☁ ☂	☺ 😐 ☹
		☀ ☁ ☂	☺ 😐 ☹
		☀ ☁ ☂	☺ 😐 ☹
		☀ ☁ ☂	☺ 😐 ☹
		☀ ☁ ☂	☺ 😐 ☹
		☀ ☁ ☂	☺ 😐 ☹

TOUR	NR.	o—o	↗	↘	◺	GIPFEL	EINKEHR	🕒
Mellingburger Runde	44	3260 m	125 m	125 m	17,4 %		🍴	1:25
Moorburger Berge	58	2980 m	17 m	17 m	4,1 %	△△		0:50
Müllberg Hummelsbüttel	42	2120 m	86 m	86 m	22,2 %	△		0:55
Öjendorfer Park	65	3320 m	26 m	22 m	12,1 %	△△	🍴	1:00
Panzerberg	43	5420 m	19 m	25 m	2,6 %	△		1:30
Reiherberg und Kaiserstuhl	74	5370 m	132 m	134 m	10 %	△△	🍴	1:55
Rodelberg	41	1970 m	19 m	18 m	6,2 %	△		0:35
Sander Tannen	50	1115 m	16 m	18 m	9,5 %	△		1:00
Schanzenberg und Lustberg	75	2010 m	67 m	66 m	14,8 %	△△	🍴	0:50
Scharfsche Schlucht	69	1370 m	23 m	18 m	6,1 %	△		0:30
Scheinberg und Umgebung	76	2030 m	89 m	92 m	22,2 %	△△△		0:55
Schlittenberg	40	5420 m	35 m	31 m	4,6 %	△△	🍴	1:30
Schneckenberg	52	1010 m	8 m	5 m	7,9 %	△	🍴	0:20
Schröders Elbpark	17	1510 m	72 m	72 m	20,6 %		🍴	0:45
Schwarzenberg	66	1230 m	31 m	29 m	18,8 %	△	🍴	0:30
Schwaßmannhöhe	55	2150 m	76 m	78 m	18,6 %	△	🍴	0:55
Stadtpark	37	3590 m	37 m	23 m	3,2 %	△	🍴	1:05
Sternschanze	6	720 m	13 m	13 m	14,8 %	△	🍴	0:15
Süllberg	25	4520 m	221 m	221 m	23,8 %	△	🍴	2:05
Tutenberg und Birkenhöhe	11	5310 m	81 m	86 m	13,1 %	△△	🍴	1:45
Vom Fischmarkt zur Holstenstraße	3	2670 m	39 m	28 m	6,1 %	△	🍴	0:50
Waasenberge	72	3520 m	79 m	79 m	8,3 %	△△△△	🍴	1:15
Waldpark Marienhöhe	28	2750 m	76 m	77 m	10,4 %	△		1:05
Waseberg	26	720 m	81 m	35 m	22,8 %	△		0:30
Wellingsbütteler Alstertal	45	4560 m	98 m	97 m	6,2 %	△	🍴	1:35
Wesselhoeftpark und Westerpark	20	1840 m	46 m	21 m	6,2 %		🍴	0:40
Wittenbergener Heide	31	3380 m	94 m	69 m	12 %	△		1:15

BEZWUNGEN AM	GEMEINSAM MIT	WETTER	STIMMUNG
		☼ ☁ ☂	☺ 😐 ☹
		☼ ☁ ☂	☺ 😐 ☹
		☼ ☁ ☂	☺ 😐 ☹
		☼ ☁ ☂	☺ 😐 ☹
		☼ ☁ ☂	☺ 😐 ☹
		☼ ☁ ☂	☺ 😐 ☹
		☼ ☁ ☂	☺ 😐 ☹
		☼ ☁ ☂	☺ 😐 ☹
		☼ ☁ ☂	☺ 😐 ☹
		☼ ☁ ☂	☺ 😐 ☹
		☼ ☁ ☂	☺ 😐 ☹
		☼ ☁ ☂	☺ 😐 ☹
		☼ ☁ ☂	☺ 😐 ☹
		☼ ☁ ☂	☺ 😐 ☹
		☼ ☁ ☂	☺ 😐 ☹
		☼ ☁ ☂	☺ 😐 ☹
		☼ ☁ ☂	☺ 😐 ☹
		☼ ☁ ☂	☺ 😐 ☹
		☼ ☁ ☂	☺ 😐 ☹
		☼ ☁ ☂	☺ 😐 ☹
		☼ ☁ ☂	☺ 😐 ☹
		☼ ☁ ☂	☺ 😐 ☹
		☼ ☁ ☂	☺ 😐 ☹
		☼ ☁ ☂	☺ 😐 ☹
		☼ ☁ ☂	☺ 😐 ☹
		☼ ☁ ☂	☺ 😐 ☹
		☼ ☁ ☂	☺ 😐 ☹

QUELLEN

FOTOS

- Alle Fotos stammen vom Autor, Abdruckfreigabe durch:
- Tour 19: Bezirksamt Altona, Fachamt Management des öffentlichen Raumes
- Tour 21: Technische Leitung, Loki-Schmidt-Garten, Botanischer Garten der Universität Hamburg
- Tour 33: Presse&Marketing, Tierpark und Tropen-Aquarium Hagenbeck

ABBILDUNGEN

- Seite 170 (Tour 62): Illustration: Christian Eisenberg/HafenCity Hamburg GmbH – Abdruckgenehmigung: HafenCity Hamburg GmbH, Presse- und Öffentlichkeitsarbeit
- Seite 209 (Weltkarte): Reise Vektor erstellt von Layerace - de.freepik.com
- Die Abbildungen auf den Seiten 4/5 und 14/15 basieren auf Daten des Geo-Portals des Landesbetriebs Geoinformation und Vermessung: https://geoportal-hamburg.de/geo-online

LITERATUR

- Aufmuth, U. (1988): Zur Psychologie des Bergsteigens. Frankfurt/M.
- Barsch, D., Caine, N. (1984): The Nature of Mountain Geomorphology. In: Mountain Research and Development (4), S. 287-298, hier S. 288.
- Beckershaus, H. (2011): Die Hamburger Straßennamen. Woher sie kommen und was sie bedeuten. Hamburg.
- Bismarck: www.steinbrener-dempf.com/wp-content/uploads/2017/06/Capricorn-Two_Pressespiegel_Auswahl.pdf
- Callabrack: Huber, A. (2016): 50 sagenhafte Naturdenkmale der Metropolregion Hamburg. Berlin.
- DESY: www.desy.de/aktuelles/news_suche/index_ger.html?openDirectAnchor=1885

- Hawley: zitiert nach McDonald, B. (2006): Wir sehen uns in Kathmandu. Elizabeth Hawley – Die Chronistin des Himalaya-Bergsteigens. München, S. 251.
- Highrisepages: www.thehighrisepages.de/bergtouren/na_orogr.htm
- Leip: Rüdiger Schütt (2001): Dichter gibt es nur im Himmel – Leben und Werk von Hans Leip. Hamburg.
- Mitschke, A./Baumung, S. (2001): Brutvogel-Atlas Hamburg. Hamburg.
- Ramolhaus: www.dav-hamburg.de/huette/ramolhaus
- Rodelberge: http://www.hamburg.de/winter/1010292/rodelnhamburg/; www.ganz-hamburg.de/travel/wintersport/schoene-rodelbahnen-hamburg.html
- Schumacher: https://stadtpark-verein.de
- Straßennamen: 411 von 12309 Straßennamen – Im Einzelnen: Berg (262), Höhe (45), Hohe (42), Treppe (34), Hang (16), Hoch (7), Hügel (3), Himmel (1), Steil (1).
- Süddeutsche Zeitung: https://www.muenchen.de/sehenswuerdigkeiten/muenchen-zahlen-interessante-fakten-ueber-die-stadt
- Wikipedia: https://de.wikipedia.org/wiki/Liste_von_Erhebungen_in_Hamburg

LINKS

- App: https://osmand.net/
- Karte mit Höhenangaben/Geologie: https://geoportal-hamburg.de/geo-online
- Kriterien für den Begriff »Berg«: www.bergwelten.com/a/was-macht-den-gipfel-eigentlich-zum-gipfel
- Ein Profil der Hamburger Berge zum Ranzoomen und Drehen: http://hanshack.com/alpen/hamburg

HINWEIS

Wege können gesperrt, Brücken morsch oder Treppen baufällig sein. Die Tourbeschreibungen beziehen sich auf die Situationen vor Ort im Sommer und Herbst 2024. Nach mehrfachem Korrektur- und Gegenlesen sollten bei den Beschreibungen keine Fehler in Bezug auf Richtungsangaben auftauchen – ganz auszuschließen ist das bei der Fülle an Daten, Informationen und Zahlen aber nicht.